中国基本公共服务供给
区域差异研究

孔薇◎著

中国社会科学出版社

图书在版编目（CIP）数据

中国基本公共服务供给区域差异研究/孔薇著.—北京：
中国社会科学出版社，2020.7
ISBN 978-7-5203-6343-3

Ⅰ.①中… Ⅱ.①孔… Ⅲ.①公共服务—区域差异—
研究—中国 Ⅳ.①D669.3

中国版本图书馆 CIP 数据核字(2020)第 065133 号

出 版 人	赵剑英
责任编辑	王 曦
责任校对	孙洪波
责任印制	戴 宽

出 版	中国社会科学出版社
社 址	北京鼓楼西大街甲 158 号
邮 编	100720
网 址	http://www.csspw.cn
发 行 部	010-84083685
门 市 部	010-84029450
经 销	新华书店及其他书店

印刷装订	北京君升印刷有限公司
版 次	2020 年 7 月第 1 版
印 次	2020 年 7 月第 1 次印刷

开 本	710×1000 1/16
印 张	15.25
插 页	2
字 数	235 千字
定 价	88.00 元

凡购买中国社会科学出版社图书,如有质量问题请与本社营销中心联系调换
电话:010-84083683

摘　　要

　　基本公共服务区域差异是当前推进基本公共服务均等化面临的主要问题。建立并完善基本公共服务均等化机制是新时代背景下实现区域协调发展这一国家重大战略的切入点，也是共享改革开放成果的重要体现。改革开放40多年来，随着中国经济社会的巨变，社会主要矛盾转化为人民日益增长的美好生活需要和不平衡不充分发展之间的矛盾。其中，区域不均衡是中国经济发展不平衡的主要体现。长期以来，区域差异问题无论在学术界还是在实践中都备受关注。但是，区域差异通常被视为收入分配问题。而伴随人们消费结构的升级，关于区域差异问题的探讨不应再局限于收入水平，而应扩展为人均福利水平。现实中，区域经济增长差异不能完全平衡，但人均福利水平可以趋于均等。

　　基本公共服务区域差异实质上就是基本公共服务供给的区域差异。基本公共服务供给是一个历史范畴，在不同的历史时期其内涵各有不同。新中国成立后，基本公共服务供给的内涵和外延在经济增长和体制改革的进程中不断扩大，基本公共服务水平也在不断提升。其中，经济发展水平、财政体制变革、政府职能转型、城镇化进程等因素发挥了重要的作用。为此，本书从理论和实证的角度，对标公平与效率建立双系统的研究框架，对当前中国基本公共服务供给已然状态进行全面评价。在此基础上，通过实证分析，探究基本公共服务供给水平的影响因素、改进目标和应然状态，力求有效地解决基本公共服务供给公平与效率间的协同问题。

　　目前，已有的研究成果对基本公共服务供给指标体系的构建没能形成统一的结论。特别是原来公共教育服务的内涵界定已经不能满足当今智能化、信息化飞速发展对人力资本基本能力的需求，而科学技术公共服务的考察也相对薄弱。为此，本书考虑社会公众对生存、发展更高水平保障的需求，在教育服务领域拓展了以往研究中对"基础"的划定范围，同时增加了科学技术服务中对政府技术保障监督环节的考察，并以此为基础构建了七大类一级指标、二十九个二级指标的评价指标体系。

通过对中国基本公共服务供给区域差异变异系数、基尼系数、泰尔指数的考察，中国基本公共服务供给差异水平呈现缩小态势。从具体区域来看，东部地区差异最大，中部地区差异最小。中部地区基本公共服务供给均等化程度最为明显，中部地区泰尔指数贡献率一直处于较低水平波动的状态，说明中部地区各省份供给情况不是造成中国基本公共服务供给差异的主要来源。东部地区对基本公共服务供给总体差异的贡献最大，而且这种态势还得以延续，并呈小幅度上涨，说明东部地区是中国基本公共服务供给差异的主要来源地区。西部地区差异水平降幅最小，其差异贡献率增长幅度最大，表明西部地区各省级行政单位基本公共服务供给差异情况较为复杂，可能存在一定的分化。

进一步的收敛性检验显示：全国基本公共服务供给水平存在 β 收敛。其中，东部、中部、西部三大地区基本公共服务供给的绝对 β 收敛速度，从快到慢依次是西部、东部和中部，并形成三大"收敛俱乐部"。在考虑条件因素作用的情况下，基本公共服务供给在截面回归和固定效应面板回归均存在条件 β 收敛，收敛速度较绝对 β 收敛要快一些。表明条件因素的作用影响了收敛速度，综合来看有利于我国基本公共服务均等化目标的实现。

与此同时，现阶段中国基本公共服务供给水平存在地区间聚集特点。这一特征通过进行系统聚类分析得到充分显示。全局 Moran's I 和全局 Geary's C 检验表明，中国基本公共服务供给水平存在显著的空间自相关。局部空间自相关分析 Getis-Ord 指数 G 则显示，天津、河北、上海和江苏是基本公共服务供给高水平聚集区域；四川、贵州、云南、青海和新疆是基本公共服务供给低水平聚集区域。

中国基本公共服务供给指数水平整体受城镇化率、人均 GDP 水平、财政自给率和地方财政支出占比影响。邻近省份的地方财政支出占比高，可能会导致本省的基本公共服务供给指数有所下降。邻近省份地方财政支出相对水平高，意味着其地方政府财政活动的操作性强，致力于经济发展的投资意愿和能力也强。在区域之间财政竞争背景下，可能造成对本省经济资源、人力资本的争夺，会影响本省基本公共服务供给水平。在对东部、中部、西部地区进行考察时，城市人口密度、财政自给率对东部地区的影响程度不及中部地区，总抚养比对西部地区的影响程度要大于中部地区。

基本公共服务财政资源配置和绩效也具有较强的区域差异特征。通过三阶段 DEA 模型评价基本公共服务供给效率区域差异的结果表明，中国基本公共服务供给效率水平从高至低依次是东部、中部、西部地区，说明基本公共服务供给指数水平较高、基本公共服务推进较好的区域，地方政府更能在供给过程中不断地提升其运营管理能力，效率水平得以提高，"干中学"理论得到验证。中部、西部地区在提高基本公共服务供给经营管理水平和追求规模经济方面仍然任重而道远。随着基本公共服务供给民生工程的深入推进，各地区财政资金使用效率与开展初期相比出现不同程度下降，政府工作难度加大。实证结果表明，政府应注重城市人口聚集，提升财政自给率水平，在推进城镇化进程中，注意防范城镇化过快有可能带来的农业人口进城出现拥挤效应等治理方面的问题，客观看待经济水平提高有可能加大公共资源供给成本，从而带来效率损失问题。

根据上述实证分析结果，结合目前中国现实情况，对标公平与效率双系统研究框架，本书提出如下对策建议：第一，确立基本公共服务供给法制化体系，以法律形式保障基本公共服务优先供给，严格执行基本公共服务供给的绩效评价机制，注重效率的考察，避免公共资源浪费；第二，完善公共财政制度建设，加大对欠发达区域地方财源的培植力度，提高其财政自给率，鼓励各区域主体开展良性竞争，促进人口合理流动；第三，适度推进基本公共服务供给市场化改革，鼓励多元主体共生、多种渠道共融的资金供给模式，同时注入新的管理经验，提高供给效率水平；第四，在政府决策环节增强民主决策力度，鼓励公民参与，提升基本公共服务供给有效性。实现基本公共服务均等化目标，促进区域协调发展向更高水平和更高质量迈进。

Abstract

Regional differences in basic public service are the main problems in promoting the equalization of basic public service. Establishing and perfecting the equalization mechanism of basic public service is the breakthrough point of realizing the major national strategy of regional coordinated development under the background of the new era, it is also an important manifestation of sharing the achievements of reform and opening up. In the past 40 years of reform and opening up, with the great changes of China's economy and society, the main social contradiction has been transformed into the the people's growing need for a better life and the unbalanced and inadequate development. Among them, regional disproportion is the main manifestation of unbalanced economic development in China. For a long time, regional disparity has attracted much attention both in academic circle and executive department. However, regional differences are generally regarded as the problem of income distribution. With the improvement of people's consumption structure, the discussion on regional differences should not be limited to income level, but should be extended to the level of per capita welfare. In reality, the difference of regional economic growth can not be completely balanced, but the per-capita welfare level tends to be equal.

Regional differences in basic public service are essentially regional differences in the supply of basic public service. The supply of basic public service is a historical category with diverse connotations in different historical periods. After the founding of New China, the connotation and extension of basic public service supply has been expanding in the process of economic growth and system reform. The level of basic public service is also constantly improving. Among them, the level of economic development, the reform of financial system, the transition of government functions, and the process of urbanization play an important role in the supply of basic public service. Therefore, from the theoretical and empirical point of view, this paper establishes a dual system research framework for the benchmark of equity and efficiency, then, it makes a comprehensive assessment of the current state of the supply of basic public service in China. On this basis, through empirical analysis, this paper explores the influencing factors、 the improvement objectives and the status quo as it should be, and strives to effectively solve the problem of synergy between equity and efficiency of basic public service provision.

At present, the existing research results fail to form a unified conclusion on the construction of the index system of basic public service supply. Especially the original definition of the connotation of basic education service can no longer meet the needs of the rapid development of intelligence and information technology for the basic quality of human capital, and the public service of science and technology is also relatively weak. Therefor, this paper considers the public's demand for a higher level of security for survival and development. It expands the scope of "basic" measurement in educational service. At the same time, the contents of government technical support and supervision in scientific and technological service are newly added. On this basis, the evaluation index system of seven categories of first-level indicators and twenty-nine second-level indicators is constructed.

The regional differences of basic public service supply are measured by coefficient of variation, Gini coefficient and Theil index. Through the results, we find that the gap level of basic public service supply in China is shrinking. Seen from the specific regional plate, the eastern region has the greatest difference and the central region is the smallest. The degree of equalization of basic public service supply in the central region is the most obvious. The contribution rate of Theil index in the central region has been fluctuating at a low level, which shows that the supply situation of provinces in the central region is not the main source of the difference in the supply of basic public service in China. The eastern region contributes the most to the overall difference, and this trend can be continued, with a small increase. It shows that the eastern region is the main source of the difference in the supply of basic public service in China. The western region has the smallest decline in the level of disparity, and the growth rate of its contribution to disparity is indeed the largest. It shows that the supply gap of basic public service in the western provinces is more complex, and there may be some polarization.

Further convergence test shows that the supply level of basic public service in China has β convergence. The absolute β convergence rate of basic public service supply in the three regions is in the order of West, East and Central, and three convergence clubs are formed. Conditional β convergence test results show constringency in both cross-section regression and fixed-effect panel regression, convergence rate is faster than absolute β convergence rate. It shows that the effect of conditional factors affects the convergence rate, which is conducive to the realization of the goal of equalization of basic public service in China.

Furthermore, at the present stage, the supply level of basic public service in China has the characteristics of regional agglomeration. This feature is fully demonstrated by systematic clustering analysis. The global Moran's I and Geary's C test show that there is significant spatial autocorrelation in the supply level of basic public service in China. According to the index of local spatial autocorrelation Getis-Ord's G analysis, Tianjin, Hebei, Shanghai and Jiangsu are high-level aggregation areas of basic public service supply; Sichuan, Guizhou, Yunnan, Qinghai and Xinjiang are low-level aggregation areas of basic public service supply.

The supply index level of basic public service in China is affected by urbanization rate, per capita GDP level, financial self-sufficiency rate and the proportion of local fiscal expenditure. The higher the relative level of local fiscal expenditure in adjacent provinces, it will lead to a decline in the BPS index of this province. The higher the level of local fiscal expenditure in adjacent provinces means that financial activities of local governments are more operable, local governments have more willingness and ability to invest in economic development. Under the background of interregional fiscal competition, it may lead to competition for economic resources and human resources in the province, which will affect the level of basic public service supply in the province. When investigating the eastern, central and western regions, the impact of urban population density and financial self-sufficiency rate on the eastern region is less than that on the central region, and the total dependency ratio has a greater impact on the western region than that on the central region.

The allocation of financial resource and its performance also have strong regional differences. Three-stage DEA model is used to evaluate the regional differences in the efficiency of basic public service supply. From the perspective of the efficiency level of basic public service supply in China, from the highest to the lowest is the eastern region, the central region and the western region. It shows that the supply index of basic public service is relatively high, local governments can continuously improve their operation and management ability in the supply process, and the efficiency level can be improved. The viewpoint of "learning by doing" theory can be verified. The central and western regions have a long way to go in improving the management level of basic public service supply and pursuing economies of scale. However, with the deepening of the project of basic public service for people's livelihood, the efficiency of financial allocation of local governments has decreased in varying degrees compared with the early stage, and the government's work is more difficult. Empirical results show that the government should pay more attention to the agglomeration of urban population and improve the level of local financial self-sufficiency. At the same time, in the process of urbanization, the government should pay attention to the prevention of such governance issues as the crowding effect of the agricultural population entering the city if urbanization is too fast, and take an objective view that the improvement of economic level may increase the cost of public resources supply, thus resulting in efficiency loss.

According to the empirical analysis results, combined with the current situation in China, this paper puts forward the following suggestions based on the framework of benchmarking dual-system research: Firstly, we should establish a legal system for the supply of basic public service, guarantee the priority supply of basic public service, strictly implement the performance evaluation mechanism for the supply of basic public service, pursue the inspection of efficiency and avoid the waste of public resources. Secondly, we should improve the public finance system, strengthen the cultivation of local financial resources in underdeveloped regions, raise the level of financial self-sufficiency rate, encourage the main bodies of various regions to carry out healthy competition and promote the rational flow of population. Thirdly, we should strengthen market-oriented reform, encourage the application of multi-subject co-existence and multi-channel co-financing mode of capital supply, and inject new management experience to improve the level of supply efficiency. Fourthly, we should strengthen democratic decision-making in government decisions, encourage citizens to participate actively, and ultimately enhance the effectiveness of basic public service supply. It is hoped that the goal of equalization of basic public service will be achieved and the coordinated development of all regions will be strided forward to a higher level and quality.

目 录

第 一 章

导　　论

第一节　研究背景、目的与意义

一　研究背景

新中国成立以来，经济、政治、社会各领域都发生了显著变化，在解决原有问题的同时也产生诸多新的问题。改革开放 40 多年来，尤其是渡过亚洲金融危机之后，中国经济在相当长的时间里实现了快速发展，连续多年保持国内生产总值两位数的增长，中国已成为世界第二大经济体，仅次于美国。中国社会生产力水平显著提高，人民生活水平明显改善，但与此同时国内不同区域间经济发展却呈现出不一致的步调，区域发展非均衡态势越发凸显。区域非均衡是中国经济发展中的主要问题，既表现为空间层面区域之间发展差异，也导致了时间层面区域经济发展方式不可持续的不协调现象出现。经济不断强大的背后，凸显新的社会问题。目前，中国收入分配基尼系数水平已经超过了国际警戒线（0.4）的标准，分配不平衡，两极分化现象严重。经济发展的非均衡性也影响和制约着其他领域，与经济发展水平相适应的基本公共服务呈现出规模、结构、质量等方面的差异性。基本公共服务差异实质上就是基本公共服务供给的差异性问题。基本公共服务供给水平差异显著，会制约经济社会的协调和可持续发展。已然状况证明中国基本公共服务供给存在区域差异，这与国家确立的基本公共服务均等化的应然目标存在差距。正如党的十九大报告中所指出的，中国社会的主要矛盾已由人民日益增长的物质文化需要同落后的社会生产之间的矛盾转变为人民日益增长的美好生活需要和不平衡不充分的发展之间的矛盾。广大人民群众对美好生活的向往和追求,其中最基本的体现来自基本公共服务所涵盖的领域,而这种不平衡、不充分正是基本公共服务供给质量和效率区域差异的现实阐释。

从历史的现实出发,以政治的高度审视,鉴于目前中国基本公共服务现状和对区域协调发展的构想,国家给予了明确的政策导向。国家政策文件中明确提及要实现基本公共服务均等化,推动经济、社会协调发展。基本公共服务均等化机制的构建是实现区域协调发展的重要保证,更是解决现阶段主要矛盾的有效途径。党的十六届六中全会首次将"实现基本公共服务均等化"作为构建社会主义和谐社会的重要目标。党的十七大报告中强调,实现基本公共服务均等化是促进区域协调发展、缩小区域发展差异的重要内容。党的十八大报告强调要加快完善基本公共服务体系,维护广大人民的根本利益,强化并创新社会管理,推动社会主义和谐社会建设。因此,基本公共服务体系建设被视为国家可持续发展、实现长治久安的保障机制。党的十八届五中全会通过的《中共中央关于制定国民经济和社会发展第十三个五年规划》的建议中,提出共享发展、创新发展、协调发展、绿色发展、开放发展作为指导经济社会发展的五大发展理念。其中创新发展是动力,协调发展是方法,绿色发展是方向,开放发展是战略,共享发展是归宿。基本公共服务供给区域问题与具体理念之间关系密切。创新发展的思维是推动基本公共服务内涵发展变化的有效支撑。协调发展是中国社会实现可持续发展的重要前提,以协调发展来解决基本公共服务供给不均衡的矛盾是重要的策略引领。绿色发展、生态建设是基本公共服务内涵界定中所体现的,并在外延中包含和强调的内容。共享发展是中国作为社会主义国家在各个历史阶段朴素治国理念的彰显,全体公民共享经济发展成果、共享基本公共服务。推进基本公共服务均等化是中国构建和谐社会,推进区域协调发展,实现共享发展目标的艰巨任务。《"十三五"推进基本公共服务均等化规划》中更着重论述实现基本公共服务均等化,是全面建设小康社会的题中应有之义,对实现中华民族伟大复兴的梦想具有重要意义。党的十九大报告中明确了现阶段基本公共服务供给不充分、不平衡,与人民群众对公共物品和公共服务日益增长的需求之间的矛盾,提出保障和改善民生水平,加强和创新社会治理模式,从教育、就业、社会保障、健康医疗、贫困救助等方面明确具体要求。2018 年 11 月，《中共中央 国务院关于建立更加有效的区域协调发展新机制的意见》再次阐明了区域协调发展与基本公共服务均等化目标实现的互动机制。

综上所述，基本公共服务问题已经成为当前实现区域协调发展、社会和谐稳定、人民共享共进中面临的一个重大课题，党和政府希冀通过实现基本公共服务均等化来推进国家发展中重大战略构想的实施。目前，在学术界和实践中也开展了一系列关于基本公共服务相关内容的研究。

二 研究目的

现阶段我国经济发展仍处于重要的战略机遇期，正在由注重发展速度向注重发展方式转变，由注重规模扩张向注重提质增效转变。与此同时，中国经济转型和结构调整之间的矛盾依然突出，经济下行压力仍旧存在。然而，人们对美好生活的向往更加强烈，人民群众的需求是多样、多层次、多方面的，比如期待更好的教育、更稳定的工作、更满意的收入、更便利的公共设施、更安心的社会保险、更高水平的医疗保健、更舒适的居住条件、更优美的环境、更丰富的精神文化生活，等等。基本公共服务已成为政府与群众之间重要的桥梁和纽带。面对复杂严峻的经济形势，基本公共服务供给问题受到中央和各级地方政府的高度关注。本书立足区域异质性的现实，回顾不同时期基本公共服务供给的特点，客观地分析现阶段中国省际、区域间基本公共服务供给现状，供给指数水平、供给效率水平及区域差异，牢固树立共享发展新理念，以促进区域协调发展为目标，基于区域差异的现实，探究空间视阈下基本公共服务供给非均等化形成的原因，本着共建、共治、共享的原则，提出对标公平与效率双系统研究视角下均等化的路径选择，形成与公平、正义和共享的主流价值取向相吻合的对策建议。本书目的主要是分析和解决以下几方面问题：

第一，重新界定区域差异的本质和基本公共服务的内涵。在此基础上通过收集、整理各省、自治区、直辖市基本公共服务的相关数据，构建基本公共服务供给指标评价体系，测算基本公共服务供给指数水平，并进行动态差异性研究。选择经济收敛模型实证检验基本公共服务供给在研究期间的收敛性，客观评判中国基本公共服务供给水平区域差异的已然状态。

第二，考察中国基本公共服务供给是否存在外部性，进行空间依赖性检验研究。基于基本公共服务供给影响因素假设，构建实证模型进行检验，分析各因素变量对基本公共服务供给的影响度。

第三，基本公共服务供给区域差异，不仅体现在指数水平的时间与空间差异，还表现在财政资源投入与服务产出的效率评价方面。本书通过数据包络分析方法即三阶段 DEA 模型的运用，系统地评判省际、区域间基本公共服务供给效率水平。同时，针对基本公共服务供给效率差异形成原因选择 Tobit 模型实证分析，深层次解析各变量的影响度量。

第四，基本公共服务问题研究不仅包括"谁来供给""供给什么"等工具理性，还包括"为谁供给""如何供给"等价值理性。本书的研究通过对基本公共服务供给嬗变规律的剖析，对标公平与效率，在双系统框架下分析我国基本公共服务供给指数水平与效率水平之间的关联性，兼论工具理性和价值理性问题，更好地审视基本公共服务供给质量水平和政府行为绩效，增强本书研究与地方政府现实之间的契合度，形成对中国地方发展决策、区域制度改革以及构建和谐社会更具有现实意义的观点和建议。

三 研究意义

基本公共服务供给区域差异，虽然是一个经济问题，但研究它必须考虑区域本性。区域是对地方的一个理论抽象，区域是一个有限经济体，具有地理本性，同时又有自己的发展惯性，区域的发展惯性即空间的历史性特化，特化是由经济、人口、地缘、环境、资源来体现的。本书将基本公共服务研究置于区域框架内，基于区域发展惯性来探究基本公共服务供给差异问题，同时通过对基本公共服务供给水平、供给主体、供给形式、供给评价等方面的分析，进一步探究促成中国基本公共服务均等化及区域协调发展目标实现的对策建议。本书的研究从学术价值和应用价值来看意义都非常显著。

（一）从学术价值看

学术界从哲学、经济学、管理学、财政学等多个学科的理论视角研究基本公共服务的成果并不罕见。但是，跨学科研究基本公共服务问题的成果则不是很多。基本公共服务界定、均等化问题的研究都是典型的财政学问题，梳理相关文献，其所属领域已经证明了该问题的归类。本书的研究丰富了基本公共服务研究领域，融合财政学、区域经济学、管理学的特征，从更系统、更全面的研究视角探讨基本公共服务问题，探究其地区间的差异问题，考察不同区域基本公共服务质量、效率的水平问题以及与均衡发展、高质高效要求之间差异的关键症结与逻辑体系。本书从区域经济学研究目的出发，选取财政领域中基本公共服务为研究对象，兼顾集体理性与个人理性的管理学核心思想，全面考察一定时期内不同地区人均意义上福利发展水平的不均衡情况，同时从多学科维度阐述原因的产生并提出政策建议。本书的研究将财政学典型问题与区域经济学的核心内容有机结合，交叉学科相互融合，尝试丰富相关的理论成果。经济发展过程中地区经济差距问题是 20 世纪四五十年代以来区域经济学、经济增长理论所重点关注的内容，学者更是从不同角度阐述该问题。以往针对区域差异问题的研究，都简单地比较区域之间的经济增长，但往往偏离社会层面对区域差异关注的根本点。区域差异研究应有新的理解，它所呈现的不应仅为静止僵化不平衡的已然状态，而应是可以动态发展演变最终趋于平衡的内在要求，这才是区域差异研究的意义。区域经济发展状况直接影响不同区域人民的福祉，社会对区域差异关注的核心应是区域经济发展差异与人民福利状况互为因果影响的逻辑关系问题。区域差异的本质是人均福利问题。因此，本书确立了适应共享发展理念的基本公共服务理论分析范式，对标公平与效率，用双系统框架实现基本公共服务评价机制构建与均等化路径选择，以利于提供基础的理论支撑。这是本书的学术价值体现。

（二）从应用价值看

改革开放 40 多年来，从中国经济社会发展的现状来看，随着市场经济体制的不断深化和回归初衷，一个理性的社会和身处其中的公民，似乎越来越欢迎和需要一个干预越来越少的政府，但在心理活动、情感需求甚至更丰富的现实生活中，尤其是在和民生有关的基本公共服务供给方面，民众却日益依赖和需要政府有所作为，并寄予更高的期望。不平衡、不充分的现实矛盾也迫切需要从实践领域关注基本公共服务供给问题的研究，正视其在省际，东部、中部、西部区域间供给规模、质量与发展趋势等方面的差异，政府层面也高度重视非均等化形成原因的分析，试图提出新时代社会主要矛盾与基本公共服务有效供给的解决方案，实现基本公共服务供给在区域间的均衡发展，提升居民幸福感，真正实现"公共服务型"政府的职能要求。本书基于基本公共服务供给指数水平与效率水平区域差异的双系统评价，能够厘清现阶段中国距离实现均等化目标的差距，审视地方政府职能履行的绩效水平，同时通过实证方法得出的研究结论更能客观地分析现阶段中国基本公共服务差异形成的原因，增强本书研究与现实之间的契合度，有利于实现各地区基本公共服务高质、高效发展的内涵要求，促进地区品质的提升，实现区域协调发展，有的放矢地提出改进的思路。

第二节　国内外研究现状

梳理关于基本公共服务已有文献发现，多数文献成文时间较早，当期研究成果并不十分丰富。从研究内容上看，已有文献的研究较多的是以独立学科领域从各自的角度切入展开，重点关注基本公共服务内涵界定与均等化相关理论，公共服务支出规模与结构经济效应分析，经济地理视阈下基本公共服务评价、成因和对策建议等范畴的研究。

一　国外研究现状

国外文献中并没有关于"基本公共服务"这一专有术语的阐述，更多研究内容是围绕公共服务这一主题展开的。

（一）关于公共服务内涵及均等化的相关理论阐述

亚当·斯密（Adam Smith，1776）在论及国家义务时，第一次提出公共服务的公平供给是国家的义务和不可推卸的职责，社会公众对公共服务的需求，使政府有义务提供最低限度、必要的公共服务。这既是关于公共服务的早期界定，也是关于公共服务均等化（公平供给）在西方世界较早的思想渊源。

19世纪后半叶，阿道夫·瓦格纳（Adolf Wagner）作为社会政策学派的代表，在论述财政的社会政策作用时，主张发展文化、教育来增进社会福利，而如果要考虑财政经济活动中，国家、政府以及其他消费所需支出直接用于公共服务，需要筹措资金，这部分就是整个国家的财政需求。

莱昂·狄骥（Léon Duguit，1912）是社会连带主义法学派首创人，他在阐述公共服务概念时首先表达了这样一种观点：凡是与实现社会团结不可割裂并且必须由各级政府监管的活动都是公共服务项目。

在此基础上，关于公共服务均等化的思想，最初的论断体现了一种朴素公平的含义。福利经济学派代表人物庇古（Arthur Cecil Pigou，1920）首次将"均等化"引入经济学，并提出"收入均等化"的概念。他指出，国民收入越高、越平均，公共服务越均等，社会福利就越大。

保罗·萨缪尔森（Paul A. Samuelson，1954）等在其研究中秉持这样的观点，认为公共产品中凡属纯粹的公共产品都应是所有社会成员能够平等消费的产品，实际上蕴含了公共服务公平、均等的思想。

马斯格雷夫（Musgrave，1958）从公共物品角度阐释公共服务的内涵。第一次将价格排除原则的不适用性和联合消费并列，融入现代公共物品定义中，作为界定、划分公共物品的两大特征。

横向均等化的思想最初是由布坎南（Buchanan，1950）提出的。之后布坎南（Buchanan，1959）解释公共服务均等化思想是基于"财政剩余"的角度，均等即状况相似的个人能够获得相等的财政剩余。实现居民财政剩余平等，地区财力公平也将得以实现，进而公共服务均等才能得到满足。

托宾（Tobin，1970）谈及公共服务问题时指出，一些稀缺的公共服务，诸如医疗保健、教育等，应当与支付它们的能力一并平均分配，这也是他"特定的平均主义"理论中所关注的。

C. 布朗、P. 杰克逊（1978）在对经验数据进行分析之后提出针对国家具体的公共服务项目应该制定出最低标准的服务，这一思想体现出公共服务均等化实现的可行之法是建立最低标准。

Rapp L.（1996）在研究中指出公共服务均等化应是这样一种状态，即接受公共服务的主体权利应平等并且没有任何的歧视性对待。

Keen、Marchand（1997）在研究中将公共服务进行了划分，包含满足市民效用函数的服务，诸如教育、医疗等；还有一些服务可以满足企业生产功能，例如道路交通等基础设施。

Ostrom（2000）界定公共服务内涵时认为，它是以服务形式为载体存在的公益性物品。针对贫困人群，科尔奈（Janos Kornai，2000）认为政府应尽的义务就是要保障穷人基本生存和发展的权利，使每个公民都能享有最基本的公共服务，诸如医疗和教育。

埃莉诺·奥斯特罗姆（2000）在论及政府职责时明确指出，为了弥补市场失灵，政府应进行必要的干预，对公共服务的提供过程进行公平正义的干涉。

新公共管理学派关注公共服务均等化，更多的是提倡公共服务的尊严和价值，强调公民权利和公共利益（罗伯特·B. 丹哈特、珍妮特·V. 丹哈特，2004）。

对于公共服务均等化的认知，T. Prosser（2005）明确阐述了公共服务分配不均等的严重性。

后来的研究过程中，有学者拓展了对公共服务的现有认知，Kiminami、Button、Nijkamp（2006）认为公共服务与公共服务设施内涵具有一定关联性，都是由政府公共部门直接或者间接供给，满足全体国民享用的服务或设施。

Furceri（2010）持有的观点认为：公民在生产和生活中不可或缺的就是公共服务，每个公民的基本权利之一就是均等地享有政府所提供的公共服务，同时公共服务也能促进经济健康、可持续发展。

国外关于公共服务内涵认知的研究成果出现时间普遍较早，更多的是基于社会学、法学、福利经济学的视角来解读，在谈及政府行为、政府干预时，普遍认为公共服务是一种财政需要，保障公民最低、最基本的权利，并使之被公平享有。

（二）关于公共服务与经济的关联性研究

国外学者对于公共服务效应研究主要是探讨公共支出与经济、社会的关系。

道尔顿（Dalton，1922）在相关研究的基础上认为非生产性的经费支出，对生产活动是有用的。凯恩斯（Keynes，1936）进一步明确了政府公共支出会对经济产生刺激和稳定的作用。尤其是基于乘数效应的作用机理，政府会积极主张扩大财政支出，实行扩张性财政政策，实现刺激经济增长、扩大就业的目标。

新古典经济学派进一步对公共服务与经济关系展开研究。阿罗（Arrow，1962）用技术或知识等公共物品的外部效应来解释经济增长；宇泽弘（Uzawa，1965）研究认为教育部门的产出内生了技术进步；罗默（Romer，1986）在这之后沿用这个思路，内生了技术进步，建立了罗默模型。

Arnott、Gersovitz（1986）在研究中发现，经济竞争、经济赶超越强，理性"经济人"属性的地方政府越是倾向于将财政资金投向短期更具有经济效益，同时公共服务成本开支更低的地区；相应地，城市在发展中更具有规模经济，拥有较高公共服务资本化收益的比较优势。

Grier、Tullock（1989）在对 115 个国家进行经验数据分析时，得出结论：政府消费性支出比例与该国国内生产总值的实际增长率呈显著负相关关系。不同于政府的消费性支出类别，Aschauer（1989）在研究中指出，类似机场、公路等基础设施类别的公共服务会对经济增长产生较强的支持作用。基于同样的研究思路，Barro（1991）在研究中就将财政支出划分为生产性投资支出和非生产性消费支出，在收集 20 世纪 60—80 年代中期的国家实证资料分析后得出结论：公共投资对人均国内生产总值产生正向影响，而非生产性消费支出与人均国内生产总值显著负相关。

不仅如此，还有很多学者在研究政府支出与经济增长和生产力关系时得出了各自的结论。从规模总量来看，政府支出总额会对经济增长产生负向作用。从结构比例来看，政府教育支出会对经济增长产生正向影响，而政府投资与经济增长之间并没有显著关系，对私人生产率增长没有影响（Pär Hansson，Magnus Henrekson，1994）。英格拉姆等（1996）认为，经济增长与公共投资性支出之间存在密切关联。Devarajan 等（1996）在研究发展中国家时间序列的经验数据时发现，政府公共支出分类中，如果生产性支出占比高，则会对经济增长产生负效应；如果政府的非生产性支出占比高，则会对经济增长产生正效应。

Keen、Marchard（1997）在研究中发现，地方政府出于经济争夺的自主意识考量，往往会对基础设施这类生产性公共物品投入更多，以达到获取更多流动资本的目的，而对教育、医疗卫生类公共服务的投入偏少。

Zvi Griliches（1998）通过实证研究发现，技术投资在促进农业生产方面发挥着重要作用。同时发现，科技、教育投资和农村基础设施建设主要由政府公共投资来完成。

Garfinkel、Rainwater、Smeeding（2006）认为：医疗保险和教育等公共服务子项，会对经济社会的平衡、平等产生重要影响。

Buettner、Hauptmeier、Schwager（2006）研究认为，财政领域的均等化实现对地方税收工作有重要影响。

当考察视角置于农村范围的时候，大多数学者达成的共识是公共服务投资对农村经济增长、消除贫困具有重要推动作用（Erniel B. Barrios，2008）。

Toshiki Tamai（2009）则证实，公共投资通过刺激需求增强了经济发展动能，公共服务供给增加会对经济增长产生直接促进作用。

Hamnett（2009）通过考察英国公共服务地区分布的具体情形，对不同地区在教育、养老、社会保险、住房等方面的公共投入进行测度，得出这样的结论：地方的福利性支出与地方的经济社会结构存在密切关联。

公共服务水平的提高对人才具有相当大的吸引力，从而能够带动地区经济水平的提高。Moretti（2011）指出，高技能劳动力聚集的区域，技术更新、创新将更频繁，应用将更快，这将使该地区生产力水平提高。

Kalinina、Petrova、Buyanova（2015）研究认为：政府在公共领域的财政支出和公共服务供给的增加会对经济增长产生直接促进作用。而Inshakov等（2015）根据俄罗斯的经验数据实证研究得出结论：公共服务与区域经济增长两者之间存在较弱的关联性。

除此之外，国外学者还针对某一类公共服务水平进行综合评判，探讨其与人类社会发展的相互影响，进而分析人口城镇化与公共服务的关联（Anselmo Stelzera et al.，2016；Vatanavongs Ratanavaraha，2016）。

国外学者对公共服务经济影响的研究在理论和实证方面成果都相当丰富，既包括对具体某项公共服务内容的考察，也有针对公共服务整体，甚至扩展为整个公共财政支出领域来探究其与经济、社会相互影响的研究。实证中更多的是以国家层面的数据信息作为研究样本展开的。

（三）关于公共服务供给方面影响因素研究

国外学者致力于考察公共服务水平和效率问题，并从各个维度给出影响因素的分解和相应结论。

Hayek、Friedrich（1945）在研究公共服务供给时得出这样的结论，中央政府供给公共服务往往更容易出现效率偏低的现象，主要是因为中央政府相较于地方政府在满足各辖区居民公共服务需求的异质性时没有办法最大限度地获取各地区的信息，在这方面中央政府缺少优势。

布坎南（Buchanan，1950）以美国为样本，研究农村公共物品供给效率时发现，公共物品供给效率的提升在一定程度上有赖于居民收入水平的提高与改善。

蒂布特（Charles M. Tiebout，1956）的著名论断是允许居民"用脚投票"，这样会使政府更加关注地方居民的公共需求，同时地方政府也具有信息优势，通过竞争机制能够实现地区间的公共服务均等化，趋向公共服务供给的帕累托最优，居民最终也将选择自己对公共服务和税收偏好最优的组合方式，在该地区居住生活下来，持有类似观点的还有 Musgrave（1959）。Oates（1969）基于蒂布特学说，认为人们最终会选择公共服务水平高，或者是在公共服务水平既定的前提下税收负担相对较轻的地区居住下来，在这种组合下地方政府提供公共服务时也更有效率。后来的很多学者都以不同国家的经验数据检验了这一理论学说，公共服务水平与人口要素流动存在密切关系，同时公共服务也成为各级地方政府竞争的重要手段之一，这都影响着各级地方政府对公共服务的供给水平，地方政府为了吸引人口流动到此，会不约而同地关注地区居民的偏好（Daykm，1992；Turnbull、Djoundourian，1994；Binet，2003；Dahlberg 等，2012）。

关于公共服务中基础设施供给问题，学者从理论层面给出了依据：L. Cooper（1963）提出了一种基于韦伯工业区位理论的配置模型（LA 模型）。该模型使公共服务设施能够以更有效和更便捷的方式进行布局。

Baumol（1967）在研究中证明，收入水平提高会在一定程度上增加公共服务的供给成本，因而导致供给效率的下降。

Teitz M. B.（1968）的研究成果从区位选址的角度，提出了城市公共设施区位布局理论，为公共服务供给效率提高间接做出贡献。

Migue、Belanger（1974）在研究中发现一个地区收入水平越高，当地的民主化程度就越高，当地居民有更多政治话语权，政府也会相应地提供更高水平的公共服务。

Eitan Berglas（1976）在研究中发现，有的地方政府是借由居民身份的甄别,来规范不同人群获得公共服务的数量和品质。

Groves 和 Ledyard(1977)认为,引导流动人口表达其真实的需求偏好,并通过需求显示机制设计,来影响公共服务配置的规模(数量)和结构(比例)。

Oates(1985)认为,地方政府进行公共服务投资的积极性在一定程度上取决于财政分权的程度。

Marlow(1988)认为,公共服务供需匹配目标的达成,在一定程度上是与地方政府财政政策的运行效率高低相互关联的。

Gerdtham 等(1992)在研究医疗卫生公共服务时得出结论,医疗卫生服务与该地区城镇化水平密切相关,城镇化率越高,享受该项服务的人口数量就越多。

De Borger、Kerstens(1996)在研究中发现,较高的地方财政自主性通常都会带来较高的公共服务供给水平。

Antreas Athanassopoulos、Konstantinos Triantis(1998)发现,人口密度对公共服务会产生负面的效应。

Oates(1999)在研究中认为,对于提升政府公共服务的效率有着积极效应的元素中包括政府的财政政策。Philip Grossman 等(1999)认为,公共服务存在人口规模效应。

Blanchard、Shleifer(2001)认为,中央集权使中央政府采取政绩考核的方式,迫使地方政府为了经济增长而展开竞争,这对公共服务有一定的挤出效应。

Benet(2003)利用来自法国 27 个市政府的财政竞争面板数据研究发现,通过公共服务供给来吸引外来人口的有 17 个地区之多。

Peyvand(2004)通过对跨国数据的分析,认为欠发达国家基本公共服务发展会得益于财政分权,而中等收入以上国家财政分权对本国基本公共服务却有阻碍的作用。Faguet(2004)也通过对玻利维亚进行样本研究发现,财政分权会促进政府对教育、基础设施和公共卫生等公共服务的投资。

刘易斯·芒福德(2005)在对城市发展进行系统性研究时,提出一个城市的发展与进步应首先具备磁体功能,之后才是容器功能。而所谓的磁体功能除了包括城市发展中所仰赖的自然条件和区域优势之外,还包含能够带动经济发展的基础设施以及吸纳人口聚集的公共服务供给。

Barney Cohen（2006）研究得出结论，城市化进程的过快推进会使发展中国家政府公共服务供给压力不断增大。

Costa Font、Ana Rico 等（2006）通过研究西班牙不同政府层级各自医疗卫生公共服务区域差异问题，认为区域差异扩大的原因并非医疗卫生服务责任的下放。

Afonso、Fernandes（2006）在深入挖掘政府各类因素对公共服务的影响时，运用 DEA-Tobit 模型来分析地方政府在公共服务供给方面的绩效情况。

Okorafor、Thomas（2007）在探讨南非公共服务问题时，论证了合理的资源分配机制会对南非的医疗服务均等化起到推动作用，反之则危害较大。

Andreas 等（2008）以欧洲为例，研究财政分权与政府公共支出之间的关联，得出结论：对于具有经济效应的公共支出，财政分权会起到促进其增加的作用。

Kotsogiannisa、Schwager（2008）基于特定的背景研究得出一般性转移支付对公共服务地方政府供给会同时存在正面效应和负面效应的结论。

Hiroko 等（2009）以婴儿死亡率作为对象，认为财权下放越多，婴儿死亡率越低，财政分权有利于公共服务发展。

Geys、Moesenn（2009）研究认为，地方公共服务供给效率与财政自主权之间呈现负相关关系。

Rhys Andrews、Steve Martin（2010）以英国为研究样本，考察影响公共服务水平的因素，通过指标的区域对比分析，认为公共服务的区域差异在一定程度上是受制于公共政策分歧的。

Sepulveda、Jorge（2011）研究认为，地方政府出于经济发展的动机，为了更多地吸引投资，获得财源，往往会采取税收竞争压低税率的方式，这导致财政分权下公共物品供给明显不足。

Dewitte 和 Geys（2013）在考察公共服务文化领域时，选择公共图书馆为研究对象，得出公共图书馆运行效率很大程度上会受不同的外部环境影响，从而引起公共文化服务水平的变化的结论。

国外学者在对公共服务供给影响因素的研究过程中积累了比较多的

研究成果，但考察的影响因素往往只来自某一个领域，比如收入水平、人口流动性、公共财政制度、城镇化率等，缺乏综合系统分析。但值得借鉴的是国外学者在因素选择时不仅仅有宏观因素的考量，也注重微观因素的分析，比如区位选择、死亡率等。本书在研究过程中力求能够全面考察影响公共服务供给的因素，从经济、政治、社会多角度进行分析。

（四）关于公共服务供给方面的可行性建议

关于公共服务供给的可行性建议，更多的是基于转移支付对地方财力作用进而产生公共服务供给影响的角度提出的。Hines、Thaler（1995）认为应该降低中央转移支付的水平，确定合理的中央补助分配的标准，以促进公共服务供给的规模。但也有学者持这样的观点，Dollery、Worthington（1995）在研究中认为地区自有收入会对公共服务起促进作用，转移支付在促进公共服务方面发挥着更大的作用，这一过程产生了转移支付的"粘蝇纸效应"。实现地区间财力水平均等化是转移支付制度的首要基本功能，转移支付通过其作用的发挥最终也会使公共服务均等化，转移支付或补助能够提升地方公共服务支出效率（Oates，1999）。在利用转移支付推进公共服务供给方面，有学者以某些国家的具体公共服务项目为例，如选择教育、医疗药品、公路建设为研究对象，得出的结论是：有条件拨款对相应公共服务供给的影响是有限的，应该提高无条件拨款的规模水平（Gamkhar et al.，2001；Knight，2002；Gordon，2004）。转移支付发挥促进公共服务均等化的作用，在一定程度上取决于地方政府在辖区间是如何运作的（Khemani，2007）。Blochliger 和 Charbit（2008）分析了公共服务地区间不均等的原因，并提出使用一般性转移支付来实现地区间财力水平均等化，从而实现公共服务均等化的思想。

在公共服务供给主体的选择方面，国外学者较早就开始探索主体多元化的供给模式，并进行了不断的实践。该种理论从 20 世纪 90 年代就在西方发达国家中得到应用。此外，公共服务供给也由最初一味地追求"规模效率"向注重"质量"转变。英国首相约翰·梅杰倡导的"公民宪章运动"、美国克林顿政府推行的"政府再造"运动都明确表现出当时对公共服务水平和质量目标的追逐以及社会公众对公共服务满意度的评价。

从公共服务供给的规模数量来看，部分学者在研究中也发现如果是以传统的税收方式筹资用于支付的公共服务供给数量，将少于多元融资模式下的供给数量（阿耶·L. 希尔曼，2006）。Andrews、Entwistle（2010）更是针对公共服务供给提出了应从公共服务效率与公平两个维度，研究不同属性机构、部门之间合作的方式。这也使公共服务供给方式的选择具备了充分的理性分析和可操作的现实尝试，更具有推广意义。

在公共服务实现最优化的供给时，还有的学者给出了应该遵从的理念。Brennan 和 Brooks（2007）认为，公共物品的最佳供给应被视为基于考虑人类尊严和尊重的激励措施。

Kim 等（2013）经过大量研究后创新性地提出了解析和测度公共服务的组成结构和具体结果的标准及方法。

Rosenfeld、Kauffmann（2014）研究认为，德国确立财政转移支付制度是以公共服务作为侧重点，这一制度上的倾斜和保障使德国基本实现了公共服务均等化。

公共服务供给方面的改善，国外更注重评价机制的运用和尝试，而且能够充分将大数据资源、数据驱动的评价方法和评价模型应用于现实领域，同时也极大地推动了电子政务的发展［Sharma、Salvatore（2010）；Maryam A. Oskouei、Kwame Awuah（2016）］。

不仅如此，国外的学者对中国基本公共服务相关问题研究也非常有兴趣，研究认为，多年来中国政府持续增加在基本公共服务领域的投入力度，对促进经济稳定与增长以及维护社会稳定都起到了显著作用，被视为宏观调控的工具和手段。Louis C. Gawthrop（1998）明确提出了中国政府密切关注公共服务与可持续发展之间的因果关系，还提出公共服务问题已经被视为中国政府的责任以至于上升为一种伦理的要求，公共服务差异问题引起了必要的重视。

国外学者关于公共服务供给可行性建议方面的成果很丰富，关注的领域也很全面，值得借鉴的是在对供给主体多元化模式应用中形成了较早的国家层面的实践经验，而且非常注重通过后续评价机制的建设来提高供给的整体水平，并能够借助科技化、现代化的评价手段。国外研究成果中也有针对中国公共服务领域的研究，但聚焦中国公共服务区域差异问题的相对较少，这也为本书的研究提供了理由。

二 国内研究现状

国内对公共服务供给的关注在新中国成立之后就开始了，随着国家政策层面的引导，学术界也逐渐展开了较为系统的研究，并独创"基本公共服务"这一专有名词。相较于国外的研究内容，也更加丰富。国内学者针对基本公共服务研究涵盖了内涵和外延的界定，基本公共服务与经济的关联性，基本公共服务水平的省际、区域现状，基本公共服务与区域协调发展的关系等。

（一）概念界定与范围

公共服务与基本公共服务之间存在集合与包容性关系，国内学者在界定的时候也发现两者之间的密切联系。

马庆钰（2005）认为，公共服务的范围主要是指公共组织（政府与非政府组织）所履行的纯粹公共物品、混合公共物品、个别特殊性私人物品的生产、供给。

贾康等组成的"政府间财政均衡制度研究"课题组（2006）研究公共服务问题时，对均等化有明确的解读，即表现为成熟的、水平一致的公共服务均等状态。

安体富、任强（2007）认为，基本公共服务是与民生密切相关的纯公共服务范畴，包括义务教育、公共卫生、基础科学研究、公益性文化事业和社会救济，除此以外的公共服务领域属于一般公共服务范畴，其中比较典型的是行政管理服务。公共服务均等化应体现在地区之间、城乡之间、人与人之间的均等。所谓基本公共服务是指，保障公民最基本生活的消费，是低层次的公共服务，是每位公民都需要的服务（刘尚希，2007）。基本公共服务可以由政府直接提供，也可由政府出钱购买（政府购买性服务）再向居民无偿提供或收费提供，基本公共服务具有公共性、劳务性和抽象化的特征（马国贤，2007）。

判断基本公共服务均等化的标准是社会公众共同享有，能够满足社会公共需要，能够实现社会公平（王谦，2008）。丁元竹（2008）给出基本公共服务范围的界定，包括医疗卫生（公共卫生和基本医疗）、基本教育（义务教育）、社会救济、就业服务，养老保险、保障性住房。项继权、袁方成（2008）研究中界定基本公共服务范围包括义务教育、基本医疗、公共卫生、社会保障、公共文化、公共安全几个方面。

谭彦红（2009）认为公共服务均等化是一个动态变化的过程，即在认识到客观差异的前提下实现均等化。尤其要关注弱势群体，使这类人群也能享有基本的保障。冉光和、张明玖、张金鑫（2009）基于财政学科研究的特点界定公共服务，是指由国家或地区公共组织依靠财政保障提供的公共产品和公共劳务等，具体而言，包括纯公共服务或准公共服务，如科学、教育、文化、卫生、基本建设、就业、社会保障、生态环境等。李敏纳、覃成林、李润田（2009）给出基本公共服务外延包括教育服务、文化服务、卫生服务、社会保障服务、环境保护服务。

赵云旗、申学锋、史卫、李成威（2010）研究认为，基本公共服务范围中应包含就业和社会保障、义务教育、公共卫生和基本医疗、公益性基础设施（水电、道路设施）、生产、消费和社会安全几个方面。

当然以动态和长期的角度来审视基本公共服务涵盖领域，它应该是随着经济、社会发展而不断发生调整的，一般来讲基本公共服务包括基础教育、公共卫生、社会保障、基础设施等几个项目（马昊、曾小溪，2011）。在国内对基本公共服务内容进行研究的时候，很多学者直接采用财政均等化的相关指标来衡量基本公共服务均等化程度，只有少数学者对中国基本公共服务的区域差异进行研究。李文军、张新文（2011）着重研究了西部地区基本公共服务省际差异，在文章中他们将基本公共服务划分为教育、科技、文化、医疗卫生与社会保障五项。刘成奎、王朝才（2011）划定的基本公共服务范围只包括社会保障、卫生服务、义务教育和基础设施几个方面。

刘俊英、刘平（2013）认为基本公共服务应包括教育、卫生、文化、就业和再就业服务、社会保障、生态环境、公共基础设施、社会治安等方面。

容志（2017）在对政府公共服务进行界定时，将其划分为教育、医疗健康、社会保险和社区建设发展四项。

度量区域不平等的常用指标有基尼系数、变异系数、泰尔指数、最大最小值等，也可用来度量公共服务地区差异。近几年来，对于基本公共服务均等化的释义更体现了与时俱进的变化，赋予新的含义，其中国家提出的共享发展理念很好地体现了均等化的要义和特征。对于共享发展，中国历代领导人都给出了不同时代背景下的解释。鉴于不同时代背景下对于共享发展的解读，新时代背景下共享发展理念是对基本公共服务均等化的明确释义。

国内学者针对基本公共服务理论层面的研究更多地集中于内涵和外延的界定，往往立足政府与社会公众之间供需满足的角度进行阐述，理论依据是基于公共物品的研究范式，缺少与其他领域理论观点的结合。我国学者对基本公共服务范围的界定体现了动态演化的特点，但不同学者的阐述中侧重点存在差异，因此并没有形成统一的结论，这也为本书的研究提供了内涵创新的可能性。国内关于基本公共服务均等化的研究成果不同于国外研究中仅仅是从公平角度进行解读，而是结合了本国国情现实性的阐释，内容也更加丰富。

（二）经济地理视阈下基本公共服务经济分析研究

第一层面，基于区域板块间、省际基本公共服务评价研究。国内学者对基本公共服务与经济的关联以及基本公共服务水平差异状况进行了区域性的实证分析，得出各自的结论。

安体富、任强（2008）从地区间公共服务产出的角度，构建了测度基本公共服务均等化水平的指标体系，并利用其测度公共服务水平。得出结论：2000—2006年，中国各地区公共服务水平差异呈扩大趋势，从公共服务分项目来看，不均等程度最高的是科学技术类，最低的是公共安全类。

冉光和、张明玖、张金鑫（2009）基于中国东部和西部的省级数据，采用面板数据单位根检验、协整检验与误差修正模型，对基建资金支出，科教文卫资金支出与经济增长之间的长期和短期关系进行了比较研究。得出结论：在不同的区域条件下，公共服务供给与经济增长之间可能并无稳定一致的关系。李敏纳、覃成林、李润田（2009）以省级单位为研究对象，针对中国社会性公共服务差异特征与变化机制进行分析，得出结论：中国社会性公共服务区域差异与经济发展区域差异之间存在耦合性，并且这种区域间的差异总体偏大，有扩大趋势。

张晓杰（2010）认为，现阶段我国城市化进程中伴随着基本公共服务区域配置失衡的问题，虽然城市化水平地区之间的差异不断缩小，但各地区基本公共服务资源配置差异逐步扩大，其中社会保障与医疗差异尤为明显。除历史因素和资源禀赋外，政策机制是造成基本公共服务区域差异的关键。因此，应加快公共服务体制创新。王春枝、吴新娣（2010）通过耦合协调度模型测算公共卫生与区域经济发展之间的协调程度，将全国 31 个省份（不含我国港澳台地区）划分为优质协调至极度失调的 9 个区限。

马慧强、韩增林、江海旭（2011）通过构建测度基本公共服务质量的指标体系，得出结论：我国城市之间基本公共服务质量整体不高，空间差异明显，从东部沿海到中西部水平逐渐下降；基本公共服务质量较高城市的空间分布与城市群分布有较高拟合度，并与城市规模相对应；研究期间基本公共服务各单项水平也非常不均衡。段艳平、庞娟（2011）通过实证研究认为，东部地区基本公共服务供给与经济增长之间既具有长期的均衡关系，又具有短期的均衡关系，而中部和西部地区基本公共服务供给与经济增长之间却无长期的均衡关系，也无短期的均衡关系。豆建民、刘欣（2011）在研究 1994—2008 年中国区域基本公共服务水平收敛性时发现，东部、中部、西部区域水平差异明显，基本公共服务水平不存在 σ 收敛，但存在 β 收敛，并存在俱乐部趋同效应。刘小勇、丁焕峰（2011）研究我国 30 个省份区域公共卫生服务收敛的情况，得出结论：区域公共服务在 1997—2006 年的十年间并不存在绝对收敛，但是存在条件收敛，区域差异有所缩小。

李晓燕（2012）利用基尼系数和泰尔指数对基本公共服务区域差异进行了测算，同时应用地理联系率测算基本公共服务与区域经济的匹配度，将全国划分为四种类型，本书根据其研究内容绘制如图 1 - 1 所示。

徐莉莉（2012）从空间上参照区位熵概念，提出了"基本公共服务支出区位熵"的表述方法，用来定量测算反映各省级行政区相对于国家公共服务支出水平的差异，以及时间和空间的动态变化。将 31 个省份（不含我国港澳台地区）对应归入基本公共服务支出高、中、低三个区域。

王晓玲（2013）以 2011 年的截面数据信息为基础，计算我国各省级行政单位基本公共服务水平。结论显示：中国各省份基本公共服务水平普遍较低，大多数省份和地区属于中低水平区间；通过我国各省份基本公共服务水平空间自相关性检验发现，空间的外溢效应较为明显，形成

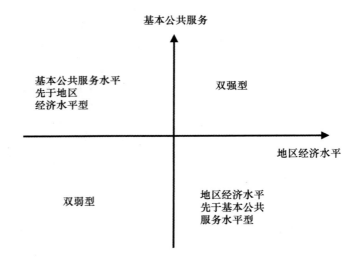

图1-1 基本公共服务与区域经济匹配度类型划分

各自水平集聚区。王洛忠、李帆（2013）考察基本公共服务中公共文化服务的区域差异现状，以31个省份（不含我国港澳台地区）为研究对象，得出结论：我国三大板块基本公共文化服务的水平存在不均等的现象，但中部、西部地区均等化程度要优于东部地区。

方茜（2014）运用静态结构分析技术ISM构建了"基本公共服务作用区域经济发展解释结构模型"，在进行系统分析后得出结论，从时间上看，基本公共服务作用区域经济的过程是非线性的，受时间滞延的影响。因此，提出推进基本公共服务与区域经济协同发展的建议：提升发展的质量，既要关心经济发展又要关心人的发展，其观点既立足于当下，又关注未来区域经济发展与基本公共服务的重要关联性。蓝相洁（2014）研究中国公共卫生服务的区域差异状况，运用双变量泰尔指数来考察其均等化程度，认为近几年公共卫生服务财政收敛性不断提高，但差异性问题仍然存在。

孙钰、王坤岩、姚晓东（2015）选取中国35个大中城市，着重研究基本公共服务中基础设施这一项目，评价其整体经济效益情况，得出结论：2012年基础设施经济效益水平堪忧，效益水平表现为由东南沿海向西北内陆递减的趋势。

孙琳（2017）运用数据包络分析法对我国四大区域医疗和教育省级

面板数据进行投入产出效率评价，得出结论，中部地区资金使用效率最高，东北部和东部地区位居其次，西部地区最低。崔志坤、张燕（2017）以 31 个省份（不含我国港澳台地区）的数据进行数据包络分析，考察影响地方福利性支出效率的因素，得出转移支付与地方福利性支出显著相关，而财政分权强化会造成地方福利性财政支出效率降低。刘广斌、李建坤（2017）选取基本公共服务领域中科普内容的投入、产出进行三阶段 DEA 效率评价研究，认为 31 个省份（不含我国港澳台地区）效率水平差异较大，综合效率不断波动，并在研究期间呈现缓慢下降态势。卢小君、张新宇（2017）研究中国 26 个省份 163 个城市公共服务水平差异情况，得出的结论：我国基本公共服务水平在中小城市是普遍偏低的，并且差异程度呈扩大之势，东高西低格局分明。武义青、赵建强（2017）考察京津冀、长三角地区的基本公共服务水平，通过一体化指数体系的构建测度水平，得出结论：京津冀基本公共服务一体化总体水平较低，长三角地区则较高，并且上升态势明显。

乔路明、赵林、吴迪、胡灿、吴殿廷（2018）研究中国省际基本公共服务供给效率问题，得出结论：供给效率整体呈现"U"形演变趋势，省际绝对和相对差异均呈扩大态势。李文军（2018）以区域医疗卫生为研究对象，探讨其支出水平演进与收敛态势，得出结论：过去的 20 年，医疗卫生支出区域间存在 σ 收敛，但是却不具有 β 收敛特征。宋美喆、刘寒波（2018）在考察东部、中部、西部地区基于地方政府策略互动行为下的基本公共服务差异状况时，得出结论：三大地区之间存在 σ 收敛，也存在条件 β 收敛，并且条件 β 收敛速度最快的是东部地区。范逢春、谭淋丹（2018）以中国 29 个省份面板数据来评价基本公共服务均等化绩效水平，认为基本公共服务子项中社会保障均等化制度绩效最优，公共教育和医疗卫生均等化绩效缓慢上升，公共设施均等化绩效呈下滑态势。基本公共服务供给地方政府承担了辖区内主要的职能，地方政府支出明显倾向于生产性支出，一定程度上忽视民生性支出（张莉、皮嘉勇、宋光祥，2018）。

此外，还有部分学者着重分析了农村基本公共服务区域差异状况，刘玮琳、夏英（2018）运用数据包络分析方法对 29 个省份农村基本公共服务供给效率进行测度，得出结论：供给效率最好的是中部地区，其次是东部地区，效率水平最低的是西部地区。姚林香、欧阳建勇（2018）以我国农村公共文化服务为研究对象，基于 DEA-Tobit 模型的应用进行投入产出绩效评价，得出结论：各环境变量与农村公共文化服务存在不同的相关性；农村公共文化服务投入产出绩效水平没有达到有效状态，表现出资源浪费现象，其中农村公共文化服务财政投入产出在经济发达省份的绩效水平普遍低于经济欠发达省份。

第二层面，基于某一省份的基本公共服务评价研究。有相当多的学者选择以具体某个省份为研究对象，考察其水平和特点，近年来相关研究成果丰富起来。

滕堂伟、林利剑（2012）以江苏省 13 个市为研究样本，测算基本公共服务水平与区域经济的相关性，同时选取变异系数指标对区域内基本公共服务非均等化状况进行测定，基本公共服务的空间差异要小于区域间经济发展水平的差异。宋潇君、马晓冬、朱传耿、李浩（2012）则利用不平衡指数模型，分析江苏省农村公共服务区域分布特征，有明显的梯度特点。

王肖惠、杨海娟、王龙升（2013）以陕西省 11 个地级市为研究样本，选择熵值法分析农村基本公共服务中基础设施的空间差异情况，发现该省农村基础设施水平较为均衡，空间分布存在差异。

皮灿、杨青山等（2014）选取广州各区基本公共服务状况为研究单元，认为广州市基本公共服务设施空间分布不均问题较突出，影响基本公共服务的各个驱动因素作用从大到小分别是：常住人口密度、基础设施投入、农业总产值、工业总产值、财政收入、GDP、城市化水平、发展历史等。杨帆、杨德刚（2014）对新疆基本公共服务差异做了定量实证研究。得出结论：新疆基本公共服务水平整体偏低，空间差异较大。基本公共服务差异是由经济发展不平衡、流动人口众多、教育水平低、财政权力界定不明确和财政资金滥用造成的。单菲菲（2014）运用 DEA 方法考察甘肃省基本公共服务领域财政资金使用效率，得出结论：基本公共服务领域公共资源浪费严重，技术低效问题在医疗卫生和社保与就业领域表现得尤为突出。

范柏乃、傅衍、卞晓龙（2015）以浙江省为研究样本，测量 11 个地级市基本公共服务均等化水平和空间格局。发现浙江省总体均等化程度稳步提升，但东北部和西南部新地区基本公共服务仍然不平衡，地区之间的差异正在扩大。尹境悦、马晓冬（2015）以江苏省地市、城乡公共服务水平及居民满意度调查数据为依据，通过构建指标体系，计算权重，构造重要性与满意度矩阵等方法，得出江苏省城乡公共服务水平的区域差异明显，其中苏北差异最大，苏中和苏南差异较小；城市公共服务满意度总体好于农村。赵林、张宇硕、张明、吴殿廷（2015）以空间失配理论为基础，研究东北地区基本公共服务失配度空间格局的演化情形和现状：东北地区各省份中辽宁基本公共服务配置较好，内蒙古东部与黑龙江的状况次之，吉林省失配最为严重，同时内部区域差异呈扩大趋势。朱金鹤、崔登峰（2015）通过数据分析新疆基本公共服务水平，整体水平较低且空间差异巨大，从北疆地区到南疆地区呈现逐渐降低的态势。单菲菲、高秀林（2015）以新疆 14 个地州市为研究样本，对基本公共服务中的教育、医疗、社会保障进行考察，运用 DEA 方法评价其投入产出情况，得出结论：该地区教育、医疗、社会保障的综合效率值分别是0.5、0.8、0.6，说明相对于最优投入，教育、医疗、社会保障领域都存在部分公共资源没有被充分利用的现象。

赵林、张宇硕、张明、吴殿廷（2016）提出基本公共服务失配度的概念并以河南省为例，利用生态系统评估中的健康距离模型研究了其基本公共服务失配度的时空格局演化过程。赵林、张宇硕、焦新颖、吴迪、吴殿廷（2016）在研究河南省基本公共服务现状时，得出河南省 17 个城市间绝对差异呈扩大趋势，而相对差异缩小，基本公共服务低水平地区对高水平地区形成明显的"追赶效应"，同时基本公共服务空间上还存在溢出效应。

曹莎等（2017）在研究四川省基本公共服务水平和空间差异的时候选择利用投影寻踪模型来测度，各地市基本公共服务水平总体呈上升趋势，但各地区存在一定的起伏。徐俊兵、韩信、罗昌财（2017）以福建省的县市为研究对象，运用数据包络分析方法（DEA）测算各县市综合效率水平，得出结论：福建省县市综合效率普遍偏低，其中一半以上的县市效率水平处于非最优状态。黄冠华（2017）选取来自湖北省 17 地州市的数据，运用数据包络分析方法（DEA）评价该地区基本公共服务绩效水平，得出结论：该地区基本公共服务非均等化在空间表现为中间地带较优，东部地区次之，西部地区最差。尚杰、任跃旺（2017）研究分析西藏地区农村公共服务效率水平情况，得出结论：西藏地区农村公共服务效率长期无法达到最优规模水平，其原因在于低效率资源配置结构的问题，并且通过与其他区域内省份的比较也验证了这一结论。

王亚飞、廖顺宝（2018）通过测算河南省2016年基本公共服务各地市的水平，发现其空间分布状态呈现整体水平由西北向东南下降态势，越是落后地区其基本公共服务水平越不平衡，造成这一现状的外部因素是经济发展与人口聚集。熊小林、李拓（2018）以河南省108个县为研究对象，通过实证研究方法得出结论：河南省县域经济的发展在一定程度上有赖于该地区基本公共服务水平的提高和财政分权改革的推进。

第三层面，基本公共服务差异形成的原因研究。在对基本公共服务现状分析的同时国内学者还进行了深层次原因的提炼。诸如：财政分权、人口因素、转移支付等方面都对中国基本公共服务水平产生影响。

鲍传友（2005）在阐释城乡间公共教育资源存在差异的原因时，更多的是从制度设计的角度挖掘的，列示的成因有户籍制度、土地制度、税收制度、社会保障制度以及义务教育的投入体制和教师政策等。

安体富（2007）在论述政府提供公共服务缺位的形成原因时，明确了基层财政的财力与事权不匹配的体制性因素。

赵怡虹、李峰（2009）研究认为，导致中国基本公共服务水平差异的因素来自地方政府税收竞争、政府间转移支付和预算外资金三个方面。

伏润民、常斌、缪小林（2010）认为，公共事业发展成本的不同是基本公共服务差异产生的原因之一。王春枝、吴新娣（2010）选择基本公共服务中的公共卫生为考察对象，通过指标测算公共卫生服务水平，得出结论：区域经济水平的巨大差异是公共卫生服务区域差异的根源。因此，实现基本公共卫生服务均等化，关键在于缩小区域经济发展差异。刘德吉、胡昭明、程璐、汪凯（2010）的理论研究和实证分析显示各省财政支出相对水平、经济发展水平、城市化率、中央净转移支付结构等是影响各省基础教育、卫生医疗和社会保障等民生类公共服务财政支出水平的主要因素。

刘细良、刘迪扬（2011）研究认为，基本公共服务差异形成的原因是政府财政能力、制度能力和行政能力差异明显；地方政府对基本公共服务所依赖的机构或场所等载体投入的能力明显不同；基本公共服务接受者的消费能力也大相径庭。豆建民、刘欣（2011）提出，新经济地理学认为经济活动的空间聚集对效率有重要影响。在聚集机制的影响下，该地区基本公共服务水平受人口聚集程度和该地区地理位置的影响极大。

李琪、安树伟（2012）在分析区域间基本公共服务差异时认为，致使经济区域内基本公共服务不能满足公共需求的成因是国家政策的倾斜、地区财政实力不均等、财政运行机制不完善等。

谢芬、肖育才（2013）认为，中国基本公共服务不均等很重要的一个原因是：地方政府在财政资金的使用方面存在扭曲，财政支出往往更多地出现在经济建设领域，而不是公共服务领域。

潘心纲、张兴（2014）从供给角度多个层面地分析了基本公共服务非均等化的原因。地方政府基本公共服务供给能力不强，是中央与地方事权、财权不匹配所致；地方政府供给基本公共服务满意度不高，是单一供给主体模式无法满足公民多样化需求所致，地方政府供给基本公共服务随意性大，是缺乏统一明确的标准和制度所致。官永彬（2014）在所做的研究中主要分析了导致区域之间基本公共服务差异的因素，并解释了财政分权在经济体制转型过程中对区域公共服务供给差异的作用机制。彭芳梅、孙久文（2014）在研究 FDI 与基本公共服务关联时发现，财政分权会促进 FDI，FDI 对不同类型即经济型和非经济型的基本公共服务会产生差别性效应，前者是积极的促进作用，后者是由原来的"挤出效应"向"拉动效应"转变。

此外，国内学者还就基本公共服务进行了系统的评价，从而给出了整体趋势的预测。杨光（2015）致力研究省际基本公共服务供给均等化的绩效评价问题，构建 4 大类一级指标、16 个二级指标绩效评级指标体系，运用泰尔指数进行系统分析，得出结论：基本公共服务非均等化现象严重，其内在影响因素是经济发展水平、财政能力状况和政府决策的理念与行为。师玉鹏、马海涛（2015）以云南省 129 个县市为研究对象，考察其公共服务的供需匹配情况，得出结论：公共服务均等化进程缓慢的第一要因在于财政资金配置决策的失效，供给模式自上而下无法满足辖区居民的需求偏好，各项基本公共服务内容供给出现了不同程度的偏差。

李拓、李斌、余曼（2016）研究认为，财政分权和户籍管制会对基本公共服务供给产生影响，财政分权能够促进"经营性"公共服务，放松户籍管制有利于公共服务供给。

缪小林、王婷、高跃光（2017）在对不同经济赶超程度的省份进行分组研究时发现，经济赶超程度越高的落后区域，转移支付抑制城乡公共服务差异缩小的作用就越强，极易坠入转移支付阻碍城乡公共服务差异缩小的陷阱中。吴昊、陈娟（2017）研究认为，中国基本公共服务经过十几年的改革，取得一定的成绩，但受制于规模总量约束、结构比例失衡等因素的影响，基本公共服务呈现出了区域差异、城乡差异和群体差异拉大的趋势。姜晓萍、肖育才（2017）研究发现，财政分权会刺激地方政府采用"城市偏向"的基本公共服务供给机制，而这一倾向性的结果会导致农村基本公共服务供给的严重短缺，城乡之间收入水平差异拉大，造成城乡居民之间基本权利的不平等。这一现象往往越是在经济落后地区越容易发生，影响程度也越深刻，从东中西部三个地区的对比来看，中西部地区表现得更多一些。杨刚强、李梦琴、孟霞（2017）选取中国286个城市公共服务数据，分析人口流动规模、财政分权因素对各城市公共服务水平的影响，得出结论：人口流动规模增加会降低某一项具体人均基本公共服务支出水平，财政分权程度的提高也并不一定会带来人均公共服务支出水平的增加。基于同样的研究样本，考察不同的变量因素，杨刚强、李梦琴、孟霞、李嘉宁（2017）再次运用杜宾模型实证分析，得出结论：地方官员政治晋升激励对公共产品供给具有积极影响，净流动人口规模增加会降低基本公共服务人均水平。

熊兴、余兴厚、王宇昕（2018）在研究我国287个城市基本公共服务水平影响因素时得出结论：人口密度对基本公共服务水平的影响由东向西呈阶梯下降趋势，地方财政能力在东部地区对基本公共服务的边际贡献最大，经济发展水平在西部地区对基本公共服务影响最大。李斌、金秋宇、卢娟（2018）通过动态空间自回归模型实证研究得出结论：促进公共服务供给的因素是新型城镇化；抑制公共服务供给的因素是土地财政。王有兴、杨晓妹（2018）基于个人及家庭异质性的角度分析公共服务的影响因素，不同的个体特征和家庭特征会驱使劳动力向呈现不同公共服务供给状态和供给水平的区域流动。

　　第四层面，实现基本公共服务均等化的对策建议研究。在系统分析中国基本公共服务现状的基础上，很多学者从不同的角度提出了实现基本公共服务均等化的建议。

　　庞明川（2006）在进行新农村建设投融资机制问题研究时提出，农村基础性公共产品和公共服务投入不足，诸如基础教育、公共卫生以及基础设施建设的滞后或缺失，是影响农业生产力进步、农村发展和剩余劳动力转移的重要原因。因此投融资保障机制的构建与完善可以为农村经济与社会发展提供必要的物质基础和基本保障，有了财力的保障才能弥补农村公共服务领域投入不足的问题。

　　安体富、任强（2007）提出实现基本公共服务均等化，要完善公共财政制度包括财政体制、转移支付制度。

　　石绍宾（2009）研究得出化解基本公共服务区域差异，实现均等化的路径有以下三种：收入路径、支出路径、政治路径。其中，政治路径的建议更具有创新性。在地方公共服务分散供给模式下，出于地方财力的原因，同一种公共服务在不同地区之间可能会出现不同程度的差异，政府合并是解决这一问题的方案。通过地方政府合并，将不同公共服务供给区域纳入统一的公共服务供给框架中，统一的筹资机制和统一的供给模式有助于解决公共服务差异问题。在此基础上，建立公共服务绩效管理机制也是非常必要的，但目前我国政府绩效管理还缺乏系统性的研究以及成熟的实践经验，评价公共服务的过程常常处于一种盲目应付的状态（胡税根、徐元帅，2009）。

　　安体富、贾晓俊（2010）聚焦基层政府公共服务，提出完善省以下转移支付制度来提升公共服务能力。

　　张启春（2011）以加拿大作为借鉴对象，提出我国实现区域基本公共服务均等化目标财政转移支付制度是重要的手段，它能够显著改善区域间的纵向和横向财政不均衡状况，进而实现财力的保障。

　　王军平（2012）在对基本公共服务项目中的人口计生服务进行研究时，得出结论：政府对公共服务的财政投入很大程度上决定了基本公共服务的数量和质量。财政能力均等化是人口计生服务均等化的必要条件，直接影响其实现程度。曾红颖（2012）认为"标准"是均等化的核心参数，从基本公共服务供给维度出发，运用因素法构建了标准体系，该方法的实施能提高基本公共服务均等化的水平。

周玉龙、孙久文（2016）在系统梳理、分析区域发展政策空间属性的时候，提出"基于地区"和"空间中性"的发展政策。从现阶段来看"基于地区"的发展思路更适合中国大部分地区，制定战略和政策时应依据各地区现实背景，提高政策的精确性，完善地方基本公共服务制度。

韩保江、韩心灵（2017）在研究中指出，社会民生性支出的优化要因地制宜地调整支出结构，发挥其促进地区经济增长的效应。具体是：东部发达地区基础设施公共服务水平较高，因此未来关注的重点应该放在提升科技研发创新能力、生态环境改善等方面。相反，中西部地区基本公共服务结构中应增加基础设施的投入，加大固定资产投入力度，增强该地区自主内生发展能力。陈娟、吴昊（2017）通过实证验证得出结论：广东省扩大转移支付总量水平，对基本公共服务的促进作用非常有限，尤其是一般性转移支付并未对该地区均等化起到促进作用。因此现阶段应确立合理的转移支付模式，设计合理的转移支付体系。

此外，在基本公共服务供给方面的研究中还有一些学者提出实操环节中公共服务外部化问题，即公共服务市场化、非政府主体在公共服务领域的参与问题，等等［持有此观点的学者有唐晓阳、代凯（2017），谢星全（2017），陈娟（2017）等］。目前，基本公共服务供给机制不够健全，基本公共服务均等化供给机制不够多元，供给总量和供给结构失衡。因此，应积极构建"政府—公众—市场"多元主体并存的基本公共服务供给体系，确保基本公共服务供给充足、分配平衡、获得可及、享用普惠，让每一位公民共享国家改革成果，不断提升基本公共服务质量。PPP模式恰恰是公共服务供给对官僚制范式的超越，PPP模式应用于基本公共服务领域也是其供给模式的创新（欧纯智、贾康，2017）。

在基本公共服务存在空间外溢的情况下，要加强区域之间的合作，构建经济发展较好地区公共服务的协同发展，即公共服务也要实现资源的共享和流动（吴岩、许光建，2018）。实现基本公共服务均等化的目标除了具体举措的选择，还离不开评价机制的创新，它有别于传统意识驱动模式，是通过数据驱动实现的一种公共服务评价模式，虽然现实应用中还存在很多的局限，但作为一种新型评价范式，它的应用能够调动各方主体积极参与其中，提高公共服务供给的质量（邓剑伟、杨艳，

2018）。

国内学者在经济视阈下研究基本公共服务供给的成果非常丰富，时效性也很强，开展了针对基本公共服务整体或是某一个范畴，以及全国范围，或各区域彼此间，或是某一个省份内部的现状考察和深入分析。已有研究成果虽然取得了各自的结论，但进行梳理时发现该问题的研究缺少前提的界定。因此，本书基于公平与效率的视角，利用双系统评价机制构建来考察基本公共服务供给区域差异，在原因分析时从不同的维度选择影响因素，力求全面考察，对策建议中能够兼顾公民民主性的体现，有别于以往对策建议中更多关注的是政府层面。

（三）基本公共服务与区域协调发展的相关研究

基本公共服务问题关乎区域协调发展目标能否顺利实现。实现基本公共服务均等化是促进区域协调发展的基本途径。

陈栋生（2005）认为，区域发展水平、公共物品享用水平和区际分工水平是区域发展协调性的重要评判标准，他在文章中列举的公共物品就是本书所探讨的基本公共服务的内容和领域。

薄文广、安虎森、李杰（2011）在研究区域协调发展问题时强调不仅需要考察经济发展水平的差异，而且要考察区域内公众享受公共服务方面的差异，具体在这方面可选择教育、医疗、社会保障、住房、生态环境等指标来衡量。公共服务均等化是缩小区域差异的优先步骤。

徐康宁（2014）在阐述区域协调发展时指出，福利共进、区域互利、生态保护的协调即为其内涵本质。其中福利共进是防止区域差异进一步扩大的努力方向。福利共进是国民基本福利水平的提升、要素的合理流动，进而体现区域发展利益的综合协调。

孙久文等（2017）认为，区域经济发展战略实施中很重要的一个方面是继续推进以人为本的城镇化建设，而城镇化建设的内涵中包含了让公民享受同等的教育、医疗、养老等公共服务水平。王一鸣（2017）认为，深化改革和体制机制创新是促进区域协调发展的关键，在充分发挥市场机制作用的同时，完善发达地区与欠发达地区的互助、互济机制建设，加大公共服务领域的帮扶力度，实现区域发展的协同性。学术界深入研究的同时，国家层面也给予了明确表态，实施区域协调发展战略，基本公共服务均等化的有效推进是其重要保障，同时区域协调发展新机制建设也在缩小区域发展差距和实现基本公共服务均等化中发挥重要作用。

将基本公共服务均等化与区域协调发展进行关联性研究是国内学者结合中国国情的创新，但现有该方面的研究成果并不很充裕。本书通过基本公共服务区域差异现状—基本公共服务均等化目标—基本公共服务均等化实现机制—区域协调发展的思路进行研究，丰富了该方面的内容。

（四）基本公共服务与区域竞争的相关研究

基本公共服务成为区域间开展竞争的重要手段，提高基本公共服务水平能够吸引人才迁入，更能够代表区域发展的品质和彰显区域未来发展的潜力。各地区处于不同的地理区位，保有差别的自然资源、交通硬件设施，配有不同的教育资源、科技水平与文化软环境，从而影响地区间要素流动，决定地区经济可持续发展的后劲。可见，基本公共服务与区域发展潜力之间存在密切关联。

关于基本公共服务与区域发展潜力的研究，郭亚军、董会娟、王杨（2002）曾给出区域发展潜力的界定，其中指标设计涵盖了基本公共服务部分内容，可见基本公共服务与区域发展潜力有着密切关联。

唐娟莉、朱玉春（2012）在研究中量化评估中国区域竞争力与公共服务设施之间的相关关系，结论为卫生、信息设施、社会保障等对提升区域竞争力的作用更为明显，而运输设施、交通设施、基础教育对区域竞争力的提升有阻碍作用。这也为提升区域发展竞争力水平，从基本公共服务的视阈提供了操作建议。

伴随第四次产业革命的到来，需求层面重新定义了人的作用，人才在经济发展中的作用至关重要。未来发展中人与基本公共服务之间的关系也将越发紧密，基本公共服务的水平、种类会牵动人的需求偏好选择，直接影响人的"用脚投票"行为。刘春兵（2014）在研究中历数了中国不同阶段基本公共服务供给的状况及其对人类发展的影响。基本公共服务资源配置和利用的不平衡导致人的发展机会和能力的巨大差异，并衍生出各种社会问题。

基本公共服务供给在国家未来区域发展中的作用越来越重要，比如新区建设中基本公共服务就扮演了重要角色，它是比较、评判未来发展的标准之一，同时也是推动新区建设的优选途径。例如，雄安新区建设，提供优质公共服务就显得尤为关键。应做到的是以优质公共服务资源定向聚集为先导，支持雄安新区首先形成磁场效应，进而产生"容体"功能，从而带来人、财、物的聚集，疏解首都的部分功能（杨宏山，2017）。北京功能的特征在于它是行政功能和公共服务功能叠加性聚集，习近平总书记在为新区提出重点任务的时候已明确指出要打造优质服务样板，可见基本公共服务对于新区建设的重要性（孙久文，2017）。杨开忠（2018）在研究中提出推动地区快速发展，现阶段对积累人才，特别是高层次人才的需求非常迫切，关键途径应投资于地区品质，所谓地区品质不仅仅包括教育和医疗卫生保健，还包括其他内容。地区品质重要的构成就是基本公共服务质量，这也正是人才聚集的重要考量因素。

国内已有基本公共服务的大量研究都基于现状展开，缺少前瞻性的分析和预测，基本公共服务内容的研究还应关注其对未来区域发展的影响：基本公共服务与区域发展潜力的关系、基本公共服务对人行为的影响等，然而现有文献中对于该问题探究是很少的。

三　相关研究述评

（一）国内外文献研究内容的简要归纳

通过以上对国外、国内关于公共服务或是基本公共服务区域差异相关研究内容的梳理，笔者获得以下结论：

第一，关于基本公共服务内涵的界定虽然没有统一，但国内和国外学者普遍认可的观点是，它是政府的职责、义务，并且是面向居民提供服务的最低标准。国外关于基本公共服务均等化理论的讨论更多的是从公平、福利角度进行解读，所涉及的学科领域也较为广泛，包含政治学、经济学、法学、社会学等。这方面的研究基础深厚，成果形成时间较早也具有代表性。从具体研究内容来看，国外没有基本公共服务这一专业词汇，现有的内涵研究都是围绕公共物品、公共服务展开的。国内关于基本公共服务均等化理论的研究更多的是学习借鉴西方的理论和命题，并尝试进行经验数据的验证。

第二，在经济视阈下研究基本公共服务区域差异问题时，国外研究中更多的是将基本公共服务作为公共财政支出构成的子集，对基本公共服务的研究是以探讨公共财政支出与经济、社会的关联性展开的，尽管结论不尽相同，但都是基于相同的研究动机。对公共服务影响因素方面的研究，国外主要是从经济发展水平、政府内在机制选择、供给效率等方面展开。相较之下，国内的研究内容要更加全面。国内学者结合各自对内涵的理解来界定基本公共服务、构建评价指标体系，并用于区域板块间、城乡间、省际、省内部的基本公共服务水平衡量，以及动态演进分析。研究内容中有相当部分的文献是专门就基本公共服务中某一项目展开分析的。对基本公共服务水平影响因素的分析主要集中于收入水平、财政分权、人口因素、转移支付、地方政府之间竞争、官员晋升等方面，其中基于财政因素考量的文献居多。

第三，在基本公共服务区域差异的研究中，国外和国内的关注重点也有所不同。国外文献中并没有刻意去追求公共服务均等化目标的实现，而是基于效率的差异性着眼于提升公共服务的效率水平，外国政府对公共服务的立场更多的是主张放手，多由市场自行配置，少部分公共服务由政府财政主导提供，现有研究成果中更注重公共服务收益和成本的比较研究。因此，国外关于公共服务绩效理念的研究开展得较早，经验也较为丰富，并且注重评价结果的应用，在公共服务与居民满意水平之间建立了紧密的联系。这也使国外在公共服务方面较早关注到要充分利用大数据资源、数据驱动的评价方法和评价模型来提升公共服务的满意度水平。国内对基本公共服务概念则明确了均等化的目标设定，基于定性、定量分析，分析区域的差异情况，从而形成因地制宜的政策建议，但普遍偏向于宏观层面，微观层面涉及较少，普遍关注公平，效率方面涉猎相对不足。

第四，在基本公共服务供给区域研究中，国内学者将其置于宏观经济发展的大背景之下，注重区域协调发展中基本公共服务作用机制的探讨，新型城镇化建设中基本公共服务角色扮演的分析，共享发展理念下基本公共服务均等化的内涵与发展，以及在国家战略实施中基本公共服务职能的重新审视，这些内容研究所形成的成果更体现出中国特色和其研究优势。

（二）已有文献研究可待深化的评述

第一，国内外关于公共服务理论、公共服务与经济、社会关联等方面的研究较多，但近几年的研究成果略少。文献内容样本时间产生较早、结论争议也较大。国外研究成果中较少关注公共服务区域差异的话题，均等化也并不成为其追求的目标。一直以来国内学者基本公共服务均等化方面基于财政学视角的研究居多，但针对基本公共服务供给区域差异特征的研究，缺少研究前提的设定，并且现阶段相关的文献和经验性研究结论并不很充裕。

第二，从基本公共服务设计评价指标内容来看，国内学者对基本公共服务范围的界定体现了动态演化的特点，但不同学者的观点中侧重点存在差异，因此并未形成统一的结论，这也为本书提供了内涵创新的可能性。同时基本公共服务具体评价指标是根据涵盖的不同领域来考察的，指标选择非常广泛，研究中很难兼顾。本书考察基本公共服务供给区域差异，每一大类中首先以各地方政府基本公共服务该领域财政投入量化后的占比来反映该类别整体的供给状况，并在指标设计中做了补充，这样可以避免因选择指标的数量不同而没办法公平反映基本公共服务每一项供给的真实水平，研究更加全面，也有利于客观评价基本公共服务区域差异的原因。

第三，从研究具体内容来看，基本公共服务区域差异基于省际和省内研究展开，包括东部、中部、西部区域的探讨，和各省内部的演进变化研究。基本公共服务区域差异的既往研究多是以供给指数水平评价作为区域差异的切入点进行分析，形成大量有价值的文献，但关于基本公共服务供给效率水平的区域差异问题的研究明显不足，即便现有研究中涉及基本公共服务效率问题，也往往选择基本公共服务中某一子项内容进行评价。基本公共服务供给指数水平和效率水平差异性的综合评价成果更为有限。因此，本书将注重从两个维度来分析中国基本公共服务供给的区域差异，对标公平和效率，建立指数水平与效率水平的关联性关系，双系统、全面反映基本公共服务供给区域差异状况。

第四，从研究该问题的专业领域来看，目前已有的研究多集中于财政学、区域经济学、公共管理学等领域，不管是规范研究还是实证研究，都形成了较丰硕的成果，并且已经呈现出了渐趋融合的态势。本书即在现有研究的基础上，基于区域异质性，运用区域经济学、财政学、管理学等多学科领域的分析方法系统研究基本公共服务供给区域差异问题。

第五，现有文献在对基本公共服务影响因素的研究中，大多是基于财政制度中的具体内容如财政分权、专项转移支付、一般性转移支付、税收等因素的考量，财税体制机制方面分析居多；除此之外，还关注人口流动效应、官员晋升等，但总体上较为零散，缺乏系统性。在实现基本公共服务均等化的建议方面，研究集中于宏观层面，微观设计不足。现有文章更多的还是从政府决策角度考虑，没能更多地站到对立面的立场来"倒逼"政府的改革，完善基本公共服务供给。已有文献对基本公共服务在国家发展战略方面的重要性进行了丰富阐述，对地区发展、对人的作用都有较多关注，但缺少定量的分析和决策。本书从供给侧、需求侧，即政府决策和民众需求满足两大视角探究实现基本公共服务均等化的对策建议。借此，缩小基本公共服务供给区域差异的状况。

随着新现象、新问题的出现，对基本公共服务问题的研究应有新的视角，而本书的研究意义也正在于此。

第三节　研究思路、方法与结构

一　研究思路

本书研究的基本逻辑是，区域异质性决定区域地方政府财政配置能力千差万别，政府在进行竞争时很重要的领域是提升区域品质，提高该地区人均福利水平，实现福利状况与税收负担的最佳组合，吸引人才的聚集，因此基本公共服务供给在各区域之间就表现出了很大的差异性。客观描述并且评价这种差异性对均等化目标达成的理性判断非常必要，同时也是区域协调发展战略的重要实现机制。根据这一逻辑，引发对一系列问题的思考：首先，依据基本公共服务内涵界定，如何选择基本公共服务分项目内容，如何筛选指标综合评价该地区整体基本公共服务水平？基本公共服务均等化目标提出后，我国区域间基本公共服务供给水平差异总体概况如何？其次，置于空间视阈下，考察基本公共服务供给是否存在外部效应，依据动态面板数据实证分析基本公共服务供给水平的影响因素及作用效果。再次，基本公共服务供给作为政府的主要职责，其绩效水平怎样？财政资金使用效率如何？最后，在经济新常态下，经济增速放缓，但并不能遏制公众对政府提供公共服务职责履行的期望，基本公共服务如何达成对标公平与效率，高质量、高效率供给，并实现区域基本公共服务供给的均等化? 基于这种逻辑去构建本书的框架,并试图解决这些问题。图1-2列示了本书研究的技术路线。技术路线设计上,力求突出逻辑思路清晰简明、紧扣主线的特点,来设计各研究环节和步骤。

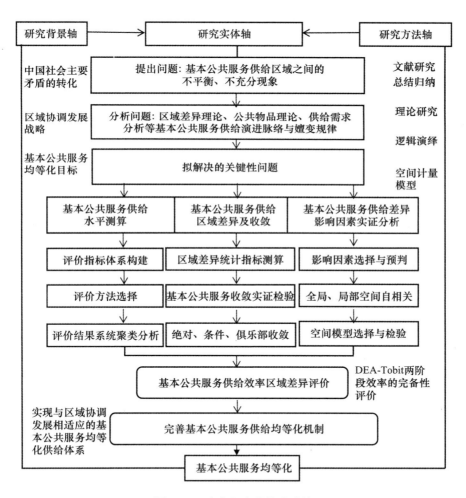

图1-2 本书研究的技术路线

二 研究方法

本书在撰写过程中通过文献研究等方式,结合规范分析与实证分析,通过定性归纳与定量研究，完成主体内容的研究工作。深刻剖析经济新常态下，基本公共服务在区域、省际层面供给的差异性，探究成因，通过定性演绎的方法，结合量化分析、实证研究的结论，更有针对性地提出对标公平和效率双系统分析框架下优化基本公共服务供给的对策建议。

（一）文献研究法

通过对大量文献进行阅读、整理、分析和评述，确定选题，选定研究视角，明确研究方法，构建研究框架。

（二）规范分析方法与实证分析方法的结合

本书的研究目的不仅要厘清现阶段我国基本公共服务供给在三大区域之间、各省际的指数水平与效率水平的差异，更为重要的是要为实现基本公共服务均等化目标提出对策建议。这就需要实证分析与规范分析相结合。本书按照时间纵向梳理，收集 31 个省、自治区、直辖市基本公共服务相关基础数据，通过指标定性选择、定量优选，构建系统评价体系。运用熵值法衡量基本公共服务区域之间的经济公平差异水平，通过数据包络分析法即 DEA 模型测算各省基本公共服务效率水平区域差异。在差异研究的基础上，进行收敛实证检验。通过对基本公共服务供给公平与效率差异影响因素的面板数据模型进行实证，解读我国基本公共服务区域差异形成的原因，给出我国基本公共服务供给机制改进的框架设计和具体政策组合措施，使其更具有可靠性和实操性。

（三）跨学科研究法

本书运用区域经济学与财政学、社会学、管理学等相关学科的理论、方法和成果从整体上对基本公共服务供给区域差异问题进行全面考察，进而完善基本公共服务供给机制。

（四）比较研究法

中国基本公共服务供给由于经济、历史、政策状况等方面的原因，各区域和省份间基本公共服务绝对量和相对量的规模、供给的指数水平和效率都存在差异。通过收集和整理各省份、各区域基本公共服务具体内容的数据资料，纵向梳理、横向比较，从而对基本公共服务供给区域状况进行客观评价与比较。

三 结构安排及主要内容

本书研究主旨是，对标公平与效率，双系统考察中国基本公共服务供给的指数水平和效率水平，在省际、区域间的差异及收敛状况，实证分析差异形成原因的影响程度，以此提出区域协调发展国家战略背景下，实现基本公共服务均等化目标、完善基本公共服务供给机制的对策建议。本书的结构框架和主要内容是：

第一章导论。阐明基本公共服务区域差异问题研究的现实背景和政策导向。文献资料收集和整理关于基本公共服务区域差异问题相关的国内外研究成果，分别从内涵界定、与经济的关联性、经济地理视阈下的现状分析以及探究与区域协调发展和区域竞争关联等几个方面展开，在此基础上进行文献述评，提出有可能进行深入研究的切入点。阐明本书研究的技术路线和基本框架，以及研究中可能用到的方法和手段。

第二章相关概念与基础理论。围绕本书研究主体内容——基本公共服务供给区域差异，给出与之相关概念的内涵与外延界定。基本公共服务供给区域差异研究中重点涉及了区域差异理论、福利经济学理论、公共财政理论等基础理论内容。同时中国基本公共服务供给的现实背景也离不开对区域协调发展理论和共享发展内容的探究。此外，对标公平与效率，实现供给水平管理方面的优化，理论阐述中也介绍了基本公共服务供给、需求的相关理论，并对管理学中的新公共管理理论、新公共服务理论、治理理论进行了借鉴。

第三章中国基本公共服务供给演进历程。基本公共服务供给是一个历史范畴，不同时期、不同社会环境，基本公共服务供给也呈现出不同的现实体现。新中国成立之后教育、医疗卫生、科技文化、交通运输领域公共服务都有较明显发展。梳理新中国成立之后不同时期基本公共服务供给水平、方式、发展进程和特点，探究基本公共服务供给嬗变的原因，从经济发展水平、财政体制、政府职能转型、城镇化进程方面进行理论阐释和定量描述。

第四章中国基本公共服务供给区域差异及收敛分析。基于本书对基本公共服务内涵的界定和创新，设定七大类一级指标、优选后的二十九个二级指标构建我国基本公共服务供给指标体系。运用熵值法测算研究期间中国 31 个省、自治区、直辖市基本公共服务供给指数水平，同时运用 Spss22.0 软件进行省际基本公共服务供给水平的系统聚类分析。依据基本公共服务供给指数水平，运用变异系数、基尼系数、泰尔指数客观评价基本公共服务区域差异状况。同时运用截面数据和面板数据进行 β 收敛实证检验，以及检验东部、中部、西部地区内部是否存在俱乐部收敛。

第五章中国基本公共服务供给差异影响因素实证分析。我国基本公共服务供给区域差异形成的原因是多维度、多层面的，本书选取社会层面、经济层面、财政体制三个维度的影响因素，基于文献基础和理论假设的预判，应用 Stata 软件对基本公共服务供给各地区水平指数进行全局和局部自相关检验，运用面板数据进行空间模型选择和空间杜宾模型实证分析，检验我国基本公共服务供给影响因素的作用方向，量化各自的影响程度。

第六章中国基本公共服务供给效率区域差异评价。以数据包络分析方法即三阶段 DEA 模型来测算我国省际、区域之间基本公共服务财政投入、产出效果的效率水平。利用面板 Tobit 模型分析形成区域效率差异的主要原因。对标公平与效率，在双系统框架下分析基本公共服务供给指数水平与效率水平之间截面与面板数据的相关性。

第七章完善中国基本公共服务供给的对策建议。基于我国基本公共服务供给区域差异的现实，从法制建设、公共财政制度建设、市场化改革等角度，兼顾政府决策行为与公民需求满足，提出完善我国基本公共服务供给、缩小区域差异水平的对策建议，有利于实现基本公共服务均等化目标，促进区域协调发展。

第 二 章

相关概念与基础理论

本章侧重理论分析部分，力求融合区域经济学、财政学、管理学等不同学科相关理论来构建分析框架，为后面的实证和对策研究提供基础。

第一节　相关概念梳理与内容界定

一　公共服务

公共物品与公共服务之间具有密不可分的关联性，两者内涵一致。绝大多数学者关于公共服务的定义都是基于公共物品的基本特征来界定的。在西方，公共服务与公共物品更被视为等同互换的概念。

（一）公共服务（公共物品）概念及基本特征

公共物品理论起源于西方。美国经济学家保罗·A. 萨缪尔森（Paul A. Samuelson）明确给出公共物品定义，"对于纯粹公共物品它是每个个体消费的这种物品，并且这个过程不会导致其他人对该物品消费的减少。"[①] 这种物品的效用具有不可分割性，不管其中任何个人是否愿意消费。萨缪尔森之后，西方许多经济学家对公共物品概念也提出了自己的见解。《科林斯经济学词典》给出的定义是：由国家提供物品和服务，为所有或大多数百姓的利益服务（教育、卫生、住房等）。与私人物品不同，社会产品的消费与为其支付的价格之间不存在直接联系。社会产品从普通税收中支出，而不是由在市场中购买产品的消费者个人来支付。

---

① 保罗·A. 萨缪尔森1954年发表的《公共支出的纯理论》一文首次明确使用了"公共物品"这个概念。

国内外学者在界定公共物品时，更多的是与私人物品特征对比来定义的，各自的表述也明显不同。由政府提供的无偿服务于人民大众的产品和劳务，统称为公共物品；而通过市场经济提供的、必须通过交易机制才能获得的商品为私人物品。私人物品包括的对象很广泛，具有两个典型的特征，由市场当中的企业进行供给。第一个特征是消费上的竞争性，如果一个个体消费了，其他个体是不能消费的。第二个特征是排他性，即消费中对不付费的个体进行排除。公共物品的基本特征与私人物品是截然相反的。马斯格雷夫（1969）用"社会物品"（Social Good）来称谓公共物品。由此，公共物品的两个基本特征非竞争性和非排他性正式形成。

公共物品的基本特征是非排他性（nonexcludability）与非竞争性（nonrivalry）。非排他性是指没有办法排除那些虽然受益但却拒绝支付费用的人。非排他的理由是存在不可排除的原因，或是技术上不可能做到，又或是技术上即便可以做到，但排他的经济成本非常高昂，在经济上不可行。因此非排他性的本质是一个经济问题，排他不是可能抑或是不可能的问题，而是相对于收益的成本问题。即如果排除不付费者的成本相对于所能获得的收益是足够低的话，那么这种排他的努力就是有意义的，反之排他就丧失了它的经济性。非竞争性是指，公共物品一旦被提供，额外增加一个消费者，不会引起生产成本的增加，即增加一个消费者的边际生产成本为零。公共物品的非竞争性还体现在在消费领域该物品能够被人们同时消费，并不减少人们的消费数量。非竞争性强调的是消费个体是以一种非竞争性的方式来共享消费的过程。公共物品的基本特征是划分公共物品的标准和依据。

（二）公共服务（公共物品）的分类

关于公共物品的分类，按照不同的分类标准，可以将公共物品做如下划分：按照公共物品基本特征的满足程度，可以将其分为纯公共物品和混合公共物品。纯公共物品兼具非排他性和非竞争性的特点。混合公共物品则兼有私人物品与纯公共物品的特点。混合公共物品根据非排他和非竞争的满足条件，又可以区分为俱乐部产品，即满足非竞争性不满足非排他性，还有拥挤性公共物品，即满足非排他性但消费上一旦达到容量上限就不满足非竞争性的要求。随着条件的变化，特别是科学技术的进步，"排他"已从技术上变成了可能，又或者排他的成本相对于获取的收益较低，经济上具有可行性，这时已经不具备非排他性这一基本特征，其类别归属也相应地发生了变化。

公共物品的分类还有第二种划分标准，即按照公共物品的层次，将其划分为全国性公共物品、地方性公共物品和全球性公共物品。全国性公共物品由中央政府提供，受益范围被限定在整个国家的疆域之内，全国居民都能享受其效用。地方性公共物品由地方政府提供，受益范围被限定在某一个特定的区域之内，受益者是地方辖区居民。本书不涉及全球性公共物品。

二　基本公共服务

（一）内涵界定

公共服务与基本公共服务之间存在集合包含关系。"基本公共服务"是基于中国自身实践创造性地提出来的，作为专有名词于 21 世纪初期被首次提及并开始使用。基本公共服务这一概念的界定包括内涵和外延，理论界尚未给出统一定义。

公共服务的内涵有广义和狭义之分。广义的公共服务是指市场存在缺陷和失灵，不宜由市场来完成的，需要由政府负责提供的服务即是公共服务。狭义的公共服务则一般是指"公共事业方面的服务"，本书所研究的基本公共服务，主要是指狭义的公共服务。而且"基本"二字所限定的范围，比狭义公共服务所包含的内容更为缩小和具体。基本公共服务可以看作公共服务和公共物品这一"集合"当中的"子集"。不同的学者对基本公共服务的内容和范围的定义也大不相同。大多数学者认为与民生有关的公共服务应纳入基本公共服务之列。

基本公共服务内涵解读更多的是基于其范围的界定，以及对其价值理念的涵盖。常修泽（2007）曾提出界定基本公共服务应当遵循的原则，即公众享有的机会和原则应该是平等的；公众享有的效果大致相当；基本公共服务成果分享时应尊重某些社会成员的自由裁量权。迟福林等（2008）基于我国从生存型社会向发展型社会过渡的背景，划定了基本公共服务的范围和内容。基本公共服务是具有正外部性的公共物品，其本质是正外部性的问题。这些观点的依据是把最直接与民生问题密切相关的公共服务界定为基本公共服务。区域发展的目标体系不能停留在基本的生存需求,还应进一步创造条件,以满足居民的社会需求和个性化需求,这也深刻影响了基本公共服务的领域。鉴于中国的实际情况,界定基本公共服务应结合当前的区域发展水平、公共财力和社会公众的需求状况。基本公共服务内涵属性应该定位于保障公民的生存需求和满足大多数公民的社会需求。生存需求包括最低层次的社会保障、基本医疗服务、公共基础设施。社会需求包括为社会成员的发展需求提供资源和服务支持,包括教育、社会福利计划、文化和就业服务。《国家基本公共服务体系"十二五"规划》明确规定,基本公共服务是基于某种社会共识,由政府主导提供,根据经济社会发展的水平和阶段,与之相适应旨在保障所有公民生存和发展的基本需求的公共服务。政府在提供公共服务方面的职责和作用应不断强化,基本公共服务发展应继续秉承普惠性、保基本、均等化、可持续的指导思想。《"十三五"推进基本公共服务均等化规划》秉持相同的观点,从供给主体、供给目的、供给约束性的角度界定了基本公共服务概念。

综上所述,本书的基本公共服务内涵既遵循了国家文件中关于基本公共服务的理论观点,又参考了以往学者的研究内容,同时考虑到基本公共服务领域应随着民众需求层次的提高而不断发生变化的特征,基本公共服务范围会呈现出动态调整的趋势,以此满足更高层级需求,基于此来确定纳入基本公共服务范畴的具体内容。本书以下各章节研究中将教育服务、医疗卫生服务、公共文化服务、社会保障与就业服务、环境保护服务、公共基础设施服务和科学技术服务划分为基本公共服务的领域。其中有别于以往研究,对教育服务供给的考察中不仅包含了义务教育服务,还添加了高中阶段的教育服务,体现了基本公共服务动态发展变化特征对于"基本""基础"外延界定的影响。现阶段中国国民受教育层次普遍都有较大程度的提高,义务教育已经不能满足公民对公共教育服务的要求,所以涵盖高中阶段教育的基本公共服务更符合中国现阶段的国民教育现状和对"基本"的重新界定。同时将科学技术服务项目添加到基本公共服务中,体现了科教兴国国家战略要求下基本公共服务内容的相应调整与丰富,国家战略中所体现的领域应得到优先保证,而政府技术服务供给对民众生活的保障作用突出,因此基本公共服务具体内容中应予以囊括。

在基本公共服务内涵界定的基础上，本书对基本公共服务供给的观点是，坚持区域协调发展的战略目标，坚持以满足人类生存、发展需求为首要考量，在政府承担主要供给责任的现实下，坚持基本公共服务供给均质化、高效化、满意化的发展之路。本书给出基本公共服务供给的内涵框架，将"基本公共服务供给"的内涵分解为"一个核心、两个层次、三个角度"。所谓一个核心，是指基本公共服务供给应以"人"为核心，突出以人为本的理念。以人为本，就是围绕人的生存权和发展权需求，来"倒逼"基本公共服务供给的完善与改革，这是基本公共服务供给本质要求和必然体现。所谓两个层次，即公平与效率对标，来完善基本公共服务供给，是指基本公共服务供给包括"供给指数水平"和"供给效率水平"两个层次。其中，基本公共服务供给指数水平的考察是对供给过程中经济、社会效果的综合描述与评价，供给效率水平则是从基本公共服务资金投入与产出的对比关系进行评价，注重对基本公共服务供给绩效方面的考察与衡量。所谓三个角度，是指从"财力配置、服务水平、生产绩效"三个角度去立体地理解基本公共服务供给。其中，"财力配置"和"服务水平"属于基本公共服务供给指数水平层面，"财力配置"主要强调地方政府在基本公共服务供给方面地方财政分项支出的力度，即相对比重，"服务水平"则注重综合评价基本公共服务对辖区居民保障和满足程度。"生产绩效"则属于基本公共服务供给效率水平层面，是指财政投入水平与产出的对比关系。基本公共服务供给的目标应是在提升基本公共服务供给整体水平的前提下，最终实现基本公共服务供给的均等化。具体思维范式如图2-1所示。

基本公共服务供给的愿景设计应充分体现"一个核心、两个层次、三个角度"的内涵设定。基本公共服务供给是一个动态的过程，均等化目标也不应是一个静态的结果，应是在动态发展过程中进行多方位协调。因此，基本公共服务供给应对标公平与效率，实现供给指数水平与供给效率水平双系统协调。

（二）基本公共服务的属性

基本公共服务区别于其他专业名词主要体现在其所具有的基本属性上，具体表现在以下几个方面。

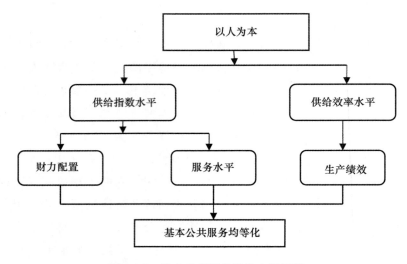

图 2 - 1　基本公共服务供给内涵框架

（1）经济性：基本公共服务具有很强的经济属性。经济性体现在基本公共服务水平在一定程度上取决于经济发展、政府财力状况，同时也取决于民众消费的经济能力。对具有高度共享性的基本公共服务，政府的财力保障直接影响供给的水平和种类。从经济福利角度审视，基本公共服务供给能有效地增加贫困地区、底层群众和弱势群体的净福利，在一定程度上可以调节收入分配状况，体现公平，彰显公共利益。

（2）公共性：基本公共服务是公共利益的集中反映，它是引导个人利益的"磁石"，基本公共服务供给不管是贯彻"为民做主"还是"由民做主"的指导思想，都自始至终体现出了充分的公共属性。从另一视角来看，基本公共服务的公共性还体现在它是由全体民众的缴税提供资金，并且最终也由全体民众共同享有来实现其资金的用途，表现为取之于民、用之于民的公共属性。

（3）社会性：一直以来基本公共服务供给是政府的主要职责，但基本公共服务不应仅是政府行政行为的产物，依靠政府有可能出现政府干预行为的失效。基本公共服务供给应尝试多元化的供给方式，动员多种社会力量和主体参与其中，同时基本公共服务供给要接受来自不同利益集团与公民的社会层面的广泛监督，保障基本公共服务高质量供给。

（4）公平性：公平通常有横向公平和纵向公平的区分，基本公共服务公平性更多强调的是横向公平。公民能够获取相同的权利，享受到的是相对合理、均等的基本公共服务水平，供给水平和分配过程都能体现相对公平，公共服务提供是基于分配与平等的考虑。基本公共服务公平并不意味着低水平的平均。公民对基本公共服务的获得是否公平，从中获得安全感与基本需求满足感，才是我国政府文件中所提出的均等化目标的题中应有之义，而获得感则是评价基本公共服务改革的最重要标准，使改革的成果被共享，惠及大众。

（5）动态性：公共服务具有历史性，基本公共服务是政府实现其职能的重要载体，其涵盖范围具有动态变化的特点，与所处的发展阶段密切相关。不同时代、不同经济发展水平、不同政府财力状况、不同的公共需求，都决定了基本公共服务有阶段性的不同表现，其范围会发生动态的变化和调整。僵化的基本公共服务很难满足民众的偏好需求，即便是最基本的需求也应与时俱进、相应调整，这样确定基本公共服务外延范围才能有效地保障基本公共服务供给品质。

三　区域

（一）内涵界定

区域是本书选取研究主题的立足点，区域是一个可以进行人类社会各种活动的特定地理空间。所有活动都与该区域不可分割，并且仅限于某个区域才有效。经济学将"区域"理解为一个在经济上相对完整的经济单元，可以就其进行经济分析；地理学将其视为地球表面上界定了范围的一定的地理单元，有其自身的地理边界，有一定的面积，并且大小可以测量；社会学将其视为具有某些社会特征（语言、宗教、文化、民族等），有人居住的社区；政治学将其视为国家实施行政管理的行政单元。经济学视阈下，区域本身就是地理与经济相结合的产物，被视为一定地理位置和一定经济活动复合而成的国民经济组织单元和社会经济综合体。美国区域经济学家胡佛（E. M. Hoover，1990）认为，基于描述分析、管理、计划或制定政策等目的，作为一个应用性整体加以考虑的一片地区即为区域。它可以根据内部的同质性或功能一体化原理予以划分。张敦富、傅晓东（2000）在探讨区域合作与分工问题时，认为区域概念可以表述为：经济活动相对独立，内部联系紧密、完整，具有特定功能的地域空间。孙久文、叶裕民（2003）认为，区域是拥有各种类型资源，相对较广的空间范围，小至县城、乡村，大到省份、国家，甚至相关国家共同开发的跨境区域，以此为载体能够开展各种生产性和非生产性社会经济活动。郝寿义、安虎森（2004）在解读经济区域时认为它是便于组织、计划、协调、控制经济活动，在行政区划基础上从整体考虑的一定的空间范围。经济区域通常是由一个或一个以上重要的中心城市和一定数量的中小城镇以及广阔农村地区构成，彼此之间具有区内频繁的经济活动和区外经济联系活动。

（二）区域的特征

国内外学者在归纳区域的特征时，认为主要表现在以下几个方面：

第一，空间地域性。区域是某个整体中的一部分，整体是相对的，根据研究对象的不同而发生变化，区域是地域空间范畴下局部的概念，是各种人类经济活动、各种生产要素存在和运动依托的地域空间载体。

第二，独立性。区域首先作为地域空间存在，其承载着各经济利益主体在经济、社会、文化等领域的广泛联系和交错融合，不仅各经济利益主体之间是彼此独立的，区域与区域之间也是界线分明、相对独立的。

第三，差异性。区域与区域之间往往存在这样或那样的区分，其自身具有明显的个性化标志，正因为彼此之间的功能性差异，才使区域的划定和分析更有意义，它是研究区域问题的前提和基础。

第四，开放性。一个独立的区域并不是一个封闭、孤立的地理单元，它是在一国总体目标的指导下，使所辖范围内的各种要素不断与外界进行物质和能量的交换，不断调整优化组织结构，更好地发挥其影响力的单位。区域具有的开放性特点，使要素流动成为可能，各区域主体逐渐找到适合自己生存的位置，跳脱停滞、僵化、无序窘境，从而使区域问题愈加复杂。

四 区域差异

基本公共服务的差异不一定是区域决定的，但基本公共服务的区域差异问题研究必须考虑区域本性。区域是对地方的一个理论抽象，它是一个有限经济体，具有地理本性。第一次产业革命之后就形成了自然禀赋导致比较优势这一地理因子；第二次产业革命出现资源引致人口聚集，引发经济区位这一地理因子；第三次产业革命又出现了聚集与区位，再次构建成社会资源和现代设施建设，促成新资源——人力资本备受关注，形成了地理因子。基本公共服务是聚集人力资本尤其是高级人才的重要途径，一个地区的人力资本存量越多，人力资本的生产率越高，其区域经济增长率也就越高，会极大地提升区域品质。区域划分依据的是区域的相同性或相异性的关系，关键在于其所表现出来的一个区域在自然景观与经济景观层面的差异性。区域差异的研究和探讨更具现实意义。

差异研究是区域研究的核心，区域差异探讨的是区域问题的本质。世界各国在区域发展方面所提出的区域政策也都体现了缩小区域差异的这一目标，比如，提出的区域间增长率的均等化、区域间收入的均等化、为缓解通货膨胀压力而缩小区域差异等。

区域差异与区域差距表述相近，是有关联的，但又有其不同的内涵界定。区域差距实质上是区域差异的数量特征，区域差异的产生源于自然资源、社会资源、人力资源，它们在系统中构成了必要的投入，并产生积极效应，带来合理的福祉、愉悦、文明和经济的增长，也就出现了区域差异。区域差异演化是一个非线性的过程，是可控的，但却是有限度的。区域差异是一种普遍存在的区域现象。一直以来，区域差异的共识认为其本质是基于经济增长形成的区域收入差距问题。可见区域差异问题的研究更加侧重于经济学层面，即关注经济发展过程中区域个体之间的利益分配格局，以及这种分配格局对每个区域的经济行为调整、区域之间的利益关系的影响。随着经济发展，也带来了新的现象和新的理论推演。现阶段国家经济产业出现了明显更替，居民消费结构也发生改变，产业结构的优化和升级越来越受到重视。产业出现了有别于传统的发展路径和发展方式，新产业的竞争对资源的依赖性在减弱，对人才的依赖性越发增强，投资人力资本成为区域发展中至关重要的内容，而福利水平高低成为人才流动的重要牵引力。福利中最基本的构成即基本公共服务，基本公共服务成为聚集人才的重要途径，新产业发展对基本公共服务提出更高的要求。在早期经济发展条件下，人们的消费结构比较单一，层级也很低，随着社会进步，居民消费结构更加丰富，对福利水平的消费项目给予更多的要求和期望。因此，对基本公共服务水平有更高的要求。这种背景下区域差异研究的最终关怀是个人的福利，关注更多的是不同区域特征下人民福利水平的状况。区域差异的本质应体现为人均福利水平的差别，区域经济增长差异不能完全平衡，但人均福利水平可以趋于均等。

五　区域协调发展

区域协调发展是为解决区域发展中出现的问题而提出的一个新的区域经济发展战略，并且上升为新时代重要国家战略之一，它是区域经济发展走向成熟的标志。区域协调发展是市场经济条件下区域之间经济关系的新模式，有别于以往中国推行的区域发展战略。

新中国成立初期，计划经济体制下（"一五"计划至"五五"计划时期），中国工农业基础相当薄弱，社会生产力水平非常落后，物资极度匮乏，地域分布极不平衡。这种畸形的生产力分布状况，无论对经济还是对国家安全都是极为不利的，根据当时国情国力的具体情况，政府制定了区域经济均衡发展战略。到了20世纪70年代末（"六五"计划至"八五"计划时期），随着改革开放政策在中国的提出，中国实施了区域经济非均衡发展战略，即国家在政策上向某一区域倾斜，重点支持某一区域发展的战略。东部沿海发达地区和省份成为改革开放前沿阵地，正确发挥地区优势，通过沿海地区发展带动内地经济发展，成为最富有经济活力的区域。这期间首次明确了效率优先、非均衡发展的战略思想，第一次做了东部、中部、西部区域划分。东部沿海地区快速发展，成为中国经济发展的增长极，并通过"涓滴效应"，在一定程度上激励中部和西部地区的发展，但效果并不明显。相反，个别地区的优先发展某种程度上拉大了地区间的差距，甚至在某些区域出现了"马太效应"，即好的地区越是能吸引更优质的人、财、物资源，发展越来越好；坏的地方缺少增量要素的投入，甚至流失了部分区域保有的资源，境况也越发糟糕。缩小地区间差异，从非均衡发展战略向区域协调发展战略的转变成为必然。随着市场经济体制的最终确立，各地区之间发展差异进一步拉大，抑制区域差异和实现区际公平成为社会各界特别是内陆省份普遍关注的问题。区域协调发展的战略思想成为该背景下的必然产物，成为国家指导区域经济发展的基本准则，并被实际工作部门普遍采纳。同时，也成为学术研究的重要议题。

综上所述，区域协调发展意味着区域间经济交流日益密切，相互依存度不断加深，区域之间经济发展会趋于相近的水平，实现共同富裕。区域协调发展要做的是区域间的公平竞争，追求的是各区域主体之间经济关系、生活水平、福利状况的和谐与发展机会的公平。区域协调发展是一个动态的过程。因此，要客观看待市场机制作用下区域发展的不平衡性，并且可能会持续一段时间，但在这个过程中既要发挥市场机制对区域经济发展的作用，又要强化政府对区域经济的干预，各司其职。区域协调发展要求实现区域之间的差异朝着不断缩小的方向演进。促成区域协调发展目标的达成，即区域之间多重关系的和谐，实现经济、社会可持续发展。

第二节　基本公共服务相关理论

一　公平与效率

根据马克思主义的观点，生产资料的所属和占有关系是实现公平分配的根本前提，生产条件的分配决定了生产成果分配状态。中国的社会性质决定了，政府提供的基本公共服务、公民有公平享有的权利、享受的水平也应该是平等的。效率属于生产力范畴，其标志是劳动者使用生产工具作用于劳动对象所创造的物质财富。效率是用物质财富的多少，以及投入和产出的对比关系来考量的，具体表现为经济效率和管理效率两个方面。在生产力水平有限的情况下，实现基本公共服务供给的高效率就是要做到社会资源的优化配置，以尽可能少的投入，产出更多的服务，并且有较高的质量。公平与效率两者是统一的、不可分割的。

基本公共服务是专有经济名词，基本公共服务供给是典型的经济行为，其遵循的理论基础和行为规范首先就是公平与效率权衡。经济视阈下政府和市场运行过程的产出结果就是公平和效率。任何经济活动最终目标都是为了满足人类的需要、增进社会经济福利水平，产出尽可能多的物质财富（产品和服务），同时实现物质财富在各社会成员之间合理分配，并且这种分配不是简单意义上的公平，公平和效率是不可或缺的。基本公共服务作为居民福利水平重要而基本的体现，公平和效率的要求也是供给中基本的评判标准。基本公共服务若只为少数人所享有，而多数人游离于此之外；或者基本公共服务能够由所有居民享有，并且这种分配状态是平均的，但水平非常低，也不能说基本公共服务供给是公平和有效率的。对标公平与效率，本书建立了"双标系统"基本公共服务供给的研究范式。但在两者实现过程中，又不可避免地会出现矛盾。从中国基本公共服务供给的已然结果来看，出现过低水平的平均分配，也出现了差异过大的差别分配，都没能协调好公平与效率的关系。在资源配置方面，随着经济体制改革的深化，市场在资源配置方面的决定性作用日益增强，带来物质财富的增加，基本公共服务供给的财力基础得到保证，经济效率得到提升。但市场机制也存在一定的缺陷和失灵。在当前市场发育尚不成熟、市场机制还不完善的情况下，需要政府在再次分配环节进行干预。政府干预需要借助财政手段集中一部分社会总产品，并通过自身特殊机制提供公共物品、公共服务，调节收入分配，从而促进社会经济的稳定和发展。财政机制侧重于集中，但往往不利于行为主体积极性、主动性的发挥，有碍管理效率目标的实现。在公平分配方面，通过政府提供一个基本公共服务供给公平的环境，现阶段基本公共服务的均等化是公平原则要求的，同时公民对基本公共服务的均等享有也是体现公平性的力证。基本公共服务供给能够提升综合生产力水平，创造更多价值，体现经济效率，同时基本公共服务追求节约财政资金，供给高质量的服务内容更是对管理效率的要求。

二　福利经济学理论

国外大量文献中关于公共服务的研究都归结到了福利经济学的领域，因此，本书基本公共服务研究重要的基础也离不开福利经济学理论。福利经济学理论的最早提出者是英国经济学家庇古（Arthur Cecil Pigou，1920），福利经济学基本思想和诸多命题都对基本公共服务供给有指导意义。福利经济学中提到的福利是由效用构成的，效用表现为满足，即对福利最大化的追逐。获取满足源于两个方面：如果个体实际收入水平提高则会增加个人的福利水平，获得更多的满足；如果将富人的货币收入转移给穷人，也能增加社会整体的福利水平。由此福利经济学的两个基本命题形成：从效率层面来看，国民收入总量越大，社会福利就越大；从公平层面来看，国民收入分配越均等，社会福利就越大。这一论述成为基本公共服务供给研究的理论基础。基本公共服务是政府干预收入分配问题的重要媒介，联结国民收入和社会福利两个内容。国民收入越多，财力水平越强，基本公共服务供给总量规模越大，社会福利就越大。国民收入作为基本公共服务的重要财源，在政府既定政策不变的前提下，基本公共服务会随着国民收入总量水平的增加同比例增加，社会福利总量也因此提高。国民收入与社会福利之间由基本公共服务联系，拓展了福利经济学第一个命题。基本公共服务越是均等化，社会整体经济福利就越大，将收入分配与资源配置联系起来。福利经济学第二个命题，即国民收入分配越均等越能够增进社会经济福利，是从公平角度进行说明，但这一命题在很大程度上有损效率。

新福利经济学理论相较于之前的论述，重新审视了效率标准，选择通过帕累托最优来解释福利问题。国家政策变动引起价格波动，会使一部分人受益，一部分人利益受损，如果利益增进的一方能够补偿利益受损方恶化的程度，并且补偿后仍有剩余，则说明整体的社会福利是增进的。新福利经济学在某种程度上对公平问题关注不够，因此提出了补偿原则加以完善，补偿原则更好地兼顾了公平问题。基本思想：整体生产力水平偏低时，基本公共服务支出比例的提高能够缓解供不应求的状况，所增加的社会效用足以补偿其他份额减少带来的效用损失，社会整体福利状况得到改进。由于区域经济发展的差异，提高中央政府对各地方政府的财政转移支付，补偿经济落后区域的财力水平，能够实现基本公共服务均等，满足各区域居民的偏好，从而增进社会福利。帕累托效率与合理分配是实现最优福利的必要和充分条件。政府通过基本公共服务来影响社会福利，并在若干个备选政策中选择一个相对较好的政策来改善整个社会的福利水平。社会福利函数理论与基本公共服务供给联系在一起，也为研究工作提供了新的思路。社会福利函数是社会上所有人的效用水平函数（厉以宁，1984）。社会福利函数理论认为最优状态不是唯一的，需要考察的是福利在个人之间的合理分配，在此基础上，提高社会经济福利水平。基本公共服务还应该考虑个体的需求差异、需求层次，基本公共服务均等化目标应是相对的，在实现不了帕累托最优时，次优理论、第三优理论分析更具有现实意义。当政府没办法掌握居民偏好的表达途径时，或者准确获得信息的执行成本非常高，导致政府无法准确获取与基本公共服务相关的内容信息，这种情形下追求最优状态是不现实的。

因此，基本公共服务供给必须要根据具体的情况，不同经济发展阶段、不同区域，力求提高基本公共服务水平，推进不同程度基本公共服务均等化。

三 蒂布特模型

国外学者在研究公共服务问题时，很多都以蒂布特模型（Tiebout Model）作为理论依据。美国经济学家查尔斯·蒂布特（Tiebout，1956）在分析各级地方政府提供公共物品最佳效益问题时，做出诸多前提性假设：居民自由流动、信息对称、居住辖区的多样性、居民自由流动不受就业的制约、公共物品和税收无外部效应、各辖区都以最低的成本生产公共物品。在此基础上地方性公共物品的提供被看成类似于私人物品在一个竞争性市场上的提供，蒂布特所类比的这个竞争性市场，实际是由众多辖区组成的体制。蒂布特在其模型设计中得出的结论，尽管是建立在一系列前提性假设的基础上，但还是为后来的经济学者分析财政体制中地方政府收入和支出政策的变化、地方政府的行为解释提供了一定的依据。公平竞争市场环境下的企业和厂商会提供质优价廉的商品；同样，各辖区内地方政府之间的相互"竞争"，也会促使其更加有效地提供人们所需要的公共物品和公共服务。在"竞争"中，消费者对公共物品、公共服务的需求表达会影响地方政府供给的规模和水平。需求主要取决于辖区内社会成员的消费偏好和人口的流动性。目前，伴随户籍制度、人事制度、档案管理制度的改革，我国人口流动性越来越强，各辖区居民能够通过自由地迁入、迁出，根据自己的偏好来选择自己愿意工作、生活的区域，同时也愿意为此支付相应的税收成本，这也会迫使各级地方政府努力提供丰富多样、品质上乘的服务。有相同需求偏好的独立个体会选择自己认为最适宜的区域安定下来，愿意聚集在该辖区范围内，也寻求到了公共服务与赋税成本的精确组合。当他们在某地发现能够达成自己效用最大化目标时，便在这一区域居住下来，从事工作，拥护当地政府的管辖，反之就会选择迁出该区域，寻求更适合自己的地方，这个过程就是所谓的"用脚投票"。通过居民的迁移（"用脚投票"）将促成一个有效率的结果，实现公共服务的有效供给。

人们对地方性公共服务偏好的表达提供了一种"用脚投票"的准市场办法，就如同人们表达自己对市场上某种私人物品的消费偏好一样。所不同的是，市场上居民是通过货币支付来表达消费偏好，地方政府在提供公共服务时刺激他的是本地居民的投票，实际上也是一种公共选择过程。地方政府在竞争中获取更多选票的方法就是在其职责履行过程中充分考虑居民的偏好需求，迎合民意，基本公共服务供给恰恰是最适合地方政府履行其职能的手段。地方政府提供满足辖区居民需求的，诸如教育、医疗保健、社会福利、道路交通等与居民生活息息相关的公共物品，能赢得居民更高水准的满意度评价，同时还能吸纳优秀人才的迁入，拉动区域经济的发展，提升区域竞争力水平。这都是符合蒂布特模型推理论述的，蒂布特模型有其强大的现实解释力。但模型设计中也存在一定的缺陷。蒂布特模型在分析和解释人口流动问题时，更多的是考虑地方财政支出水平对该区域公共服务供给规模的影响，进而会对人口迁移产生作用，而忽略了现实中造成人口流动的因素并不仅限于区域间差异性的公共服务供给状况，还受到各区域自然条件、历史文化、地理位置，甚至饮食特点等多重因素的影响，在居民进行选择时所要考虑的迁移成本是一个复合函数。因此，蒂布特模型在这方面的解释是有局限性的。

公共服务供给是区域政府间开展财政竞争的基本手段之一。在竞争性辖区内，通过地方政府之间的竞争，人们居所选择的流动性可以促使地方政府关注本辖区居民偏好，提供最佳公共服务供给规模，改善公共服务供给效率。蒂布特模型中地方性公共服务供求均衡可以用图 2 – 2 来说明。

根据公共物品需求曲线的形状和效用不可分割的特征，蒂布特社区中总的公共服务需求数量 E^* 等于社区内每个个体意愿的公共服务数量 E_i。每个个体的边际收益等于他们分担的成本份额时，每个消费者意愿的公共服务数量就是公共服务供给的效率数量。

四　政府活动扩张论

基本公共服务是政府公共财政支出重要项目，公共财政支出水平的发展变化在一定程度上也会反映出基本公共服务水平的变化情况。西方

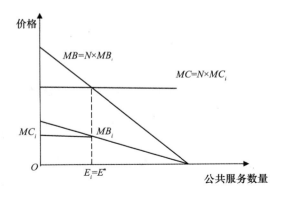

图 2-2 蒂布特社区中的公共服务供求均衡

学者瓦格纳就公共财政支出水平的变化给出了规律性的描述，即政府活动扩张论，又称为瓦格纳法则。该理论是在对 19 世纪欧洲国家以及日本、美国等的经验性材料进行分析的基础上提出的。瓦格纳法则可以表述为：随着人均收入水平的提高，财政支出占 GDP 的比重也相应地提高，但这种上升并不是无止境的，当经济发展达到一定高度，则呈相对稳定的趋势，并在一定水平上波动。这种变化趋势是政治因素和经济因素共同作用的结果。随着经济的发展、市场的扩张，政府与市场中的参与主体接触更多，并且关系越来越复杂，体现政府职能的公共支出水平也会相应地提高。随着城镇化进程加快，人口的聚集，会带来拥挤效应，需要更多公共物品、公共服务的供给来满足社会大众的需求。瓦格纳法则描述的公共财政支出的变化趋势，如图 2-3 所示，即公共财政支出占 GDP 的比重与人均收入水平之间的函数关系。

根据瓦格纳法则，针对基本公共服务财政支出水平，得到这样的启示：基本公共服务支出项目伴随着实际收入水平提高时，由于公共物品需求的收入弹性大于市场中的私人物品，因此对公共物品的需求会显著增加，希望政府供给更多公共服务的愿望也愈加迫切，这些公共服务支出的增长将快于 GDP 的增长，教育、医疗、社会保障等基本公共服务会挤占个人消费结构当中的私人服务相对份额。

五 经济发展阶段理论

美国经济学者马斯格雷夫和罗斯托在分析公共支出结构水平变化的

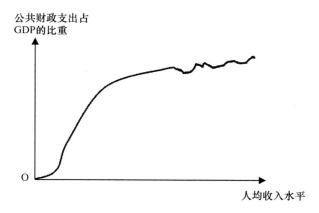

图2-3 瓦格纳法则描述的公共财政支出的变化趋势

时候，按照经济发展的不同阶段进行了阐述。经济发展阶段划分为三个区间：初期阶段、中期阶段、成熟阶段。公共支出按照经济性质不同，划分为购买性支出和转移性支出，购买性支出中又根据能否构成有形资产、基础产业将其划分为投资性支出和社会消费性支出。在经济发展的初期阶段，政府部门为经济发展进行大规模基础设施投资，以此促进地区经济实现"起飞"。相比之下，这一时期受制于经济发展的局限，社会消费性支出和转移性支出水平有限，占比很低，仅能满足人们最低的生活需求，而人们对政府在这方面的保障能力并没有太高的诉求。进入经济发展的中期阶段，随着地区经济活跃度的提升，私人投资也逐渐增加，在一定程度上挤出部分政府投资性支出的份额，即便如此，政府投资性支出的占比仍然保持相对较高的份额，只是增长速度趋于缓慢。随着经济发展水平的提高，这一时期的社会消费性支出和转移性支出的水平较之前有所提升。一旦经济达到成熟阶段，随着城镇化进程的深入，基础设施面临部分领域的短缺和不足，公共支出将向基本建设领域倾斜，但其所占比重并不是最高的，取而代之的是这一时期教育、社会福利、社会保障等转移性支出内容的水平会大幅度提高，增长速度也将超过其他方面支出的增长，这种变化也符合该时期社会民众的需求偏好选择。表2-1列示了公共财政支出结构在不同经济发展阶段的变化情况。

表 2 - 1   公共财政支出结构在不同经济发展阶段的变化情况

项目\时期		初期阶段	中期阶段	成熟阶段
购买性支出	投资性支出	投入较大（用于基础设施建设，在社会总投资中发挥主导地位）	增长减缓，投入下降（市场逐步完善，私人投资增加）	投资增长回升（主要用来解决市场失灵，在社会总投资中发挥补充作用）
		占比高	增速↓	增速↑
	社会消费性支出	投入比较低（主要满足人们的吃、穿等基本生活需要）	随着人们需求的层次提高而大幅增加（政府要为个人提供配套设施与管理，如公园、治安等；教育、卫生等方面财政支出增加）	
		占比低	增速↑	
转移性支出		投入比较低（以确保人们的最低生活水平为目标）	转移支出大大增加（贫富差距扩大，用于社会保障和收入再分配的财政支出增加）	
		占比低	增速↑	

资料来源：R. A. Musgrave, *Classics in the Theory of Public Finance*, London：Macmillan and Co., 1958：8。

　　根据前文所界定的基本公共服务内涵和外延范围，本书研究的基本公共服务具体项目分属于购买性支出和转移性支出，因此基本公共服务在不同经济发展阶段的供给明显存在差异。现阶段基本公共服务越来越受到政府和社会民众的关注，供给规模和增长速度处于显著提升阶段，既符合理论推演，也是现实的必然选择。

六　关于共享发展和均等化的理论阐述

　　经济发展的目的是满足人的物质文化需要、促进人的自由全面发展，这是马克思理论中的基本观点（易培强，2017）。马克思曾指出，人的需要即人的本性，是人类从事生产活动和形成社会关系的动因与依据。对人而言，"他需要的界限也就是他生产的界限"。恩格斯认为理想的共享发展状态，是一种由"社会全体成员""共同地和有计划地利用生产力"，"把生产发展到能够满足所有人需要的规模水平"，"让所有人共同享受大家创造出来的福利"，"保证每一个个体一切合理的需要都不断得到满足"，"使社会全体成员的才能都得到全面发展"的模式（韩喜平，2017）。马克思和恩格斯的理论观点中蕴含朴素的均等化思想，所有的社会成员都有权利共同享受生产力。关于均等化的论断，英国经济学家庇古在 1920 年出版的《福利经济学》中也曾指出，增进人们的福祉不仅要增加收入水平，同时还应实现国民收入公平分配，消除不均现象。该理论以国家对社会资源的有效配置和国民收入的公平分配作为主要内容。基本公共服务是保障公民最基本需求的公共服务，均等化供给可以熨平区域之间、群体之间的差异，保障群体福利共享。

第三节　区域差异相关理论

把基本公共服务供给问题置于区域视阈下来研究，在一定程度上也要遵循区域差异演化的理论思想，客观审视区域差异的形成原因，才能有的放矢地促成基本公共服务均等化目标的实现。

一　佩鲁增长极理论

佩鲁（Fraocois Perroux）在 20 世纪 50 年代提出了一个完全不同于地理空间的经济空间，在经济发展的空间范围内会有大小各异的经济单元，彼此间存在不平等的相互作用。当具有创新性和优势的经济单元出现时，就出现了增长极，它可以是推进型产业中的某一个具体产业部门，也可以是经济增长首先出现的某一个区域，能够支配其他经济单元，存在"支配效应"。某些推进型的产业通过技术进步和创新成为增长极，某一区域依靠较好的区位条件、优势产业带动成为增长极，增长极与其他产业门类和区域之间会形成较为明显的差异。当增长极已经扩张到足够强大时，会通过后向、前向连锁效应带动其他产业部门和其他区域的发展，发挥增长极的作用，缩小差异。

二　纳克斯贫困恶性循环理论

纳克斯（Nurkse Ragnar）于 1953 年提出的贫困恶性循环理论认为，各方面发展水平较差的区域会使投资需求和投资供给两方面在该区域都明显不足，有碍资本的形成，该区域很难开展扩大化的生产经营活动，使其陷入更加窘迫的局面，"贫者越贫"，与发展较好的区域之间差异水平进一步扩大，陷入恶性循环。具体传导关系如图2-4所示。

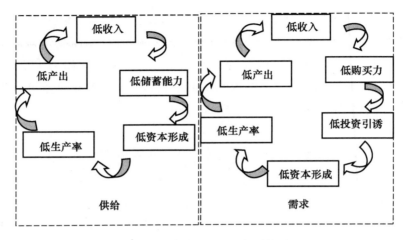

图2-4 贫困恶性循环供需传导

三 缪尔达尔循环累积因果理论

缪尔达尔（G. Myrdal）在批判传统静态均衡分析方法的基础上于1957年提出，市场经济环境各生产要素在规模经济和聚集效应的作用机制下将向少数区域集中，这个动态过程具有循环累积因果效应。在循环累积因果原理的作用下，发达区域即增长区域与欠发达区域即滞后区域之间存在经济联系，发生空间相互作用，既体现促进作用，也有不利影响，区域之间的发展必然出现分异和极化。一些具有初始发展优势的区域，相较于周边区域，能够累积有利因素不断继续超前发展，一方面有可能会对周边区域产生辐射作用，促进周边区域的发展；另一方面也有可能使资源和要素尽数向优势区域流动，对周边区域产生不利的影响。综上即发达区域对欠发达区域可能产生涓滴效应或极化效应。涓滴效应对于欠发达区域发展有促进作用，要素会向欠发达区域流动，从而使区域差异得以缩小。极化效应有利于发达区域继续强化发展优势，各种要素从欠发达区域向发达区域流动，会加剧区域之间的差异。对我国的借鉴意义在于，区域发展中某些区域具有初始发展优势，往往会获得更多资源，通过循环累积因果过程，取得超前发展，落后区域则因要素不足会发展得更慢，极化效应大于涓滴效应，不利于实现区域间协调发展，需要政府进行干预。

四　赫希曼不平衡增长理论

赫希曼（Hirschman）在 1958 年提出了不平衡增长理论，其核心主张是"引致投资最大化"原理和"联系效应"理论，即应当优先选择那些能产生最大引致投资，并能通过自身发展引致其他项目快速发展的投资项目，也就是联系效应最大的来进行投资。相互影响、相互作用的关联度越大，则其联系效应也会比较明显。在发展过程中，政府应集中有限的资金和资源，有选择地在某些领域、某些区域进行投资，通过其外部效应的作用使其他地区逐步得到发展，即发展过程是由一个地区扩散到其他地区，通过要素的自由流动、产业的转移和开发过程的交替变化实现。不平衡发展是不可避免的产物。

五　弗里德曼核心—外围理论

20 世纪 60 年代美国经济学家弗里德曼（J. Friedmann）将核心（中心）—外围（边缘）概念、理论引入区域经济学研究范畴。所谓核心区与外围区在特征上具有明显的区别，核心区是空间在资源、技术、环境等要件方面聚集形成了累积发展之势，拥有相较于其他外围区更多的优势，是区域范围的成长推动中心，形成了区域经济体系中的核心；外围区是核心区的周边腹地或边缘区域，在各种要素分配方面往往处于劣势，处于各种要件的低梯度水平，需要接受核心区的辐射才能发展，其自主性也更差，两者之间的差异非常明显。但随着区域壁垒的打破，要素流动性的增强，核心区与外围区的交互增强，核心不断扩散，外围相对收缩，差异会逐渐缩小，直至完全消失，实现整体经济的均衡发展，最终形成空间一体化态势。

六　威廉姆逊区域差异演化倒 U 形学说

美国学者威廉姆逊（J. G. Williamson）在 1965 年发表的文章《区域不平衡与国家发展过程》中选择了 24 个国家，据其在 20 世纪 50 年代时间序列的经济发展水平进行排序，将区域差异与国家经济发展水平进行了分组的实证研究，无论是截面分析还是时间序列的分析均得出相同的结论：处于经济发展初期阶段的国家，区域差异会比较小，不是很大；处于经济发展中期阶段的国家，随着经济的加速发展，区域差异不可避免地拉大，但这种趋势并不是无止境的；当进入经济发展成熟阶段的时候，差异拉大的趋势会停止，区域差异会不断地缩小。一个国家随着经济发展不同阶段的演进，区域差异经历小→扩大→缩小的变化过程，形状上像倒写的"U"字，因此也被称为倒 U 形学说，具体表现如图 2-5 所示。

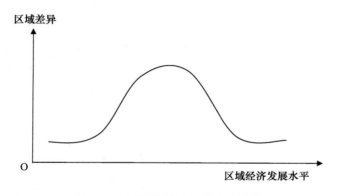

图 2-5　区域差异倒 U 形变化过程

综上所述，区域间要素合理流动和贸易活动的开展将引起生产要素价格的均衡化，或是落后区域技术赶超速度更快，市场机制作用和政府干预会对区域之间发展的不平衡进行修正，促使落后区域向发达区域形成趋同或收敛态势，即条件相同或相似的地区增长具有共同稳态，区域之间的不平衡会随着时间的推移而逐渐缩小。这种作用力量表现为对外贸易开发、人力资本积累、研究开发活动以及生产性公共投资等，经过一个较长的阶段，区域之间的经济差异将随着时间推移而逐渐缩小。现阶段，在进行实证分析的时候，普遍认同的差异演进有四种收敛的类型，分别是 σ 收敛、绝对 β 收敛、条件 β 收敛、俱乐部收敛。但不同的学者即便是针对同一研究对象同一时期的考察，由于其变量和研究方法的选择不同，收敛还是发散的结论并不统一。

第四节 基本公共服务供给管理理论

基本公共服务供给作为政府的基本职能之一，其供给区域水平的不同也直接受制于政府管理活动、职能干预的差异。理论上不同的侧重也影响着政府对基本公共服务供给的质量评价和方式选择。尤其是在中国改革开放之后，政府非常关注旨在改进基本公共服务质量与完善社会治理的改革。

一 新公共管理理论

20 世纪 70 年代末以来，西方发达资本主义国家实行的政府改革是区别于传统公共行政典范的一种新型公共管理模式，对英（撒切尔政府时期）、美（克林顿政府时期）等发达国家重塑政府、创新政府管理新模式，提供了重要的理论借鉴。新公共管理理论主张在政府管理中引入竞争、引入私人部门管理技术、引入市场机制来改善政府公共服务，重视服务质量和顾客满意度，将政府定义为"市场式政府"，这种提法有别于传统概念上对政府职能的界定。在这种理论指导下，政府更积极地把竞争机制注入到提供的公共服务中，讲求效益为导向，追求效果，满足社会公众需求，不再一味地讲求官僚政治的需要，在这个过程中需要通过市场力量来进行变革，政府要做的是如何充分发挥市场机制的作用。基于新公共管理理论的思想，中国基本公共服务供给领域中值得借鉴的是，政府履职过程中不能事无巨细、包揽包办、一统到底，应学习市场中的竞争意识和好的技术方法，"市场式""企业式"政府也是一种尝试，能够提高政府工作效率。

二 新公共服务理论

2000 年前后出现的新公共服务理论是对新公共管理理论的一个重要修正。新公共服务理论是政府职能定位、政府机构改革的依据。新公共服务理论主张"参与式国家"的治理模式，与新公共管理理论主张的"市场式政府"治理模式有所不同。新公共服务理论更注重公共取向、民众取向和社群取向，要确立的是更加关注民生水平与公民利益、更适合现代社会发展状况的一种新模式。政府在职能履行过程中应该重新审视自己的角色，奉行服务理念，凸显公民的权利，这个过程中公民即为"顾客"，有权利表达诉求，并应该得到满足。对中国的借鉴意义在于，基本公共服务供给过程中不能政府"一言堂"，政府不能采取集中决策的方式，应建立公民诉求表达的畅通机制，相互沟通协商，让公民参与决策，充分体现民主。树立"以人为本"理念，推行服务行政，深化政府改革，塑造公共行政精神，积极对话，扩大公众参与。这种服务意识不仅存在于基本公共服务供给工作开展的决策早期、实施中期，也应该存在于工作结束之后的监督环节，通过建立能够使公民参与的绩效评价体系来约束政府的行为。

三 治理与善治理论

20世纪90年代兴起的治理与善治理论，研究的是政府治理方式与价值，主张建立政府与社会合作，弥补市场失灵和政府失灵的公共管理模式。这一理论的提出与传统的政府"统治"有明显区别。"统治"的主体是政府部门，"统治"的依据是国家权威。治理的主体既可以是政府，也可以是私人部门，也不乏采用公共组织与私人部门的合作，维系这种关系的不再是公共部门至高无上的权威，而是彼此之间利益的共享、风险的共担，是建立在公共利益、彼此共识和市场原则基础上的合作，权利与责任向非政府部门和社会组织进行了转移。"统治"主要运用行政、法律等强制性手段来实施管理，而治理的管理手段则更加丰富多样。除了行政、法律、经济等手段之外，还尝试合同外包、社区管理等。治理与善治理论的提出和发展为私人机构参与到国家治理当中来提供了理论依据，也为基本公共服务多元主体供给机制形成提供了内在机理。治理与善治理论对中国的借鉴意义在于，政府应尝试更加多元化、多样化的供给模式，选择联合社会资本共同进行，可以探索多元主体共生、多种渠道共融的供给机制，提升基本公共服务供给的水平和效率，缩小区域差异，更好地满足公民偏好。

第五节　基本公共服务的需求与供给

绝大多数基本公共服务供给、需求都是与一定区域的经济系统相互作用的，这一地理范围内的行为个体之间各种正式、非正式的制度安排对基本公共服务提供的规模、方式、种类产生影响。基本公共服务供需平衡，更是基本公共服务均等化的微观理论基础。

一　基本公共服务需求分析

基本公共服务是公共服务"基本"范畴的部分，符合公共服务供给需求的一般理论分析。公共服务需求是社会公众在一定价格水平及收入预算约束的前提下，对公共服务有支付能力的某种程度的需要。社会公众对公共服务的需求曲线与对私人服务的需求曲线有明显的不同。个人对私人服务的需求曲线是通过效用论推导的，即同一市场的所有个体的需求曲线，将价格对应的数量数值进行水平方向加总，每一个个体都有相同的边际替代率，但能够消费的数量却不同，其价值评判标准是效率。公共服务具有非排他性和非竞争性，公共服务的需求曲线推导有别于私人服务，所有个体对公共服务愿意支付的价格等于每个个体愿意支付的价格总和，即把每个个体对此公共服务的需求曲线从垂直方向上相加，使每个个体都能消费相同的数量，但却拥有不同的边际替代率，从而得到对公共服务的总需求曲线，以决定消费者愿意为这一定数量的公共服务支付多少价格成本。因此，公共服务需求曲线不是像私人服务需求曲线那样通过水平相加求得，而是通过垂直相加求得，公共服务需求的价值评判标准是公平。公共服务（公共物品）的特性，决定了公共服务的需求曲线的形状，如图 2－6 所示。

公共服务需求是通过公众投票的政治机制来表达偏好，相较于私人服务，公共服务的需求存在公共性特点，同时公共服务的区域地方性和局部性的特点还使其具有明显的异质性，在种类、数量、质量、成本方面都有差异。同时居民的基本素质和消费文化也会影响公共服务需求。基本公共服务由低层次消费需求及同质性消费需求两个角度来决定，但"基本"不是绝对的，它会因时间、地点的变化而变化（刘尚希，2007）。

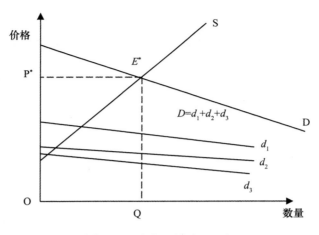

图2-6 公共服务需求曲线

基本公共服务政策制定也应在满足人们基本需要、低层次需求之后，结合市场和市民心理变化进行适时调整。

二 需求影响因素

影响和制约公众对基本公共服务需求的因素有很多，其中起决定性作用的是收入水平。现代社会的公共服务不属于生活必需品，而是非必需品，公共服务需求的收入弹性大于私人服务，越是非必需品，它的收入弹性就越大。从居民个体角度来看，经济发展水平的提高，反映最直接的是居民收入的增加。居民收入水平提高会影响对基本公共服务需求的数量和种类。当居民收入水平提高时，个体对公共服务与私人服务的需求量和质都会有所提高。当收入水平很低的时候，人们往往只能满足于最低的生活需要，吃、穿等消费支出会占据很大的比重，当个人收入水平提高后，人们就不满足于基本的温饱，还希望能获得更好的生存和发展的可能性，对公共服务就会有越来越多的需求。这时教育、医疗卫生、文化体育、社会保障、环保生态等公共服务会在一定程度上"挤占"消费结构中私人服务的份额，如图2-7所示。

随着收入水平的增长，公众不只需求结构发生变化，同时对需求满足的品质也有了更高的要求。人们希望政府能够提供水平更高、更完善的基本公共服务。除了收入水平之外，影响基本公共服务需求的因素还

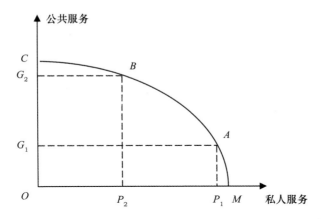

图2-7　公共服务与私人服务的生产组合

包括当地的人文传统、人口规模与结构（年龄结构、受教育的程度）、居民的基本公共服务意识等。

三　基本公共服务供给分析

基本公共服务与人类的生存和发展密切相关，其供给状况好坏会直接影响人类生存发展获得机会、享受程度的公平性，同时也会影响外部环境的建设。

（一）供给原则

基本公共服务供给作为政府公共支出中最为基本、重要的内容，其目标综合体现政府经济、政治、社会职能，构建现代社会主义公共财政制度，满足公众公共需求，体现社会主义制度的优越性。基本公共服务供给应遵循的原则如下：

第一，有利于国民经济发展，满足公共需要原则。社会总资源配置中市场是起决定性作用的，政府则负责社会公共需要领域的部分。结合区域发展要求，提供有针对性的、基于地区的基本公共服务。

第二，实施市场优先原则。政府满足社会公共需要，通常政府采取的是公共服务的垄断经营，但并不排斥公共服务交由私人生产，公共提供。如果市场能够完成，应交由市场去办。凡基本公共服务领域中有市场介入可能性的，例如，教育、医疗等，应适当引入市场竞争机制，保障供给主体享有公平的准入机会，减少中间环节，政府做好监督、评价、维护社会公众利益的工作。

第三，效益原则。公共支出管理中的核心问题即提高财政支出效益，对财政资金的使用要遵循效率、效益、效用的原则。基本公共服务是与社会公众关联性最明显的支出项目，政府作为重要供给主体承担相应的评价责任。此类项目通常内部经济效益较小，但外部社会效益很大，政府应确定选优标准，效率应关注资金的使用效率，效益应关注社会效益的最大化，效用应关注社会公众偏好是否能得到最大限度的满足，通过提升绩效管理水平来优化基本公共服务供给。

（二）供给效率

按照公共服务受益范围的层次性所进行的分类，中央政府更适宜提供全国性公共服务，对跨区域公共服务宜交由中央政府和地方政府联合供给，地方性公共服务应由地方政府供给。基本公共服务供给要追求效率，基本公共服务更多地属于地方性公共服务，地方政府应承担主要责任。相较之下，地方政府也更了解当地居民的偏好，供给地方性公共服务不管是数量水平还是种类、质量都更能贴近当地居民的需要。地方政府供给地方性公共服务效率更高，有利于实现资源的有效配置。图 2 - 8 反映的是中央政府统一为各地区供给地方性公共服务时效率损失的情况，从而说明地方性公共服务由各地方政府提供可以避免效率损失，供给效率更高。

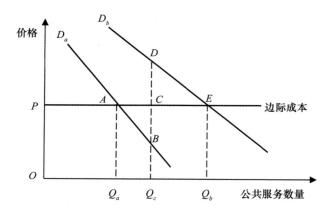

图 2 - 8 中央政府统一提供地方性公共服务的效率损失

假定只有两个辖区，两组居民，每个辖区内的居民对公共服务的需求各有不同，分别以需求曲线 D_a 和 D_b 来代表。假定供给公共服务的成本是固定的 P。这样 A 辖区和 B 辖区的居民获得的合意消费量分别为 Q_a 和 Q_b。如果由中央政府统一提供地方性公共服务，一般会对每个辖区供给一个标准的数量，即 Q_c，显然 Q_c 的数量高于 A 辖区居民合意的消费数量 Q_a，低于 B 辖区居民合意的消费数量 Q_b，过高和过低的供给数量水平都没能满足各辖区的个性化需求，存在资源的浪费，效率的损失，损失量化即为三角形 ABC 和三角形 CDE 面积之和。效率损失大小取决于 A 辖区和 B 辖区各自距离需求曲线的远近，这与各辖区居民的偏好差异有关，不同辖区居民偏好差别越大，两条需求曲线之间的距离越远，则效率损失越大。效率损失大小取决于需求价格弹性，各辖区需求的价格弹性越小，需求曲线越陡峭，则效率损失越大。基本公共服务供给方面由各级地方政府负责更能够提升效率，优化资源的配置，满足辖区内居民的偏好。

四 供给影响因素

基本公共服务供给重要的影响因素是成本问题，而区际基本公共服务成本差异主要由空间差异导致。新经济地理学认为，区域地理位置和城镇化水平会影响基本公共服务供给，地理位置会导致各地区基本公共服务供给的成本不同。各地区存在地理空间、跨区公共服务供给、经济发展水平等各方面的巨大差异，提供同样的基本公共服务所花费的成本价格因地而异，相同的支出数额并不能保证每个地区最终能获得基本一致的基本公共服务水平。我国各地区基本公共服务成本，呈现东低西高、带状阶梯分布表征（鲍曙光、姜永华，2016）。地理位置偏远、不便利，自然环境恶劣，且经济社会发展落后，基本公共服务供给成本相对较高，如不能给予财政资金的扶持和倾斜，可能会拉大地区基本公共服务差异。城镇化水平的高低也会影响基本公共服务供给的成本。城镇化水平高，则会带来更多农业人口进入城市，导致基本公共服务供给的拥挤效应，影响供给成本。

此外，影响基本公共服务供给的因素还包括当地经济发展状况和财力水平。立足国家、政府角度，经济发展水平越高，财力越强，国家或地区对基本公共服务供给的规模可能越大，质量水平也可能越高。当财力水平较低时，公共支出中更倾向于维持国家正常秩序的行政管理基本支出的比例较高，用于基本公共服务民生管理职能方面的支出比例就较低。随着财政收入水平的提高，用于行政管理基本支出的比例会下降，用于基本公共服务民生管理职能方面的支出比例将会上升。

最后，地方政府的管理效率和基本公共服务绩效考核机制也会影响基本公共服务供给。基本公共服务供给中需强化预算编制的科学与民主，加强财政管理，规范公共服务提供的政治决策程序，尊重公民权利，构建有效的公民偏好表达机制，合理地确定政府提供公共服务水平和财政支出的规模，提高供给效率。

第三章

中国基本公共服务供给演进历程

基本公共服务这一名词在中国虽然是自21世纪初期才出现，但其涵盖领域和内容却一直存在，只是提法上没有固定下来。公共服务或公共物品就其内涵来看可以涵盖基本公共服务的界定。因此探索基本公共服务供给演进脉络，可以追溯到更早的时期。基本公共服务是历史视角下特殊的财政范畴。该领域的萌芽与发展可以追溯到中国历史的早期，只不过当时政府供给的领域非常单一，形成了以大型水利工程为代表的基本公共服务内容，表现为历朝、历代统治者都要倾尽相当的财力治水和抗旱，以解决中华民族千年栖居的两大祸患。近现代时期，随着政府职能的扩大，基本公共服务供给的领域也相应丰富。同时因政府职能的调整，基本公共服务供给方式也发生了变化。在现今社会，基本公共服务供给水平和供给模式的提高和完善早已不是发达资本主义国家衡量其社会优越性的体现，而是成为世界性的财政民生现象和经济社会问题，成为经济发展的重要调控杠杆。

第一节　中华人民共和国成立后
基本公共服务供给概况

一　教育方面

中华人民共和国成立之前，中国教育事业整体状况是非常落后的。仅存的学校在区域上分布极不平衡，绝大多数都集中设立在县城以上的城镇里面，边远地区和少数民族地区很少。中华人民共和国成立前总人口中绝大多数是文盲，在农村这一比例还要更高。随着国家对教育事业尤其是基础教育重视程度的加强，教育领域基本公共服务供给水平有了不同程度的提高，某些方面成效显著。比如，人口普查文盲率指标数值下降较为明显，见表3-1所示。

表3-1　　　　　　　　　　新中国成立后人口普查文盲率

普查年份	1964	1982	1990	2000	2010
人口普查文盲率（%）	33.6	22.8	15.9	6.7	4.1

资料来源：根据相关年份《中国统计年鉴》整理获得。

中华人民共和国成立前，学龄儿童入学率也极低，幼儿教育、职业教育和特殊教育更是无从谈起。中华人民共和国成立后，从1952年开始有学龄儿童净入学率指标的统计记录，当时中国学龄儿童净入学率为49.2%，到1965年该指标就达到84.7%，1974年该指标为93%，近几年这一指标接近100%，见图3-1所示。

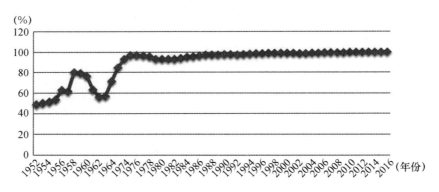

图3-1　1952—2016年中国学龄儿童净入学率

注：1949—1951年，1966—1973年统计信息缺失。

资料来源：根据相关年份《中国统计年鉴》整理获得。

中华人民共和国成立前相当长的时间里能够接受高等教育的学生人数很少。仅有的高等学府也是集中分布于沿海大城市，如北平、上海、南京等。中华人民共和国成立后，高等教育快速发展，根据国家统计局信息显示，截至2016年全国普通高等学校数为2596所，2017年增加到

2631 所。普通高等学校毕业生人数 2017 年为 735.8 万人，比 1949 年的
2.1 万人，增长了近 350 倍。

二 医疗卫生方面

中华人民共和国成立前连年的战火，使中国社会生产水平受到
严重的破坏。在物资极度匮乏的情况下，老百姓的温饱很难保证，
大部分人都长期处于营养不良的状态，中国人的整体寿命都比较
短。战争的原因使中国自然环境被极度地损毁和破坏，生态系统失
衡，各种传染病流行、疾病蔓延，加之这期间中国的医疗环境、医
疗条件、医疗水平非常糟糕，整个社会没有任何有效的疾病系统控
制机构、规划和措施。中华人民共和国成立后，国家在医疗卫生公
共服务方面进行了人、财、物的投入，整体水平提高明显，具体领
域效果明显。图 3 - 2 列示了 1949—2016 年中国卫生领域从业人员
数量的变化，图 3 - 3 列示了 1949—2016 年中国医疗卫生机构数量
的变化，专业技术人才和医疗卫生机构有了更多配给，社会公众平
均预期寿命得以延长。表 3 - 2 列示了根据几次人口普查计算得出
的平均预期寿命信息。

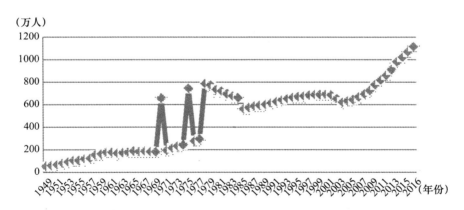

图 3 - 2　1949—2016 年中国卫生领域从业人员数量

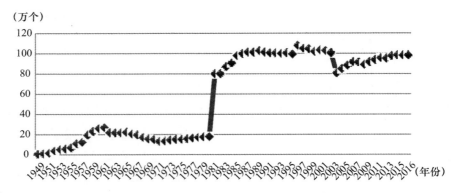

图 3 - 3　1949—2016 年中国医疗卫生机构数量

表 3 - 2　　　　　　中华人民共和国成立后的平均预期寿命

年份	1981	1990	1996	2000	2005	2010	2015
平均预期寿命（岁）	67.77	68.55	70.80	71.40	72.95	74.83	76.34

资料来源：根据相关年份《中国统计年鉴》整理获得。

三　科学技术文化方面

中华人民共和国成立之前相当长的时间里，科学技术领域处于停滞阶段，整体水平极其落后，全国上下很难找到专门的科研机构，没有硬件设施的保障。中华人民共和国成立之后，国家注重在科学技术研究和文化生活方面的引导和投入。1998 年我国在研究与试验发展基础性研究中的人员投入为 7.87 万元·人/年，经费支出为 28.95 亿元，到了 2016 年两项指标数额分别为 27.47 万元·人/年、822.89 亿元。这里所考察的研究与试验发展基础性研究是科学技术领域中基础性的研究活动，往往与国家整体发展、公共利益联系较多，正外部性更强，是本书基本公共服务领域的研究范围。此外，中华人民共和国成立之初全国范围内公共图书馆只有 55 个，博物馆只有 21 个，2016 年已经有公共图书馆 3153 个，博物馆 4109 个，均实现了大幅度的增长。①

---

① 数据来自国家统计局网站。

四　交通设施方面

水路运输方面，中国水路运输历史久远，是世界上水路运输发展较早的国家之一，水运条件基础很好。公路运输方面，我国在1913—1949年只修筑了13万千米的公路，平均年新增公路长3513.5千米，不仅长度非常短，质量也很差，而且公路的分布极不合理，主要分布在东南沿海地区，而西北和西南的广大区域基本上没有公路，占国土面积1/4的青藏高原仅有一条公路，说明这些地区基础设施硬件条件很落后，区域间差别明显。中华人民共和国成立之后公路建设速度明显加快，2016年公路总里程达到469.63万千米。具体情况如图3-4所示。铁路运输方面，铁路是国家交通运输的主力，国民经济的大动脉，也是国家基础设施产业的重要标志之一。我国从1876年修建的上海至吴淞段铁路，到1949年总共修建了2.18万千米的铁路，数量少，质量也比较差。截至1950年我国铁路营业里程数为2.22万千米，一年时间增加400千米。中华人民共和国成立之后，铁路建设的发展也取得了显著进步，图3-5描绘了1949—2016年中国铁路建设的发展。中华人民共和国成立之前铁路的分布也很不均衡，东部沿海地区和东北地区是我国铁路网络相对密集的区

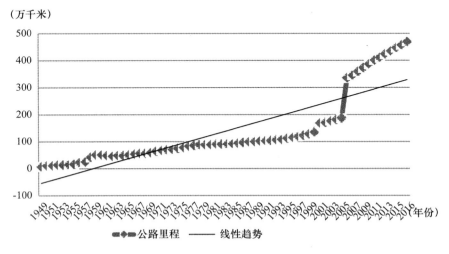

图3-4　1949—2016年中国公路里程及线性趋势

资料来源：根据相关年份《中国统计年鉴》整理获得。

域，90% 以上都分布于此，其他区域的配置明显缺失。航空运输方面，我国民用航空始于 1929 年，当时以沪宁为中心成立了"中国航空公司"，但 1949 年以前中国民用航空运输发展缓慢，仅有少数几个大城开辟了航空线，而且航线都很短。管道运输方面，我国的管道运输在中华人民共和国成立之前是没有的，最早始于 1958 年，管道输油（气）里程为 0.02 万千米，而且连续五年都维持不变，到了 1963 年为 0.03 万千米，也间接说明我国管道运输领域的进展是缓慢的。图 3 – 6 描绘了中华人民共和国成立之后管道运输建设的发展情况。

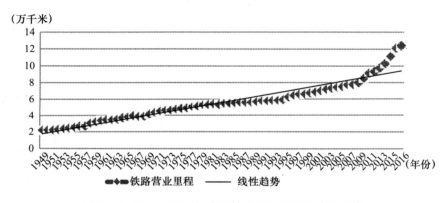

图 3 – 5　1949—2016 年中国铁路营业里程及线性趋势

资料来源：根据相关年份《中国统计年鉴》整理获得。

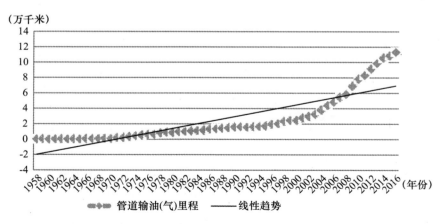

图 3 – 6　1958—2016 年中国管道运输里程及线性趋势

资料来源：根据相关年份《中国统计年鉴》整理获得。

基本公共服务供给水平在中华人民共和国成立之后不同领域都取得了长足的发展，整体水平有了显著提升。尤其对比中华人民共和国成立之前的基本公共服务缺失和低水平状态，有了较大的改观。

第二节 中华人民共和国成立后基本公共服务供给制度的嬗变

面对旧中国教育、医疗卫生、科技文化、环境保护、社会保险等领域的落后与空白，新中国成立后面临的任务是恢复和发展国民经济，对旧有的公共服务领域脆弱局面进行改革。中央和各级地方政府为改革与发展公共服务事业，采取了一系列措施，逐步完善公共服务供给。新中国成立后我国基本公共服务供给在城市和农村表现出了不同的特点。

一 基本公共服务供给起步发展阶段（1949—1977 年）

这一阶段的城市基本公共服务来自政府财政供给。中国 1949—1977 年处于计划经济体制时期，基于财力薄弱、分散的状况，确立了高度集中、统收统支、统一领导、分级管理的财政体制框架，为巩固国家政权、推动经济发展、维持社会稳定起到了积极的作用。公共基础设施的大规模建设和发展始于该时期。"一五"时期和两次国民经济调整时期，财政都致力于支持经济建设，展开了大规模的投资性支出，奠定了中国工业化基础，支持了工农业经济发展，同时极大地促进了公共服务领域中基础设施事业的发展。除此之外，财政包揽了其他各项社会公共事业，财政除了承担国防、外交、行政管理经费等国家政权建设支出外，几乎还包揽了城镇地区教育、卫生、科技、文化等公共社会事业，虽然有所改善，但负担沉重，资金匮乏。经过一段时间的发展，小学在校生已经从 1949 年每十万人口小学平均在校生数 4503 人增加到 1956 年的 10102 人。科学研究得到了政策的倾斜，国家科学技术发展远景规划制订并得以实施，各类科学研究机构相继建立，科研工作者队伍逐渐壮大。中华人民共和国成立之初确立的社会保险制度是，由财政来承担企业职工全面的社会保障责任，国家是供给的主体，但具体实施是国有企业和集体经济组织（指的是城镇集体单位）。基本是实行国家统办、政府全额拨款制度。随着国有企业单位规模扩大、人员数量增加，财政包揽一切的社会保障制度，无疑加重了财政负担，并且管理中也暴露了诸多问题。在1978年以前财政体制也曾尝试多次变革，但并没有改变财政体制的"高度集中""统一领导"特征。此阶段经济基础比较薄弱，社会情况复杂多变，随着生产资料公有制的确立，国家通过计划来配置资源，基本公共服务供给处于低水平但却平均的状态，维护了社会稳定，有利于政权稳固，体现社会主义优越性，是自上而下由政府直接供给而无市场供给的执行状态。

此阶段农村公共服务供给表现出了萌芽与发展态势。中华人民共和国成立初期，农村恢复正常的生产活动成为首要任务。农村土地改革后，农户拥有了自己的土地，农民能够自主经营，但并没有耕种土地所必需的公共基础设施。国家财力不足，政府无力全面提供这类公共物品、公共服务。在政府供给缺乏的情形下，根据自愿互利、协商一致的原则，各农户之间互帮互助，尝试合作供给农业生产活动所需的基本公共服务。这一时期农村基础设施服务主要是由农户组成的互助组来合作提供，供给范围比较单一，仅限于最急需的基础性农田水利设施领域，无法提供农业生产进一步发展所需的更高层次的公共物品，因此这一时期的农村公共服务仅是以满足最基本的农业生产需要为目的予以供给。随着该种模式的日渐成熟，越来越多的农民开始以土地、较大型农具、耕畜等生产资料入股，于20世纪50年代初成立了初级合作社组织，经历了农业合作化时期。相较于之前，合作社发挥的作用和政府的积极干预使农村公共物品供给的种类和规模都有所增加。农村基础设施建设得到了前所未有的发展，除了小型农田水利设施外还开始兴建一些规模较大的农田水利设施工程，改善了农业生产条件。同时，农民对公共服务的需求也相应地多了起来，相邻村落之间也开始兴办学校和卫生所，基本公共服务由中华人民共和国成立之初的萌芽状态得到了一定程度的发展。人民公社时期农业生产规模扩大，农业生产力水平得以提高。这一时期农村公共服务的供给主体是"集体"，类似于城镇公共服务的供给主体——"单位"，其资金来源于集体经营的提留，负责兴办农村公共事业，农村教育、农村基本医疗卫生、技术推广等都得到了发展，农村公共服务供给体系初步确立。但随着人民公社运动的深入，农户自身丧失了对生产活动及自身需求偏好表达的自主权，公共服务供给出现了高度的同质性，根本没有办法满足农民对公共服务异质性的偏好。进入人民公社运动的后期，农业基础性的产业根基被破坏，成为国民经济中最为薄弱的一环，农民对公共服务需求的满足也处于低水平的状态。

整体来看，这一时期城市之间基本公共服务供给由政府主导，区域之间低水平平均的态势较为突出，国有企业职工基本公共服务相对全面一些。城乡之间差异比较大，农村基本公共服务供给更多地依赖农户自身，城乡居民拥有两种不同的社会身份，不同的社会身份享受着不同的社会福利待遇，由此带来城市、农村在各方面的巨大差异，城乡二元结构特征明显。

二　基本公共服务供给改革攻坚阶段（1978—2002 年）

这一时期中国的政策环境发生了重大变化，1978 年党的十一届三中全会以后，中国进入改革开放的新时期，从计划经济向市场经济转型，市场对资源配置的作用被认可和采纳，政府职能以经济发展为导向。开始实行财政包干、"分灶吃饭"财政体制，地方政府成为真正意义上的独立主体，地方政府的积极性也开始被逐步调动起来。从计划经济向社会主义市场经济体制转变，为了更好地适应这一变革，政府职能也较之前发生了转换，做了调整和改革的探索，政府在财政职能选择方面注重资源配置职能、经济增长职能、收入分配职能的运用，重视公共服务的提供。基本公共服务供给在这一阶段体现出的价值取向与国家整体发展要求相一致，坚持效率优先、兼顾公平，以提高效率和质量作为基本公共服务供给的政策目标。这一时期政府大力加强教科文卫领域的财政支出。国有企业在市场激烈的竞争中越来越丧失原本计划经济之下国家庇佑的优势，暴露出竞争力低下的弊端。为了适应市场竞争，国有企业改革成为适应市场经济体制的必要一步。国有企业改革的重要一环是提升企业的效率，实现经济效益最大化，为此"减员"成为主要操作手段。但大量下岗职工的安置问题成为企业的负担，而企业又缺少承担的物质能力，于是将下岗职工的安置问题推向社会，从而加重了政府负担，成为政府的隐性债务。在没有更多后续政策、制度等保障的情况下，致使这部分人员某种程度上失去了原本享有的基本公共服务，基本公共服务供给在城市中的发展出现了曲折。旧有的制度被打破，新的供给机制尚未完全确立，此时基本公共服务制度经历了改革与攻坚的过渡期。这一时期基本公共服务供给依然是自上而下的。

此阶段农村基本公共服务供给也出现了波折。农村家庭联产承包责任制本质是将土地的所有权与经营权分离。所有权仍归集体所有，经营权则由集体经济组织按户均分包给农户自主经营即"分户经营"，集体经济组织负责对承包合同履行进行监督。这一变化将原来由人民公社统一安排的集体生产再度交还给农户家庭自主进行。农民在集体经济中由单纯的劳动者转变成同时拥有生产者和经营者身份的经济个体，解放了农村生产力，调动了广大农民的生产经营积极性，较好地发挥了劳动力和土地的潜力，增加了粮食的产量，对促进农业、农村的发展起到了推动作用。家庭联产承包责任制弱化了人民公社时期"集体"的作用，原本农村基本公共服务供给的主体出现了职能弱化，具体表现在公共服务的各领域，以农村基础设施为例，这段时间农业基建领域的供给水平出现较明显的下降态势。我国农业基建投资占基本建设投资比重呈现较大幅度的下降，从"五五"时期的占比 10.5% 降至"八五"时期的占比 3.0%。而其中水利基建投资占农业基建投资的比重也由"五五"时期的 63.9% 下降到 1980 年的 52.0%，直至"八五"时期这一比重才恢复到 63.2%。农业基建投资、水利投资规模下降，致使农田水利设施供给严重不足，现有设施年久失修，等等。不仅在基础设施领域，农村基础教育、医疗卫生、社会保障等方面也出现了供给不足现象。原有"集体"作用削弱了，新主体又没能出现，使农村基本公共服务供给出现不足，滞后于农业产业的发展，农村基本公共服务供给处于曲折前行阶段。

整体来看，这一时期基本公共服务供给在城乡间的区域差异仍然很大。城市基本公共服务水平有所提高，但国有企业改革也给基本公共服务领域带来了极大挑战，区域之间出现了较为明显的差异。农村基本公共服务供给出现了很大波动，部分领域服务水平停滞不前，个别领域发展明显滞后。非均衡成为这一时期基本公共服务供给的主要特征。

三 基本公共服务供给发展完善阶段（2003 年至今）

2003 年 10 月，党的十六届三中全会提出要树立全面、协调、可持续的发展观，把以人为本和促进人的全面发展作为国家未来一段时间统领全局的指导思想与基本原则，为基本公共服务供给明确了方向，即继续深化科教文卫体制改革，致力于提供民众所需要的、满意的公共服务。之后在 2005 年的《政府工作报告》中明确提出要加大对教育、医疗卫生、科学技术、环境保护与生态建设、社会保障与就业等经济社会发展中的薄弱环节的扶持力度，让人民群众受惠更多。2007 年以来，中国全面普及九年义务教育、高等教育连续扩招，在义务教育阶段实施免费，在非义务教育阶段实施成本分担，大力推进教育公平，同时科技进步对经济增长的贡献率显著上升。基本公共服务供给的力度不断增强，随着改革的不断推进和深化，政府也开始意识到基本公共服务非均等化问题的严重性。基本公共服务的不均衡，不仅影响国家的可持续发展，也影响社会公平正义。实现基本公共服务均等化，完善供给制度建设，是未来相当长时间里政府工作的指导思想和任务目标。政府开始在基本公共服务供给中逐步"回归"，鉴于之前中国基本公共服务供给模式在城市与农村之间差异性较大，因此要逐步探索全社会统一的基本公共服务供给机制。2008 年实施的积极财政政策在财政支出领域更是明确了保障和改善民生水平、调整和优化财政支出结构的目标。重点加大教育、医疗卫生、社会保障、就业、住房等民生领域投入，并向中西部地区倾斜。同时大力支持科技创新和节能减排，促进能源资源节约和生态环境保护，推动经济结构调整和发展方式的转变。这一时期基本公共服务供给的价值取向是坚持效率与公平的统一。基本公共服务供给的目标是坚持以人为本，共享改革成果，促进人的全面发展，逐步尝试在某些领域政府与社会资本合作共同供给的模式。

鉴于之前农村基本公共服务供给方式和城镇有较大区别，水平差异明显，因此这一时期中央政府高度重视农村基本公共服务供给问题，出台了大量与此相关的文件。21 世纪以来国家涉农方面的政策文件，关注的领域锁定在了农业、农村、农民问题上。国家"工业反哺农业、城市支持农村"给予一系列重农、惠农的政策，也不断加大对农村公共物品的财政投入力度。近些年来中央政府对于农村基本公共服务供给的重视和政策上的支持，使其供给体制渐趋完善。

整体来看，城乡融合、城乡统筹成为这一时期国家发展中的重要任务，区域协调发展，缩小基本公共服务差异，实现均等化成为公共服务事业发展的根本目标，同时基本公共服务供给主体的选择也开始出现多元化的态势。

四　基本公共服务供给演进评价

中国基本公共服务供给在城镇的演进表现为，计划经济时期，财政包揽一切社会公共职能，但由于经济基础的限制，经济建设成为政府工作的重点，收入分配职能在这一阶段发挥的作用不够突出。基本公共服务由无到有，整体水平处于比较低但相对平均的状态。基本公共服务中社会保障等相关领域，国有制单位和集体所有制单位作为实施主体承担主要责任。这一时期的供给模式是单一的，即自上而下由政府完全供给。市场经济体制改革之后，政府职能逐步由包揽一切向提供公共服务、公共管理的方向转变，公共财政支出的重点由经济建设转向民生领域，财政定位由"建设型"财政、"吃饭型"财政再到"民生型"财政转变，凸显财政的公共属性。政府职责履行时，凡是不能由市场有效提供的公共物品和服务必然由政府来干预供给。政府和市场互为补充，形成合理的相辅相成的分工关系，弥补市场失灵，加大对基本公共服务事业的财政投入力度，实现社会福利最大化。随之而来的也就出现了基本公共服务非均等化的现象，现阶段党和政府把改善民生和提高人民综合福利水平、实现基本公共服务均等化作为重中之重，让全体人民共享改革开放发展的成果，全面服务于构建和谐社会的愿景。伴随改革的深入和不断的尝试，公共服务中的个别领域开始出现多样化供给，实行政府主导与社会资本合作的多元主体供给模式。农村基本公共服务供给的发展脉络相较于城市有共性的地方，但同时也有其自身特点，情况更为复杂。目前，我国农村社会公共事业已初具规模，农村公共服务的提供从无到有，日趋完善和丰富，形成了一个相对完整的农村公共服务供给体系。但从农村基本公共服务供给的历史演进来看，与城市相比供给水平一直存在较为明显的"二元结构"差异，农村与城市之间公共服务供给差异十分突出。中华人民共和国成立之初农村基本公共服务供给主要是由农户自愿或非自愿组织提供的。之后由"集体"供给，但囿于农村经济条件的制约，供给的整体水平不高，农民对基本公共服务需求被抑制在一种低水平的满足层面。2003 年以来，中央和各级地方政府高度重视农村基本公共服务的供给，倾注了相当大的财力。但由于农村公共服务的低起点、低水平和历史负担，农村公共服务供需矛盾仍然突出。

第三节　基本公共服务供给演进的影响因素分析

通过对中国基本公共服务演进历程的分析发现，基本公共服务供给内容、供给程度、供给质量、供给实施主体、供给效果在区域之间、城乡之间和群体之间都存在较大的差异。中国基本公共服务供给在不同时期演进，究其成因主要受经济发展水平、财政体制、政府职能定位和城镇化水平的影响。

一　经济发展水平

梳理中国过去基本公共服务供给的水平、方式、质量，各阶段的特点表现都明显受制于本国的经济发展水平，经济增长水平的时间差异、区域差异决定了基本公共服务供给的差异。经济发展水平对中国基本公共服务供给的演进起着决定性作用。所谓经济发展水平代表了一个国家社会总产品的丰裕程度、不同时期的规模和水平，以及经济效益的高低，生产技术水平是内含于其中的。这一逻辑关系可以表示为：生产技术水平差异→经济发展水平差异→财源水平差异→财政收入差异→基本公共服务供给水平差异。本书选取人均 GDP 代表历年各地区经济发展的状况。中华人民共和国成立前我国经济处于停滞甚至是倒退的阶段，教育、医疗等整体水平都非常差，中华人民共和国成立初期经济发展总体水平还是很低的，1952 年人均 GDP 只有 119 元。政府在承办基本公共服务时，城市采取的是政府包揽、高度集中、个人负担较低的供给模式。此阶段基本公共服务是以平均为导向，但囿于经济水平低下，基本公共服务整体水平不高，并且供给是以户籍制度作为依据，城市和乡村呈现明显的二元分治的格局，供给效率极低，成员满意度也很差。改革开放之后，依照效率优先的原则，中国经济发展水平明显提高，非均衡发展战略也使区域经济差异凸显，随着之后区域协调发展战略的推进，区域经济差异呈现新的特点。在衡量区域经济差异时，选取的统计指标是常用的变异系数和区域最大差率（区域最大差率＝最大人均值／最小人均值），如表3-3所示，经济整体水平提升的同时区域经济差异呈现缩小态势，2015年、2016年区域经济差异有稍许扩大。

表3-3   2000—2016年区域经济差异

年份	区域最大差率	变异系数
2000	10.81	0.68
2001	10.47	0.68
2002	10.34	0.68
2003	10.28	0.68
2004	10.24	0.67
2005	9.10	0.65
2006	8.49	0.62
2007	7.62	0.60
2008	6.64	0.55
2009	6.15	0.53
2010	5.63	0.50
2011	5.08	0.46
2012	4.64	0.44
2013	4.25	0.43
2014	3.93	0.43
2015	4.09	0.43
2016	4.28	0.45

资料来源：根据相关年份《中国统计年鉴》数据整理、计算获得。

经济发展水平决定基本公共服务供给水平，区域经济差异的缩小是否意味着会带来基本公共服务供给区域差异的缩小，在后文对基本公共服务供给区域差异现状的实证研究中将进行验证。

1997年经历亚洲金融危机，国内经济出现萧条、衰退的现象，国家通过相机抉择的积极财政政策予以应对，通过四年的时间走出经济衰退实现经济复苏。2002年转型为稳健的财政政策。2003年开始，中国经济快速发展，政府财力也得到了提升。2008年国际金融危机爆发及之后中国财政收入的变化情况，虽存在增幅回落的态势，但总体上维持了较高的增长。随着中国经济的腾飞，财政收入的快速增长，为国家积累了大量"真金白银"，为中国公共服务事业的发展打下了良好基础并提供了重要保障，表3-4中列示了中国财政收入和税收收入增长情况。

表3-4　　　　2008—2018年中国财政收入和税收收入增长情况

年份	财政收入（万亿元）	同比增速（%）	税收收入（万亿元）	同比增速（%）
2008	6.13	19.50	5.42	18.80
2009	6.85	11.70	5.95	9.80
2010	8.31	21.30	7.32	23.00
2011	10.37	24.80	8.97	22.60
2012	11.72	12.80	10.06	12.10
2013	12.91	10.10	11.05	9.80
2014	14.04	8.60	11.92	7.80
2015	15.22	8.40	12.49	4.80
2016	15.96	4.50	13.03	4.30
2017	17.26	8.12	14.44	10.82
2018	18.34	6.26	15.64	8.31

注：①为推进财政资金统筹使用，2017年1月1日起新增建设用地土地有偿使用费、南水北调工程基金、烟草企业上缴专项收入3项政府性基金调整转列一般公共预算。与全国人大批准的预算口径一致，即对2016年1—6月收入执行数，按"营改增"后新体制分别计算中央、地方分享收入，以此作为2017年1—6月中央、地方收入的基数，并相应计算同比增减额与增减幅。

②表中数据经过四舍五入处理。

资料来源：根据相关年份《中国财政年鉴》和财政部国库司发布的2018年财政收支情况，整理、计算获得。

随着我国财政收入水平的增长变化，基本公共服务供给方式也呈现出多元化、市场化、地方化的特点，供给效率和质量有所提高，基本公共服务供给出现了快速发展。基本公共服务供给朝着公平优先、民生导向、城乡一体、统筹发展的目标努力。

以中国基本公共服务中教育领域为例，随着经济发展，国家财政性教育经费水平也逐年提高。1993 年国家提出实现国家财政性教育经费支出占 GDP 的比重 20 世纪末达到 4% 的目标。但事实上这一目标的达成时间晚了十来年，具体见表 3 - 5。

表 3 - 5 　　　　　2000—2017 年国家财政性教育经费支出及其占 GDP 的比重情况　　　　　单位：亿元；%

年份	国家财政性教育经费支出	GDP	占比
2000	2563.00	99215.00	2.58
2001	3057.00	109655.00	2.79
2002	3491.00	120333.00	2.90
2003	3851.00	135823.00	2.84
2004	4466.00	159878.00	2.79
2005	5161.00	184937.00	2.79
2006	6348.00	216314.00	2.93
2007	8280.00	265810.00	3.12
2008	10450.00	314045.00	3.33
2009	12231.00	340903.00	3.59
2010	14670.00	401202.00	3.66
2011	18587.00	472882.00	3.93
2012	23147.57	540367.40	4.28
2013	24488.22	568845.20	4.30
2014	26420.58	636139.00	4.15
2015	29221.45	685505.80	4.26
2016	31396.25	744127.00	4.22
2017	34204.00	827122.00	4.14

注：表中数据经过四舍五入处理。

资料来源：根据相关年份《中国教育经费统计年鉴》《中国统计年鉴》和 2017 年《全国教育经费统计快报》、《中华人民共和国 2017 年国民经济和社会发展统计公报》的数据整理、计算获得。

从表 3-5 可知，虽然中国经济水平不断提高，财政实力也有了保障，国家财政性教育经费支出占 GDP 的比重整体呈上涨的趋势，但由于人口基数较大，相当长的时间内经济建设仍然是国家的首要任务，配置教育领域财政资金的规模还不够，没能达到预期水平。因此，有必要就影响中国基本公共服务供给的其他因素展开分析。

二　财政体制

影响中国基本公共服务供给演进的另一重要因素是我国的财政体制改革。经济发展水平是决定基本公共服务供给的客观条件，在客观条件既定的前提下，存在通过财政体制变革影响基本公共服务供给方式以及供给水平的可能性。在不同的财政体制框架下，基本公共服务供给水平、供给方式会随之发生相应调整。我国财政体制经历了高度集中、统收统支阶段，统一领导、分级管理阶段，也经历了财政包干、分灶吃饭阶段和 1994 年的分税制改革阶段。在不同的财政体制之下中央政府和地方政府的财力水平和管理方式都有所不同，会直接影响各地区基本公共服务供给的质量水平和效率水平。

计划经济时期，地方政府虽然作为独立一级行政主体，但各级地方政府的财权和事权都由中央政府统收统支决定，所以严格意义上讲地方政府这一时期并不是真正独立的利益主体。地方政府在基本公共服务供给中也没有自主权，都由中央政府来决定，呈现国家承担、地区平均的总体状况。这一时期并不具有真正意义上中央和地方关系的财权划分，全部由中央政府承担。

中国实施经济体制转型之后，公共财政制度的很多方面都展开了渐进式改革。财政体制以打破传统体制之下中央管得过多、统得过死的局面为突破口，确立了"财政包干、分灶吃饭"财政体制内容，调动地方政府积极性。这一时期地方政府具有经济资源支配能力，成为真正独立的利益主体。地方政府主动性得以提升，基本公共服务更多的是由地方政府负责，分级管理的特点也愈加明显。"财政包干、分灶吃饭"财政体制的实施结果是中央财政收入占全国财政收入的比重下滑，致使中央政府宏观调控能力和政府行政能力明显下降，中央财政收入的极大弱化也难以有效支撑对地方的补助责任。基本公共服务供给更多地依赖于地方各级政府的提供。各地区的经济水平迥异，各级地方财政能力差别较大，因此导致基本公共服务供给水平不同，差异明显。

中国市场经济体制框架确立之后，财政体制改革势在必行。1994 年实行的经济分权的分税制财政体制具有里程碑意义。分税制按照税种特点，就其归属明确划分中央、地方各自财政收入来源，依照事权原则划分中央与地方政府间的财政支出范围，就支出与收入不相匹配的部分，建立规范的转移支付制度，弥补财政缺口，调剂中央和地方之间财力的划分。分税制相较于之前的改革内容更加规范和科学。分税制改革最直接的效果是中央财政收入占全国财政收入比例大幅提升，中央政府宏观调控的能力得以强化。1994 年之后，中央政府与地方政府之间的财政关系愈加紧密，转移支付制度在平衡地方财力水平方面的作用也非常突出，直接影响了区域基本公共服务供给。

中国财政体制改革主要体现为中央政府与地方政府之间财政关系的划分情况，本书选取能够全面反映中央财政与地方财政关联性的中央净补助来衡量，该指标统计口径是中央对地方税收返还和转移支付数额与地方上解中央支出后的余额。表 3-6 列示了分税制实施之前到正式确立至今，中央净补助水平。图 3-7 描绘了分税制改革实施之后，中央对地方税收返还和转移支付数额及占地方财政收入的比重情况，用来反映在地方财权上划的背景下，地方政府对中央财政转移支付资金的依赖程度。

表 3-6　　　　　　　　1992—2016 年中央净补助水平　　　　　　单位：亿元

年份	中央对地方税收返还和转移支付	地方上解中央支出	净值
1992	526.71	558.64	-31.93
1993	490.17	600.31	-110.14
1994	1911.27	570.05	1341.22
1995	2027.25	610.01	1417.24
1996	2178.02	603.88	1574.14
1997	2856.67	603.8	2252.87
1998	3321.54	597.13	2724.41
1999	4086.61	598.13	3488.48

续表

年份	中央对地方税收返还和 转移支付	地方上解中央支出	净值
2000	4665.31	599.12	4066.19
2001	6001.95	590.96	5410.99
2002	7351.77	637.96	6713.81
2003	8261.41	618.56	7642.85
2004	10407.96	607.17	9800.79
2005	11484.02	711.96	10772.06
2006	13501.45	787.27	12714.18
2007	18137.89	862.79	17275.10
2008	22990.76	946.37	22044.39
2009	28563.79	1030.75	27533.04
2010	32341.09	1070.13	31270.96
2011	39921.21	1206.29	38714.92
2012	45361.68	1230.76	44130.92
2013	48019.92	1362.26	46657.66
2014	51591.04	1416.54	50174.50
2015	55097.51	1499.24	53598.27
2016	59400.70	1419.17	57981.53

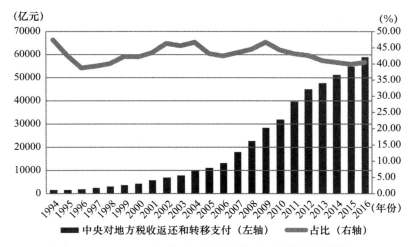

**图 3-7 1994—2016 年中央对地方税收返还和转移支付数额及
占地方财政收入的比重**

资料来源：根据相关年份中央一般公共预算、决算收支表和历年地方一般公共预算、决算收支表的数据整理、计算获得。

从表 3 – 6 可以发现，1994 年分税制开始之前，由于财政包干体制的影响，中央财政收入水平和增长速度都受到一定程度限制，因此对地方缺少财力转移的表现。1994 年分税制正式实施，中央财权得到强化，有能力对地方财力不足的区域进行转移支付，因此出现了税收返还和转移支付净值逐年增长的演变过程。图 3 – 7 也反映出自 1994 年之后从全国整体来看，地方财政收入对税收返还和转移支付的依赖程度一直是较高的。同时表明在基本公共服务供给差异问题被注意到并且重视的情况下，中央政府有足够的能力进行干预，中央财政在基本公共服务领域的投入有更多的倾斜。基本公共服务供给既要依靠各级地方政府的财力，同时中央政府也通过财政转移支付的方式来平衡区域财力方面的差异，尽可能缩小区域差异，实现均等化的目标。

三　政府职能定位

随着经济社会的发展，社会公众对基本公共服务的需求不断增强，对基本公共服务供给的水平和质量均提出了更高要求，但政府部门在基本公共服务领域又出现职能缺位、失责等不同程度的问题。结合经济体制转轨，政府职能也将发生调整。图 3 – 8 描绘了 1950 年直至确立市场经济体制之前的 1991 年这段时间经济建设支出和社会文教支出的占比情况，能够反映政府事权支出倾向的领域和政府职能履行的侧重领域。

从图 3 – 8 看出，中华人民共和国成立之后相当长的时间里，国家集中财力用来发展经济建设，表现为经济建设支出占比较大，上升速度较快。从 1950 年的 25.5% 上升到 1960 年的 70.43%，从 1954 年开始直至 1988 年除了个别几年经济建设支出占比略低于 50%，其他各年均高于 50%，1959 年、1960 年该指标超过了 70%。相反，基本公共服务支出占比①一直处于较低水平，份额不高。改革开放之后，经济建设支出占比出现一定程度的回落，基本公共服务支出占比也呈现出小幅上涨的态势，说明政府职能履行的侧重领域发生了变化。

2007 年召开的中国共产党第十七次全国代表大会正式提出了政府转型的目标：建立"公共服务型政府"。基于政府职能由经济建设型向公共

---

①　选取社会文教支出作为基本公共服务支出的主要内容。

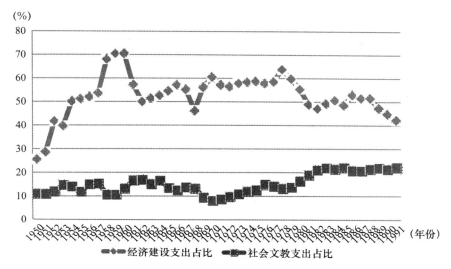

图 3 - 8　1950—1991 年经济建设支出和社会文教支出的占比情况

资料来源：根据相关年份《中国财政年鉴》数据整理、计算获得。

服务型转变的视角，建设公共服务型政府的目标应从中国国情出发，建立符合本区域特点的基本公共服务供给模式，探索与社会主义市场经济体制相适应的公共服务体系，建立以人为核心，与经济体制转型、社会转型相适应，解决市场失灵与政府失灵的现代化政府治理模式。公共服务型政府要以公众需求为导向，培育和鼓励民间资本参与基本公共服务的提供过程，提高市场竞争者的数量和整体素质，并鼓励公共服务者之间的良性竞争，最终形成政府主导、多元协同的基本公共服务供给责任观。

四　城镇化水平

城镇化是一个复杂的社会工程和空间工程。基于政府活动扩张论即瓦格纳法则对城镇化内容的阐述和中国基本公共服务供给演进过程的梳理，都发现城镇化在基本公共服务供给中的重要作用，不仅影响基本公共服务水平，还与基本公共服务区域差异密切相关。中国城镇化进程不断推进，城镇化率逐年提高，由中华人民共和国成立初期的 10.64% 增长到 2016 年的 57.35%，实现较大幅度的增长，具体变化如图 3 - 9 所示。

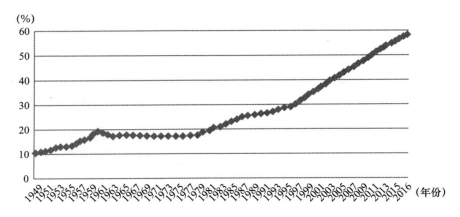

图 3 - 9　1949—2016 年中国城镇化率变化趋势

资料来源：根据相关年份《中国统计年鉴》数据整理、计算获得。

农业人口不断向城镇聚集带来城镇化率的提高，产生一定程度的拥挤，为避免拥挤效应可能带来的基本公共服务供给不足，有必要增加基本公共服务供给。中国城镇化进程的内涵是以人为核心，满足人的需求，不仅满足城镇居民的偏好，同时也要提高农村基本公共服务水平，即便农业人口没有来到城镇中生活，也能享有和城市相当程度的基本公共服务供给。新型城镇化进程的推进在一定程度上要求城乡之间、城市之间基本公共服务供给的均衡，以人为本，为每个公民提供公平的社会公共服务事业保障。

第四节　本章小结

基本公共服务供给在中华人民共和国成立之前的整体水平是非常低的，甚至部分领域的供给是完全缺失的，中华人民共和国成立之后这种状况得到明显改善，基本公共服务范围扩大，整体水平提升趋势明显。根据基本公共服务供给演进，具体将其划分为 1949—1977 年起步发展、1978—2002 年改革攻坚、2003 年至今发展完善三个阶段。起步发展阶段中国城市基本公共服务供给全部是由政府承担的，虽然水平不高，但针对国企职工基本确立了保障网络。而农村则没能得到政府更多资源保障，基本公共服务需求满足多是由农民个人和农村的集体组织来提供，覆盖领域有局限，水平很低。在计划经济体制向市场经济体制转轨过程中，国家侧重效率优先，随着经济发展水平的提高，基本公共服务供给水平有所提升，但没能兼顾到公平问题，尤其是农村地区在基本公共服务领域存在明显的供给不足。基本公共服务供给发展完善阶段是基本公共服务均等化目标确立并具体实施的时期，城市和农村都致力于提高基本公共服务供给的水平，坚持以人为本，共享改革成果，这一时期基本公共服务供给也尝试了由政府与市场多元主体合作的模式。

　　中国基本公共服务供给演进过程是受多方面因素的影响。首先，一国经济发展水平的高低是决定基本公共服务供给水平的根本因素。经济发展水平的区域差异导致了各地区财源能力的不同，基本公共服务供给财政资源配置也就出现差别，但随着全国范围内经济水平差异的缩小，也有利于基本公共服务供给均等化目标的实现。其次，一国财政体制的变革会影响基本公共服务供给的资金状况与分配模式，因此也是影响基本公共服务供给的重要因素。不同的财政体制之下，中央财政和地方财政关系有不同的体现，在实施分税制之后，中央财政加大了对地方税收返还和转移支付力度，对均衡地方财力有较大作用，同时也有利于均衡各地区基本公共服务供给水平。再次，政府职能转型会重新规划政府事权、支出的范围，政府履职的侧重点相应地发生变化。现阶段中国公共服务型政府的确立，以人为本的目标设定，直接影响政府在基本公共服务领域供给的规模和结构。最后，城镇化推进的程度也会影响基本公共服务供给，城镇人口增加会带来基本公共服务新增需求，农业人口即便不在城市生活也能享受到和城市相当的基本公共服务，最终实行基本公共服务均等化。综上所述，基本公共服务供给演进既是历史范畴的探讨，更是经济发展与政策制度、社会变革综合作用的结果。

第 四 章

中国基本公共服务供给区域
差异及收敛分析

对基本公共服务（Basic Public Service，BPS）供给的考察，应客观反映中国各省、自治区、直辖市基本公共服务供给的真实质量水平，能够囊括基本公共服务各个领域多个维度的综合评价。本章主要围绕基本公共服务供给水平进行科学测算，并通过统计指标和实证方法选择，客观、准确、全面地评价中国基本公共服务供给区域差异和收敛情况。

第一节　基本公共服务供给水平评价

基本公共服务供给水平涉及政府财力水平的配置状况、各领域服务质量水平。客观评价基本公共服务供给水平需要首先建立一套系统的评价指标体系，能够相对全面地反映各地区基本公共服务提供主体的供给水平，并可以进行横向和纵向的比较。

一　基本公共服务供给水平评价指标体系构建

基本公共服务的内涵是动态的、发展的，而且随着经济社会的发展，基本公共服务的最低标准也将不断升级，基本公共服务评价的指标内容也相应地要进行及时更新。依据国家政策性文件，借鉴国内学者已有研究成果，结合前面章节中笔者对基本公共服务内涵的阐述，本书将基本公共服务范围确定为教育服务、医疗卫生服务、社会保障和就业服务、公共文化服务、环境保护服务、公共基础设施服务、科学技术服务7大类，每一大类又分设具体子项内容，构建基本公共服务供给水平评价指标体系。有别于以往的研究成果，在类别的设定中包括了科学技术服务项目，之前的研究成果中较少将其考虑在内，但实际上科学技术服务中有部分的基础性、公益性的研究活动对人类的生存和发展有重要而深远的影响。此外，科学技术服务中对食品、药品抽样检查、地震、减灾设施的配给等也同样关乎人类生存和发展。因此，科学技术服务的考察和相应指标的设定也应是基本公共服务水平衡量的重要内容。同时教育服务的具体指标也不同于以往的指标内容。考虑到现今社会智能化、信息化对人力资本学历层次需求越来越高，原本教育服务考察中所包括的小学、初中义务教育已不能满足经济社会和居民自身的发展需求，高中阶段教育的正外部性越来越明显，越来越多的适龄学生都接受了高中阶段教育。美国诺贝尔经济学奖获得者西奥多·舒尔茨也提出当社会平均受教育水平更高时，贫困差距会越来越小，而获得公平感也比财富增加来得更重要。因此本书将高中阶段教育服务纳入基本公共服务供给范围来考量，也体现了基本公共服务内容动态发展变化的属性特征和基本公共服务功能的彰显。鉴于在指标选择时，难免会出现疏漏，因此每一类别的基本公共服务项目中第一个指标都使用了该项服务的财政支出占比，其既能说明财政资源在该领域的配比情况，也在一定程度上代表该项服务供给整体的状况，避免了因每一类服务项目指标选取数量多少的差异造成评价结果的不公平。表4-1列示了笔者基于基本公共服务7大类服务内容，在数据可获得的前提下构建衡量基本公共服务供给水平的评价指标体系。

表4-1　　　　　基本公共服务供给水平的评价指标体系

总指标	一级指标	二级指标	指标处理及说明
基本公共服务（BPS）	教育服务	教育服务财政支出占比（%）X_1	教育财政支出/财政一般预算支出
		小学生师比 X_2	小学在校生数/专任教师数

总指标	一级指标	二级指标	指标处理及说明
基本公共服务（BPS）	教育服务	初中生师比 X_3	初中在校生数/专任教师数
		高中生师比 X_4	高中在校生数/专任教师数
		文盲率（%）X_5	（15岁及以上文盲人口数/15岁及以上人口数）×100%
	医疗卫生服务	医疗卫生服务财政支出占比（%）X_6	医疗卫生财政支出/财政一般预算支出
		每万人拥有卫生技术人员数（人/万人）X_7	卫生技术人员数/年末常住人口
		每万人拥有医疗机构床位数（张/万人）X_8	医疗机构床位数/年末常住人口
	社会保障和就业服务	社会保障和就业服务财政支出占比（%）X_9	社会保障和就业财政支出/财政一般预算支出
		城镇登记失业率（%）X_{10}	［城镇登记失业人数/（城镇单位就业人员＋城镇单位中的不在岗职工＋城镇私营业主、个体户主＋城镇私营企业＋个体就业人员＋城镇登记失业人员）］×100%
		城镇养老保险参保率（%）X_{11}	（城镇职工参加基本养老保险人数/年末常住人口）×100%
		城镇医疗保险参保率（%）X_{12}	（城镇基本医疗保险年末参保人数/年末常住人口）×100%
		城镇失业保险参保率（%）X_{13}	（参加城镇失业保险人数/年末常住人口）×100%
	公共文化服务	公共文化服务财政支出占比（%）X_{14}	文化体育与传媒服务财政支出/财政一般预算支出
		每百万人拥有公共图书馆数（个/百万人）X_{15}	公共图书馆数/年末常住人口
		每百万人拥有博物馆数（个/百万人）X_{16}	博物馆数/年末常住人口

续表

总指标	一级指标	二级指标	指标处理及说明
基本公共服务（BPS）	环境保护服务	环境保护服务财政支出占比（%）X_{17}	环境保护财政支出/财政一般预算支出
		每万人拥有废气治理设施数（套/万人）X_{18}	工业废气治理设施数/年末常住人口
		每万人拥有废水治理设施数（套/万人）X_{19}	工业废水治理设施数/年末常住人口
		空气质量达到二级以上天数占全年的比重（%）X_{20}	主要城市空气质量达到及好于二级天数占全年的比重
		每万人拥有公共厕所数（座/万人）X_{21}	城区内平均每万人拥有的公共厕所数量
		人均公园绿地面积（平方米/人）X_{22}	城区内平均每人拥有的公园绿地面积
	公共基础设施服务	公共基础设施服务财政支出占比（%）X_{23}	（交通运输财政支出＋城乡社区事务财政支出）/财政一般预算支出
		铁路网密度（千米/平方千米）X_{24}	铁路营业里程数/省区国土面积
		公路网密度（千米/平方千米）X_{25}	公路里程数/省区国土面积
		通信基础设施密度（千米/平方千米）X_{26}	长途光缆线路长度/省区国土面积
		城市供水普及率（%）X_{27}	城区内用水人口与总人口的比例
		城市燃气普及率（%）X_{28}	城区内使用燃气的人口与总人口的比例
		每万人拥有公共交通车辆（标台/万人）X_{29}	公共交通运营车标台数/（城区人口＋城区暂住人口）
		人均城市道路面积（平方米/人）X_{30}	城区内平均每人拥有的城市道路面积
	科学技术服务	科学技术服务财政支出占比（%）X_{31}	科学技术财政支出/财政一般预算支出

续表

总指标	一级指标	二级指标	指标处理及说明
基本公共服务（BPS）	科学技术服务	每万人国内三种专利授权数量（项/万人）X_{32}	（国内发明专利授权数量＋实用新型专利授权数量＋外观设计专利授权数量）/年末常住人口
		省区国土面积配置气象监测设备数（个/万平方千米）X_{33}	（自动气象站站点个数＋天气雷达观测业务站点个数）/省区国土面积
		单个规模以上工业企业R&D项目数（项）X_{34}	规模以上工业企业R&D项目数/该地区规模以上工业企业数量

注：①文盲率指标测算时，2010年人口信息来自第六次全国人口普查，其他年份人口信息来自人口抽样。

②空气质量达到二级以上天数占全年的比重测算时，2013年及以后年份的数据是根据全国74个执行新环境空气质量标准（GB3095－2012）的城市统计结果计算获得。

（一）数据来源说明及处理

各个指标的数据信息来自相关年份《中国统计年鉴》《中国财政年鉴》《中国环境统计年鉴》《中国科技统计年鉴》《中国教育经费统计年鉴》，国家统计局网站、各省份相关年份《国民经济和社会发展统计公报》等。本书选取2007年至2016年的数据，没有选取2007年之前的数据，是基于中国在2007年实施了政府收支分类改革，支出分类采用了国际通行做法，为避免财政支出统计口径前后不一致，影响分析的客观性，因此各类基本公共服务财政支出数据从2007年选取，整体数据资料也从2007年开始。

数据具体处理过程需说明：环境保护服务中二级指标"空气质量达到二级以上天数占全年的比重"因没有各省区数据，故采用各省"主要城市空气质量达到及好于二级天数占全年的比重"来代替，在一定程度上也可以代表各省的空气质量，反映环境保护综合效果。部分省份缺失2016年废气、废水治理设施的数据，考虑缺失的指标水平在一定程度上会与其所属区域其他省份的特征相同，短时期内也不会发生太大的变化，故依据 2015 年的完整数据值和 2016 年已有省份该指标的数值变化，进行估算，这样更为科学、合理。西藏 2007 年自动气象站的数据缺失，考虑短期变化不会太大，故以 2006 年数据值计入较为妥当。同样西藏 2007 年、2008 年城镇登记失业率数据缺失，以 2005 年数值代替。处理之后，7 大类一级指标下 34 个二级指标 31 个省份（不含我国港澳台地区）10 年间总计 10540 个数据全部完成收集、整理工作，各项指标均已考虑了各行政区划单位的人口、财政、省域面积等因素，已转化成可比较的指标内容，初步构建了兼顾基本公共服务财力配置和辖区服务水平效果具体体现的基本公共服务供给水平评价指标体系。

（二）数据优选方法

借鉴国内学者的研究成果，依据基本公共服务相关理论，选取尽可能丰富的基本公共服务供给指标。在数据信息可全部获得的前提下，设定了 34 个二级指标，但考虑到指标之间可能会存在信息重叠、相互关联的情况，需要科学的数据分析方法来验证初选指标之间的相互独立性。因此，在现有已选定指标的基础上，通过 Pearson 相关性分析、变异系数法两种方法对以上初选指标进行优选，总共剔除 5 个指标，剔除指标的相关信息具体如下：

第一种方法，通过 Pearson 相关性分析，得到可决系数计算 R^2，选择数值最大的对应指标进行剔除，即剔除信息高度相关的指标。教育服务各指标分别对其他指标做回归，R^2 最大值是 0.8024，剔除对应指标初中生师比。医疗卫生服务各指标分别对其他指标做回归，R^2 最大值为 0.6363，不需要剔除。社会保障和就业服务各指标分别对其他指标做回归，R^2 最大值是 0.9433，剔除对应指标城镇失业保险参保率。公共文化服务中各指标分别对其他指标做回归，R^2 最大值为 0.1155，不需剔除指标。环境保护服务中各指标分别对其他指标进行回归，R^2 最大值为 0.4761，不需剔除指标。公共基础设施服务中各指标分别对其他指标做回归，R^2 最大值是 0.7485，剔除对应指标城市供水普及率。科学技术服务各指标分别对其他指标进行回归，R^2 最大值是 0.8673，剔除对应指标单个规模以上工业企业 R&D 项目数。在此基础上通过第二种方法采用变异系数法进行再次筛选，即删除变异程度较小的指标，通过对剩余指标进行变异系数的计算，得出小于 0.1 的指标，城市燃气普及率 0.0995，进行删除。方法一和方法二总计删除 5

个指标，剩余指标 29 个，具体内容如表 4 - 2 所示：

表 4 - 2　　　　基本公共服务供给水平优选后评价指标体系

总指标	一级指标	二级指标	指标类型
基本公共服务 BPS	教育服务	教育服务财政支出占比（%）X_1	正向 +
		小学生师比 X_2	负向 -
		高中生师比 X_3	负向 -
		文盲率（%）X_4	负向 -
	医疗卫生服务	医疗卫生服务财政支出占比（%）X_5	正向 +
		每万人拥有卫生技术人员数（人/万人）X_6	正向 +
		每万人拥有医疗机构床位数（张/万人）X_7	正向 +
	社会保障和就业服务	社会保障和就业服务财政支出占比（%）X_8	正向 +
		城镇登记失业率（%）X_9	负向 -
		城镇养老保险参保率（%）X_{10}	正向 +
		城镇医疗保险参保率（%）X_{11}	正向 +
	公共文化服务	公共文化服务财政支出占比（%）X_{12}	正向 +
		每百万人拥有公共图书馆数（个/百万人）X_{13}	正向 +
		每百万人拥有博物馆数（个/百万人）X_{14}	正向 +
	环境保护服务	环境保护服务财政支出占比（%）X_{15}	正向 +
		每万人拥有废气治理设施数（套/万人）X_{16}	正向 +
		每万人拥有废水治理设施数（套/万人）X_{17}	正向 +
		空气质量达到二级以上天数占全年的比重（%）X_{18}	正向 +
		每万人拥有公共厕所数（座/万人）X_{19}	正向 +
		人均公园绿地面积（平方米/人）X_{20}	正向 +

续表

总指标	一级指标	二级指标	指标类型
基本公共服务BPS	公共基础设施服务	公共基础设施服务财政支出占比（%）X_{21}	正向 +
		铁路网密度（千米/平方千米）X_{22}	正向 +
		公路网密度（千米/平方千米）X_{23}	正向 +
		通信基础设施密度（千米/平方千米）X_{24}	正向 +
		每万人拥有公共交通车辆（标台/万人）X_{25}	正向 +
		人均城市道路面积（平方米/人）X_{26}	正向 +
	科学技术服务	科学技术服务财政支出占比（%）X_{27}	正向 +
		每万人国内三种专利授权数量（项/万人）X_{28}	正向 +
		省区国土面积配置气象监测设备数（个/万平方千米）X_{29}	正向 +

二　基本公共服务供给水平测算

基本公共服务供给水平的评价方法有定量分析和定性分析两种，单独使用都不能客观反映基本公共服务供给的真实水平。上文中指标体系的构建更多的是在基本公共服务理论、内涵、范围等定性分析的基础上设计的，接下来应选择合适的定量测算方法来准确衡量区域内基本公共服务供给的水平。常见的研究方法主要有变异系数法、泰尔指数法、层次分析法、熵值法、主成分分析法等。其中相较于其他方法，变异系数法、泰尔指数法更适合于单一指标的评价，并不适用本书多层级、多维度、多指标的评价与分析；层次分析法是一种主观赋权的方法，实证中对权重的测定往往是采用问卷调查的形式来确定，因此主观因素在决策中作用明显，干扰性较大。比较之下熵值法和主成分分析法更适用于多指标综合评价，并且更加客观，受主观因素、随意性的干扰较少。本书选取熵值法测算基本公共服务供给水平值。

（一）测算方法介绍——熵值法的原理及步骤

经济统计分析中，综合评价是应用较多的一种科学研究方法。其中，衡量研究对象各具象指标值的离散程度（差异程度）又是一个比较关键的环节。熵值法的优势在于提供一种客观赋权的处理方法，可以充分捕获原始数据提供的信息，克服权重由主观确定带来的随意性，更加科学、合理。其基本原理是：熵的概念源于热力学，是对系统状态不确定性、混乱度的一种度量。在信息论中，信息是衡量系统秩序的标准，是对其有序程度的度量。熵则是对系统无序程度的一种度量，信息与熵之间的关系是绝对值相等，符号相反。熵值法可以尽可能地保留数据原始信息，减少确定权重的主观性即多指标变量间信息的重叠。根据此性质，可以利用其评价指标信息的离散程度确定各项指标的权重，通过熵值法得到各个指标的信息熵，根据信息熵的大小，确定各指标的权重大小。具体关系见图4-1。

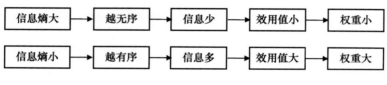

图4-1 熵值法中关键概念之间的关系

熵值法的具体方法和步骤是这样的：设有 m 个基本公共服务待评价方案，n 项评价指标，形成原始指标矩阵 $X = (x_{ij})_{m*n}$，其中 $X_{ij} \geqslant 0$，$0 \leqslant i \leqslant m$，$0 \leqslant j \leqslant n$。对于某项指标不同方案的指标值 x_{ij} 差距越大，则说明该指标在综合评价中所起的作用越大，其权重值也越大。具体分析步骤及公式为：

第一步，标准化数据：为了减少评价对象量纲和数量级的差异，需要对原始指标进行标准化处理，需要对正、负项指标做不同的处理。

$$正指标 \; x_{ij}^* = \frac{x_{ij} - \min(x_{1j}, \cdots, x_{mj})}{\max(x_{1j}, \cdots, x_{mj}) - \min(x_{1j}, \cdots, x_{mj})}$$

$$负指标 \; x_{ij}^* = \frac{\max(x_{1j}, \cdots, x_{mj}) - x_{ij}}{\max(x_{1j}, \cdots, x_{mj}) - \min(x_{1j}, \cdots, x_{mj})}$$

第二步，计算第 j 项指标的熵值：

$$e_j = -k \sum_{i=1}^{m} p_{ij} \ln p_{ij}$$

式中，$p_{ij} = x_{ij} / \sum_{i=1}^{m} x_{ij}$，$k = \ln \frac{1}{m}$。

第三步，计算第 j 项指标的差异性系数：

$$g_j = 1 - e_j$$

第四步，计算第 j 项指标的权重 w_j：

$$w_j = g_j \Big/ \sum_{j=1}^{n} g_j$$

第五步，计算基本公共服务（BPS）供给综合得分：

$$BPS_i = \sum_{j=1}^{n} W_j x_{ij}^*$$

在熵值法的计算中，综合得分可以表示为 BPS 指数，该数值水平即可以代表各区域基本公共服务供给水平的情况。

（二）基本公共服务供给水平测算结果

通过熵值法中以上步骤的计算，得出基本公共服务供给指标体系下对应 7 大类一级指标、29 个二级指标的权重矩阵，信息如表 4 – 3 所示。

表 4 – 3　　　　　　　　熵值法计算各指标权重水平

总指标	一级指标		二级指标	
	服务领域	权重	具体内容	权重
基本公共服务（BPS）	教育服务	0.1390	X_1	0.0352
			X_2	0.0352
			X_3	0.0352
			X_4	0.0335
	医疗卫生服务	0.1050	X_5	0.0351
			X_6	0.0349
			X_7	0.0350
	社会保障和就业服务	0.1387	X_8	0.0350
			X_9	0.0351
			X_{10}	0.0343
			X_{11}	0.0342

续表

总指标	一级指标		二级指标	
	服务领域	权重	具体内容	权重
基本公共服务（BPS）	公共文化服务	0.1032	X_{12}	0.0351
			X_{13}	0.0336
			X_{14}	0.0345
	环境保护服务	0.2088	X_{15}	0.0349
			X_{16}	0.0346
			X_{17}	0.0344
	公共基础设施服务	0.2064	X_{18}	0.0351
			X_{19}	0.0349
			X_{20}	0.0351
			X_{21}	0.0350
			X_{22}	0.0334
			X_{23}	0.0341
			X_{24}	0.0339
			X_{25}	0.0350
			X_{26}	0.0349

总指标	一级指标		二级指标	
	服务领域	权重	具体内容	权重
基本公共服务（BPS）	科学技术服务	0.0988	X_{27}	0.0340
			X_{28}	0.0313
			X_{29}	0.0335

　　运用31个省份（不含我国港澳台地区）基本公共服务供给二级指标数据标准化后的数值乘以对应权重，得出31个省份（不含我国港澳台地区）十年间 BPS 指数，如表4－4所示。

表4－4　　　　　　熵值法计算各省份十年间 BPS 指数

年份 / 省份	2007	2008	2009	2010	2011	2012	2013	2014	2015	2016
北京	0.4549	0.4981	0.5334	0.5167	0.5370	0.5466	0.5571	0.5739	0.5784	0.5807
天津	0.4050	0.4169	0.4184	0.4371	0.4614	0.4573	0.4664	0.4609	0.4692	0.4677
河北	0.2875	0.3177	0.3351	0.3514	0.3582	0.3752	0.3651	0.3838	0.4013	0.4149
山西	0.3174	0.3368	0.3362	0.3441	0.3683	0.3892	0.3911	0.3979	0.4088	0.4271
内蒙古	0.2971	0.2989	0.3250	0.3358	0.3514	0.3680	0.3691	0.3936	0.4103	0.4122
辽宁	0.3040	0.3231	0.3555	0.3502	0.3580	0.3743	0.3696	0.3863	0.4114	0.4065
吉林	0.2986	0.3133	0.3398	0.3369	0.3464	0.3600	0.3570	0.3774	0.3832	0.3854
黑龙江	0.3027	0.3016	0.3325	0.3281	0.3343	0.3452	0.3552	0.3657	0.3649	0.3643
上海	0.4085	0.4373	0.4567	0.4406	0.5216	0.4933	0.4755	0.4809	0.4834	0.5159
江苏	0.3436	0.3689	0.3952	0.4035	0.4355	0.4620	0.4637	0.4753	0.5009	0.5027
浙江	0.3508	0.3764	0.4066	0.4235	0.4371	0.4726	0.4800	0.5014	0.5207	0.5262
安徽	0.2336	0.2488	0.2757	0.2944	0.3236	0.3482	0.3493	0.3654	0.3932	0.4054
福建	0.2851	0.3124	0.3366	0.3437	0.3573	0.3779	0.3828	0.3948	0.4114	0.4127
江西	0.2569	0.2704	0.2917	0.2944	0.3162	0.3270	0.3219	0.3392	0.3553	0.3718
山东	0.3188	0.3372	0.3577	0.3711	0.3958	0.4182	0.4071	0.4183	0.4523	0.4659

续表

年份 省份	2007	2008	2009	2010	2011	2012	2013	2014	2015	2016
河南	0.2678	0.2762	0.2956	0.2934	0.3044	0.3304	0.3254	0.3440	0.3581	0.3692
湖北	0.2622	0.2714	0.2913	0.2960	0.3229	0.3497	0.3451	0.3726	0.3842	0.4079
湖南	0.2504	0.2674	0.2972	0.2983	0.3002	0.3220	0.3126	0.3348	0.3523	0.3651
广东	0.2708	0.3125	0.3591	0.3857	0.4044	0.4165	0.4282	0.4422	0.4530	0.4657
广西	0.2337	0.2465	0.2753	0.2785	0.2893	0.3076	0.3137	0.3360	0.3455	0.3504
海南	0.2471	0.2477	0.2925	0.3110	0.3509	0.3639	0.3659	0.3792	0.3865	0.3886
重庆	0.2617	0.2745	0.2948	0.2970	0.3251	0.3746	0.3932	0.4085	0.4354	0.4435
四川	0.2301	0.2066	0.2327	0.2455	0.2915	0.3226	0.3233	0.3342	0.3469	0.3633
贵州	0.2099	0.2207	0.2394	0.2437	0.2492	0.2840	0.2948	0.3247	0.3497	0.3649
云南	0.2326	0.2582	0.2739	0.2838	0.2991	0.3113	0.3110	0.3244	0.3344	0.3603
西藏	0.1976	0.1778	0.2098	0.2241	0.2167	0.2361	0.2393	0.2819	0.3207	0.2757
陕西	0.2807	0.3112	0.3248	0.3468	0.3581	0.3974	0.3963	0.4082	0.4327	0.4400
甘肃	0.2421	0.2554	0.2591	0.2724	0.3082	0.3298	0.3408	0.3553	0.3681	0.3775
青海	0.3050	0.3089	0.3262	0.3075	0.3155	0.3274	0.3284	0.3423	0.3540	0.3560
宁夏	0.2917	0.2923	0.3013	0.3348	0.3358	0.3471	0.3629	0.3787	0.4084	0.4075
新疆	0.3144	0.3114	0.3217	0.3278	0.3386	0.3483	0.3478	0.3630	0.3703	0.3748
全国平均	0.2891	0.3031	0.3255	0.3328	0.3520	0.3704	0.3722	0.3889	0.4047	0.4119

熵值法计算得出各省份 BPS 指数，可以代表各省份基本公共服务供给的真实水平，既能够进行截面上横向省份之间的比较，也可以进行纵向时间序列各省份之间的比较。后续研究中对于基本公共服务供给水平的研究均使用 BPS 指数。

三 基本公共服务供给水平结果分析

本书测算了中国 31 个省份 2007—2016 年的基本公共服务供给指数水平，接下来对该结果进行评价分析和后续章节的研究。

为了更为清晰地反映基本公共服务供给区域差异状况，根据全国人大六届四次会议通过的"七五"计划正式划分东部、中部、西部三大地区，之后全国人大八届五次会议设立重庆市为直辖市，2000 年国家制定西部大开发战略中享受优惠政策范围增加内蒙古和广西，据此将 31 个省份划分为东部、中部、西部三大地区，东部地区 11 个，中部地区 8 个，西部地区 12 个。

　　根据以上东部、中部、西部地区划分，将基本公共服务供给指数水平进行了区域划分和 10 年均值水平测算，同时各省份按其均值水平进行了排序，结果如表 4 - 5 所示。

表 4 - 5　　　　2007—2016 年各地区基本公共服务供给水平及排序

地区	省份	基本公共服务供给水平	基本公共服务供给水平排序	基本公共服务供给水平地区平均
东部	北京	0.5377	1	0.4132
	天津	0.4460	4	
	河北	0.3590	12	
	辽宁	0.3639	10	
	上海	0.4714	2	
	江苏	0.4351	5	
	浙江	0.4495	3	
	福建	0.3615	11	
	山东	0.3942	6	
	广东	0.3938	7	
	海南	0.3333	19	
中部	山西	0.3717	8	0.3320
	吉林	0.3498	15	
	黑龙江	0.3395	18	
	安徽	0.3238	22	
	江西	0.3145	24	
	河南	0.3164	23	
	湖北	0.3303	20	
	湖南	0.3100	26	
西部	内蒙古	0.3561	13	
	广西	0.2977	28	
	重庆	0.3508	14	

地区	省份	基本公共服务供给水平	基本公共服务供给水平排序	基本公共服务供给水平地区平均
西部	四川	0.2897	29	0.3171
	贵州	0.2781	30	
	云南	0.2989	27	
	西藏	0.2380	31	
	陕西	0.3696	9	
	甘肃	0.3109	25	
	青海	0.3271	21	
	宁夏	0.3461	16	
	新疆	0.3418	17	
全国				0.3550

中国基本公共服务供给水平以十年均值比较来看，东部地区基本公共服务供给水平整体高于中部和西部地区，中部地区比西部地区略好一点。

另外，以 2007 年、2012 年、2016 年进行对比分析来看，中国基本公共服务供给水平在 2007 年普遍是不高的，绝大多数省份的供给都处于最低和较低的水平区间，具有较强的水平趋同性，水平最高的北京（0.4549），次之的上海（0.4085）和天津（0.4050）分布上显得相对"孤立"，这一阶段北京、天津的增长极特征非常突出。相较于 2007 年基期年份，2012 年全国基本公共服务供给水平整体都有所提高，等级划分中水平最差的地区数量在明显减少，更多省份是处于中等和偏低水平的区域。相较于 2007 年基期年份，2016 年基本公共服务供给相对高水平的区域面积在逐渐扩大，并且多集中于东部沿海地区，且相较之前，基本公共服务供给较高水平和中等水平的地区数量在逐渐增多。

通过均值数据和截面信息考察各省份和三大地区基本公共服务供给水平之后，接下来依照时间序列绘制 2007—2016 年全国及三大地区基本公共服务供给水平趋势图（见图 4-2），从动态的视角评价我国基本公共服务供给水平在这十年间的发展变化。

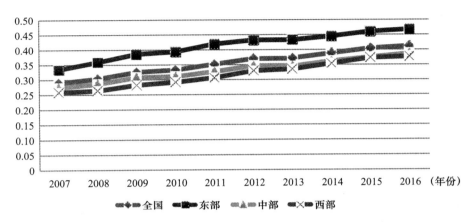

图 4 - 2　2007—2016 年全国及三大地区基本公共服务供给水平趋势

　　如图 4 - 2 所示，从时间趋势上来看，全国及三大地区 BPS 指数在十年间均呈现了整体向上提升的态势。从全国的水平来看，BPS 指数 2016 年全国平均水平 0.4119，是 2007 年的 1.4248 倍，虽然整体水平明显提高，但也说明中国基本公共服务供给仍然处于比较低的水平，未来基本公共服务供给水平提升任重而道远。分地区来看，2007—2016 年东部地区 BPS 供给水平指数远高于其他区域，并且超过全国平均水平。结合表 4 - 4 来看，东部地区大部分省份 BPS 指数的全国排序都较为靠前，其中北京地区一直占据全国第一的位置，上海早期一直处于全国第二的位次，但在 2013 年被浙江省超越，退居第三、第四的位次。海南相较于东部地区其他省份一直处于相对靠后的位置。中部、西部地区 BPS 指数均位于全国平均线以下，但彼此间分化也较为明显。中部地区在十年间基本公共服务状况不甚理想，最初接近全国平均水平，但发展过程中曾出现拉大这一差距的状况。西部地区在发展的初期指数水平最低，随着时间的推移，展现了一定的增长势头，得到一定程度的改善，缩小了与中部地区的差距，追赶态势很明显。根据趋势预判在接下来的年份基本公共服务供给中，西部地区应该是超越中部地区的，但不可否认现阶段其整体效果并不理想，总体水平还是低的。在对东部、中部、西部地区各省份具体分析时，除了前面提及的北京、上海、海南的特征明显，辽宁、吉林、黑龙江三省也呈现出一定的变化。辽宁、吉林、黑龙江分属东部和中部，保持了与整体基本公共服务供给相同的趋势，2009年都出现了基本公共服务供给水平较大幅度的增长，但之后又表现出各自的特点。这主要是由近几年来东北经济的困顿局面所致，基本公共服务供给水平缓慢增长，甚至出现负增长。整体来看辽宁和吉林处于中等偏下水平，出现了不同程度的下滑，黑龙江的状况更糟糕一些。辽宁、吉林、黑龙江最近几年位次下滑明显，2007年辽、吉、黑三省基本公共服务供给水平居于10、12、11的位次，2016年在全国排名中跌至16、19、26的位置。辽宁在2016年，黑龙江在2015年和2016年基本公共服务供给水平均出现负增长。

从中国基本公共服务供给水平的增长变化情况可以很明显地看出，虽然十年间中国基本公共服务供给整体水平得到提高，但各年增长率变化还是很大的。2009年基本公共服务供给水平增长最为明显，增长率为7.39%，表明2008年国家为应对国际金融危机，中央政府4万亿元财政资金的撬动作用在基本公共服务领域产生了明显效果，但之后的增长率出现较大幅度的波动，2013年全国基本公共服务供给水平比上年仅增长了0.49%，几乎是停滞的状态，这也与近几年来中国经济水平增长变化的态势密切相关。

为了更清晰地反映2007—2016年十年间中国各省份基本公共服务供给水平的区域共性与差别，笔者对基本公共服务供给指数进行了系统聚类分析。采用系统聚类分析的方法将中国31个省份进行分类，类间采用Ward法，利用Spss22.0软件，得出图4-3。

31个省份基本公共服务供给水平从高至低划分为3类，其中水平较高的北京、天津、上海、江苏、浙江被分到一组，而水平相对较低的江西、河南、湖南、广西、四川、贵州、云南、西藏、甘肃被分为一组。其他17个省份介于二者之间，属于第二类，如表4-6所示。

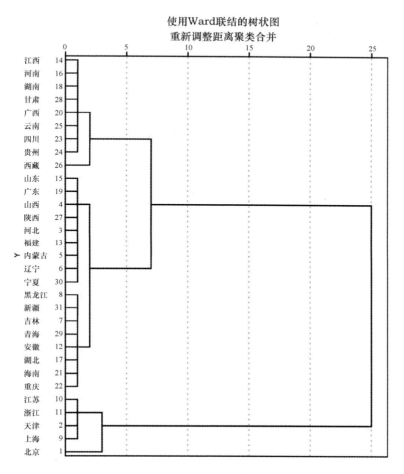

图 4-3　31 个省份聚类结果

表 4-6　　　　　　　　　　31 个省份聚类情况一览

类别	省份
1	北京、天津、上海、江苏、浙江（5）
2	河北、山西、内蒙古、辽宁、吉林、黑龙江、安徽、福建、山东、湖北、广东、海南、重庆、陕西、青海、宁夏、新疆（17）
3	江西、河南、湖南、广西、四川、贵州、云南、西藏、甘肃（9）

　　为了更清楚地反映各组别之间基本公共服务供给水平的差异，计算每类包含省份标准化后基本公共服务供给水平的均值，如表 4-7 所示。

表4-7 聚类结果描述性统计资料

		N	最小值	最大值	平均数	标准偏差
1	2007 年	5	0.3436	0.4549	0.3926	0.0459
	2008 年	5	0.3689	0.4981	0.4195	0.0522
	2009 年	5	0.3952	0.5334	0.4421	0.0560
	2010 年	5	0.4035	0.5167	0.4443	0.0430
	2011 年	5	0.4355	0.5370	0.4785	0.0478
	2012 年	5	0.4573	0.5466	0.4864	0.0364
	2013 年	5	0.4637	0.5571	0.4886	0.0389
	2014 年	5	0.4609	0.5739	0.4985	0.0446
	2015 年	5	0.4692	0.5784	0.5105	0.0426
	2016 年	5	0.4677	0.5807	0.5186	0.0411
	有效的 N（listwise）	5				
2	2007 年	17	0.2336	0.3188	0.2870	0.0248
	2008 年	17	0.2477	0.3372	0.3011	0.0265
	2009 年	17	0.2757	0.3591	0.3239	0.0249
	2010 年	17	0.2944	0.3857	0.3331	0.0258
	2011 年	17	0.3155	0.4044	0.3497	0.0243
	2012 年	17	0.3274	0.4182	0.3695	0.0252
	2013 年	17	0.3284	0.4282	0.3714	0.0254
	2014 年	17	0.3423	0.4422	0.3869	0.0238
	2015 年	17	0.3540	0.4530	0.4036	0.0287
	2016 年	17	0.3560	0.4659	0.4105	0.0315
	有效的 N（listwise）	17				
3	2007 年	9	0.1976	0.2678	0.2357	0.0221
	2008 年	9	0.1778	0.2762	0.2421	0.0334
	2009 年	9	0.2098	0.2972	0.2639	0.0309
	2010 年	9	0.2241	0.2983	0.2705	0.0265
	2011 年	9	0.2167	0.3162	0.2861	0.0322

续表

		N	最小值	最大值	平均数	标准偏差
3	2012 年	9	0.2361	0.3304	0.3079	0.0306
	2013 年	9	0.2393	0.3408	0.3092	0.0291
	2014 年	9	0.2819	0.3553	0.3305	0.0205
	2015 年	9	0.3207	0.3681	0.3479	0.0138
	2016 年	9	0.2757	0.3775	0.3553	0.0308
	有效的 N（listwise）	9				

通过表 4 - 6、表 4 - 7 绘制图 4 - 4，用于直观反映聚类分析下第一类、第二类、第三类基本公共服务供给水平各自的变化趋势，并与前文研究结论进行相互验证。

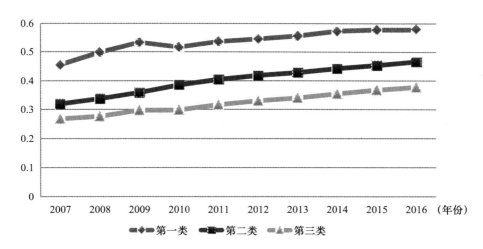

图 4 - 4　各类包含省份标准化后基本公共服务供给水平的均值

第一类基本公共服务供给水平始终保持最高，第二类处于平均水平，第三类相对较低。第一类的省份均来自东部地区，占东部 11 个省份中的 45.45%，也验证了前面对我国基本公共服务供给水平分地区评价的结论。第三类的省份中 3 个出自中部地区、6 个出自西部地区，并且西部地区各省份的排名相对靠后，也验证了前面的结论。其余 17 个省份归属第二类，6 个来自东部地区，5 个来自中部地区，6 个来自西部地区。

四　典型省份基本公共服务供给分析

（一）河北

我国东部地区整体基本公共服务水平高于中部和西部地区，所包含省份在全国排名中靠前的比较多，北京和天津形成了基本公共服务供给水平较高的区域。对比之下，河北虽然地理位置与北京、天津比邻，但在区域经济发展、基本公共服务供给方面还有一定差距。2017 年 4 月中共中央、国务院印发通知，决定设立河北雄安新区，建设国家级新区，其中包含河北雄县、容城、安新 3 县及周边部分区域。建设雄安新区这一历史性工程，明确指出要实行优质公共服务先行策略，推进优质公共服务体系建设，通过聚集优质的公共服务资源，吸纳有为青年、创新型人才汇聚，使新区的承载力、聚集力、吸引力明显增强，真正做到集中疏解北京非首都功能，加快补齐区域发展短板，提升河北经济社会发展质量和水平，培育形成新的区域增长极。远期规划即京津冀区域一体化格局基本形成，区域经济结构更加合理，生态环境质量总体良好，公共服务水平趋于均衡。然而现阶段，雄安三县基本公共服务水平还比较薄弱，河北优质的基本公共服务资源也较为有限，难以为雄安新区发展提供有力支撑，因此需要借助北京、天津两地之力。

教育服务方面，2016 年人均教育服务支出水平北京为 4084 元，天津为 3217 元，河北为 1519 元，雄安三县平均水平为 907 元。2016 年小学、初中生师比北京分别是 14：1、8：1，天津分别是 15：1、10：1，河北分别是 18：1、14：1，雄安三县平均水平分别是 21：1、14：1。医疗卫生服务方面，2016 年人均医疗卫生服务支出水平北京为 1831 元，天津为 1301 元，河北为 733 元，雄安三县平均水平为 565 元。2016 年每万人拥有卫生技术人员、每万人拥有医疗机构床位北京分别是 108 人、54 张，天津分别是 61 人、42 张，河北分别是 53 人、48 张，雄安三县平均水平分别是 30 人、31 张。社会保障和就业服务方面，2016 年人均社会保障和就业服务支出水平北京为 3296 元，天津为 2419 元，河北为 1124 元，雄安三县平均水平为 606 元。① 雄安三县在教育、医疗卫生、社会保障和就业领域资源配置明显不足，低于河北地区整体水平，人均教育服务支出、人均医疗卫生服务支出、人均社会保障和就业服务支出仅为北京的 1/5、1/4 和 1/6，教育、医疗卫生、社会保障和就业方面财政投入差距较大，雄安新区基本公共服务供给水平还有较大提升空间。根据《河北雄安新区总体规划（2018—2035 年）》的指导思想，京津两地拥有全国最为优质、配套完善的公共服务资源，将其部分教育、医疗卫生、科研等优质公共服务通过办分院、合作办院等方式转移过去，有利于建设雄安新区优质公共服务体系，提高河北整体基本公共服务水平，形成京津冀基本公共服务高水平聚集。财力保障方面，根据相关政策，建立省与新区的财政关系，赋予新区财政管理权限，转移支付、税收返还、项目申报、国库资金、财政结算方面的工作都由省直接对新区进行部署，提升对新区发展财政体制的支撑力和牵引力。各种举措的实施都将有效提升雄安新区、河北全境基本公共服务水平，缩小与北京、天津基本公共服务供给的区域差异。

（二）吉林

我国中部地区基本公共服务供给状况并不理想，早期水平接近全国平均，但发展过程中出现差距拉大的现象，多个省份与 2007 年基期相比都出现了全国位次排名的下降，吉林也同样出现了这一趋势。吉林基本公共服务水平横向比较中位次的下移，也暴露出现实中存在的问题。

本书的基本公共服务包括科学技术服务，其理由是科学技术服务不仅体现在区域科技基础性研究领域，还包含政府对食品、药品抽样检查，地震、减灾设施配给等方面。通过产品质量监督相关内容省际的比较能够反映各省份科学技术投入后产出效果的状况。相比较来看，吉林 2016 年地方财政科学技术支出总额是 41 亿元，在 31 个省份中排名第 24 位，资金供给总量水平处于中等偏下的位置，但在产出指标衡量中却处于排名末端。其中抽查企业家数、抽查产品批次、抽查不合格产品批次分别

---

① 根据《中国统计年鉴 2017》《河北经济年鉴 2017》中数据计算获得。

居于第 29 位、第 30 位和第 31 位，[①] 暴露出地方政府在为市场经济营造良好秩序、保障社会民众生命安全方面做得还不够。此外，长春长生生物公司疫苗事件揭示了地方政府监督管控、职责履行的缺位。此次事件暴露出的不单单是公司内部治理管控中的种种问题，更多值得反思的是地方政府科学技术服务的投入能力与产出效果是不是真正起到保障人们基本生存权的作用。未来，地方政府还应进一步加强制度和体系建设，加大技术服务投入力度，完善对企业在生产、销售、运输、仓储等每一个环节的监督和检查，尤其要从源头上防止企业违规行为的发生，保障社会公众基本利益不受侵犯。

（三）内蒙古

我国西部地区基本公共服务供给在区域之间比较中整体水平最低，区域内部 12 个省份中陕西、内蒙古、重庆的基本公共服务供给水平相对好一些。以内蒙古为例，该地区具有较好的资源禀赋条件，人均国内生产总值在西部 12 个省份中排名靠前，经济基础决定地方政府有一定的财力保证完善基本公共服务供给。2014 年 1 月，内蒙古自治区农牧区工作会议提出，按照"生产发展、生活宽裕、乡风文明、村容整洁、管理民主"要求，扎实推进新农村新牧区建设。其中，利用 3 年时间实施农村牧区"十个全覆盖"工程，以提高公共服务水平，较为突出的成绩表现在：公共基础设施服务方面，2016 年全区公路总里程达到 19.6 万千米，其中高速公路 5153 千米、一级公路 6682 千米，均居全国前列。民用机场24 个，居全国前列。铁路营运里程达到 1.37 万千米，居全国首位。通过大规模的铁路、公路、航空、市政、水利、能源、信息通信等基础设施的建设，现代基础设施网络体系日益健全。公共文化服务方面，截至2016 年，全区广播和电视综合人口覆盖率已经达到 99.2%，每万人拥有公共图书馆建筑面积 154.3 平方米，全国排名比较靠前。环境保护服务方面，2016 年全区 12 个盟（市）空气质量平均达标天数比例达到 86%，高于全国平均水平 7.2 个百分点。[②]

---

① 根据国家统计局网站 2016 年 31 个省份（不含我国港澳地区）数据资料整理。
② 《内蒙古自治区成立 70 年来经济社会发展基本情况》，内蒙古新闻网，http：// inews. nmgnews. com. cn/system/2017/08/05/012381525. shtml，2017 年 8 月 4 日。

第二节　基本公共服务供给区域差异现状

中国基本公共服务差异性问题一直以来都备受政府和学界的关注，政府文件中多次提出要实现基本公共服务均等化的战略目标，为此本部分在利用上文基本公共服务供给水平评价指数测算结果的基础上，通过描述性统计和模型选择系统评价中国基本公共服务供给的区域差异并进行收敛性检验。以往的研究中对基本公共服务区域差异较多的是以静态研究的方法，用截面数据资料来分析，本书的研究从动态的发展视角，审视 2007 年政府收支分类改革之后中国基本公共服务供给区域差异的状况，并对区域差异收敛性进行研判和剖析，客观呈现现阶段中国基本公共服务差异水平与均等化目标之间的差距。根据 2007—2016 年全国各省份基本公共服务供给指数数据，分别利用变异系数、基尼系数、泰尔指数来分析区域差异及演化特征。

一　数据来源与方法介绍

本书利用基本公共服务供给指数的测算结果（见表 4 - 4），考察基本公共服务供给水平区域的差异。其不仅能真实反映当年各省份基本公共服务供给的真实水平和排序情况，同时也兼顾了十年间基本公共服务供给水平的变化。在考察基本公共服务供给均等化的分析中，通常会用到三种统计指标（变异系数、基尼系数、泰尔指数），这三种指标各有优缺点，具体内容如表 4 - 8 所示。本书综合选取了这三类指标对基本公共服务供给水平区域差异状况进行分析，以利于全面、客观、公正地反映实际情况。

表 4 - 8　　　　　　　　三种统计指标比较

指标名称	优点	缺点
变异系数	可以消除指标不同量纲的差异，为不同类别基本公共服务供给横向比较创造优势	计算过程不能敏感地反映不同组间基本公共服务供给区域差异状况

指标名称	优点	缺点
基尼系数	能客观、直观地反映和监测差异，预报、预警和防止差异拉大的现象	基尼系数的原始数据一般不是来自抽样调查，抽样方法及样本量的不同直接影响评估的准确性；基尼系数反映了某类基本公共服务供给总体时点的差异水平，却不能有效测度不同层次基本公共服务供给在连续时间轴的发展趋势
泰尔指数	对资源配置效率具有高度的敏感性，又具有可分解性质，即可将总体差距分解为组间差距和组内差距，进而可以求出不同层次、不同组别的公平度	一般来说，泰尔指数不能消除人口规模的影响，使用人口加权系数可在一定程度上纠正泰尔指数的偏差

资料来源：姜晓萍、田昭：《基本公共服务均等化知识图谱与研究热点述评》，中国人民大学出版社 2016 年版，第 33—36 页。

（一）变异系数

变异系数是衡量数据分布差异性的常用指标，其数据大小不仅受变量值离散程度的影响，还受变量值平均水平的影响。因此，能够在不同数据分布之间进行比较，故而可以使用其对基本公共服务供给水平差异进行分析。变异系数计算公式为：

$$CV = SD/\bar{X} = \frac{\sqrt{\sum (X_i - \bar{X})^2/n}}{\bar{X}}$$

式中，CV 为变异系数（Coefficient of Variation）；SD 为标准离差；n 为地区数；X_i 表示第 i 个省（自治区、直辖市）的基本公共服务水平指数（$i = 1, 2, \cdots, n$），$\bar{X}$ 为 X_i 的平均值。

（二）基尼系数

基尼系数是意大利统计学家基尼（Gini）根据洛伦兹曲线提出的一个衡量分配不平等、判断差异化程度的指标。本书采用 Sen（1997）提出的基尼系数计算公式来测度基本公共服务供给的非均等化程度，公式为：

$$G = 1 + \frac{1}{n} - \frac{2}{n^2 \bar{Y}} \sum_{i=1}^{N} (n - i + 1) Y_i$$

式中，G 代表基尼系数（Gini coefficient）；n 为样本量；在计算基尼系数的过程中，首先按每个省份的 BPS 指数从低到高进行排列，之后生成序列 i（$i = 1, 2, \cdots, n$）；Y_i 为排序后第 i 个省（自治区、直辖市）的 BPS 指数；$\bar{Y}$ 为 Y_i 的平均值。

（三）泰尔指数

泰尔指数（Theil index）可用于衡量不同时间、区域和层次范围内一组经济指标之间的差异。本书选择泰尔指数用于测算总体基本公共服务供给水平差异和区域间、区域内基本公共服务供给水平的差异情况。泰尔指数的具体计算公式为：

$$T = \sum_{i=1}^{n} \left[\frac{B_i}{B} \times \log\left(\frac{B_i}{B} \bigg/ \frac{N_i}{N} \right) \right]$$

其中，T 为泰尔指数；i 为选取的样本单位；N_i、B_i 分别代表具体的某个省份人口数量和其 BPS 指数；N、B 分别为全国的人口数量和总的 BPS 指数。

泰尔指数的公式还可以写成：

$$T = \sum_{i=1}^{n} \left[\frac{B_i}{B} \times \log\left(\frac{B_i}{N_i} \bigg/ \frac{B}{N} \right) \right]$$

其中，B_i / B 代表着基本公共服务供给水平的权重；B / N 为人均 BPS 指数，由于在计算 BPS 指数时已考虑到了人均概念的科学性和可比性，并且在各原始指标计算中均使用的是人均数值水平，故而在权重不变的前提下，其人均 BPS 指数可以修正为 B，即可将原公式转化为：

$$T = \sum_{i=1}^{n} \left[\frac{B_i}{B} \times \log\left(\frac{B_i}{B} \right) \right]$$

除此之外，作为广义熵指标体系中的一种特殊形式，泰尔指数还有另外一项独特功用，就是可以将总的泰尔指数分解为东部、中部、西部三大区域间差异和三大区域内部各个省份间的差异，从而可以清楚地了解基本公共服务供给的差异变化情况，并得出各自对基本公共服务供给总体差异的贡献率。其分解结果为：

$$T = T_{inter} + T_{intra}$$

式中，T_{inter}、T_{intra} 分别表示三大区间和三大区域内部的泰尔指数。其中 T_{inter}，即区域间的泰尔指数，表示区域间基本公共服务水平差异的加权平均，又可以分解为东部、中部、西部三大区域间的泰尔指数乘以其相应的权重。设 E（east）、M（middle）、W（west）分别代表东部、中部、西部三大区域，T_E、T_M、T_W 分别表示东部、中部、西部三大区域各自的泰尔指数，B_E、B_M、B_W 分别表示东部、中部、西部各个区域内的基本公共服务供给水平，其表达式为：

$$T_E = \sum_{i=1}^{n}\left[\frac{B_i}{B_E} \times \log\left(\frac{B_i}{B_E}\right)\right],(i = 1,2,\cdots,11)$$

$$T_M = \sum_{i=1}^{n}\left[\frac{B_i}{B_M} \times \log\left(\frac{B_i}{B_M}\right)\right],(i = 1,2,\cdots,8)$$

$$T_W = \sum_{i=1}^{n}\left[\frac{B_i}{B_W} \times \log\left(\frac{B_i}{B_W}\right)\right],(i = 1,2,\cdots,12)$$

区域间的差异 T_{inter} 为：

$$T_{inter} = \frac{B_E}{B} \times T_E + \frac{B_M}{B} \times T_M + \frac{B_W}{B} \times T_W$$

区域内的差异 T_{intra} 为：

$$T_{intra} = \frac{B_E}{B} \times \log\left(\frac{B_E}{B}\right) + \frac{B_M}{B} \times \log\left(\frac{B_M}{B}\right) + \frac{B_W}{B} \times \log\left(\frac{B_W}{B}\right)$$

对于总体差异 $T = T_{inter} + T_{intra}$ 两边都除以 T，则得到：

$$1 = T_{inter}/T + T_{intra}/T$$

式中，T_{inter}/T 代表区域间差异对总差异的贡献率，T_{intra}/T 代表区域内差异对总差异的贡献率。进一步对 T_{intra}/T 进行分解，可以得到东部、中部、西部区域内差异对总体差异贡献率情况，具体如下：

$$G_j = \frac{B_j}{B} \times \frac{T_j}{T}(j = E,M,W)$$

二　基本公共服务供给区域差异结果及分析

（一）变异系数测算结果分析

运用变异系数指标测算 2007—2016 年的基本公共服务供给水平情况，

得出基本公共服务供给水平变异系数，见表4－9。

表4－9　　　　　2007—2016年基本公共服务供给水平变异系数

年份	变异系数
2007	0.1979
2008	0.2156
2009	0.2007
2010	0.1875
2011	0.1951
2012	0.1717
2013	0.1716
2014	0.1542
2015	0.1452
2016	0.1485

　　变异系数用来考察对象在各评价单元中的分布变异性，因此用其来比较中国省际基本公共服务供给水平差异的变动程度。变异系数越大，代表各个省份间的基本公共服务供给水平差异越大，更加不平等；反之，则代表基本公共服务供给水平越趋于均等。由表4－9可以清楚地发现，该统计指标十年间也曾出现个别年份变异系数数值增大，基本公共服务供给区域差异扩大的情形。2008年中国基本公共服务供给水平变异系数为0.2156，比2007年增长8.9%，为十年中最高，说明在2008年中国基本公共服务供给水平区域差异最大；2011年、2016年也出现差异水平略有上升的现象。但从整体趋势来看，仍是呈现曲折向下的态势，从2007年的0.1979下降到2015年的0.1452，下降幅度为26.63%；2016年变异系数略有升高，为0.1485。变异系数的变化趋势说明我国基本公共服务供给水平十年间区域差异在不断缩小。

　　（二）基尼系数测算结果分析

　　基尼系数用以衡量基本公共服务供给水平的公平程度，指标数值越小代表区域间差异越小，越公平；反之，说明区域间差异越大，结果如表4－10所示。

表4 - 10   2007—2016 年基本公共服务供给水平基尼系数

年份	基尼系数
2007	0.1063
2008	0.1149
2009	0.1064
2010	0.1016
2011	0.1031
2012	0.0924
2013	0.0923
2014	0.0821
2015	0.0787
2016	0.0799

2007—2016 年，我国基本公共服务供给水平基尼系数一直呈现曲折向下的走势。2008 年出现了考察期内基尼系数的最大数值，说明 2008 年我国基本公共服务供给区域差异最为突出，之后又呈现向下的态势，其中个别年份 2011 年和 2016 年也曾出现基尼系数数值变大的现象，但整体态势表明全国范围内基本公共服务供给差异是在不断缩小的。2016 年基本公共服务供给较 2007 年差异水平缩小 24.84%，均等化程度明显提高。

（三）总泰尔指数及其分解指数与贡献率测算结果分析

根据 2007—2016 年中国基本公共服务供给水平即 BPS 指数（见表 4 - 4），计算总泰尔指数、区域内泰尔指数和区域间泰尔指数及其对应的贡献率水平，如表 4 - 11 和图 4 - 5 所示。

表4 - 11   基本公共服务供给水平总泰尔指数及其分解

年份	总泰尔指数	区域内泰尔指数	区域内贡献率（%）	区域间泰尔指数	区域间贡献率（%）
2007	0.0187	0.0068	36.42	0.0119	63.58
2008	0.0224	0.0096	42.72	0.0128	57.28
2009	0.0192	0.0098	51.07	0.0094	48.93
2010	0.0170	0.0094	55.18	0.0076	44.88

续表

年份	总泰尔指数	区域内泰尔指数	区域内贡献率（%）	区域间泰尔指数	区域间贡献率（%）
2011	0.0183	0.0102	55.90	0.0081	44.10
2012	0.0144	0.0077	53.87	0.0066	46.13
2013	0.0143	0.0072	50.28	0.0071	49.65
2014	0.0114	0.0058	50.66	0.0056	49.34
2015	0.0101	0.0052	51.28	0.0049	48.81
2016	0.0108	0.0050	46.71	0.0058	53.29

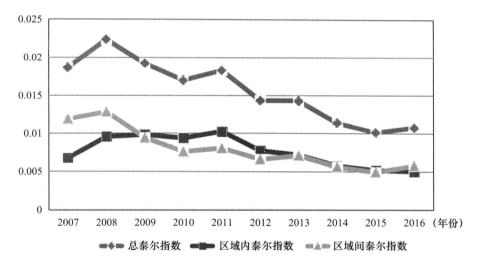

图 4 - 5　2007—2016 年基本公共服务供给水平总泰尔指数和区域内、区域间泰尔指数变化趋势

从表 4 - 11 和图 4 - 5 中可以看到，不管是总泰尔指数还是区域内、区域间泰尔指数均呈现下降态势。具体表现为：总泰尔指数从 2007 年的 0.0187 下降到 2016 年的 0.0108，下降 42.25%；区域内泰尔指数和区域间泰尔指数分别从 2007 年的 0.0068 和 0.0119 下降到 2016 年的 0.0050 和 0.0058，下降幅度分别为 26.47% 和 51.26%。这期间也出现了有的年份泰尔指数上升的情形：总泰尔指数在 2008 年、2011 年、2016 年出现了上涨，说明与上年相比基本公共服务供给整体差异有所扩大，这一结论

也与用变异系数和基尼系数方法得出的结论相符；区域内泰尔指数在
2008 年和 2009 年出现上涨，说明基本公共服务供给东部、中部、西部组
内差异水平是扩大的，2010 年有所下降，2011 年又呈现出一定的差异扩
大之势，之后差异逐渐缩小；区域间泰尔指数在 2008 年、2011 年、2013
年、2016 年均出现不同程度的上升，表明这几年间基本公共服务供给在
东部、中部、西部组间出现差异扩大的现象，但从总体趋势来看，
2007—2016 年组间差距仍然呈现总体向下的态势。从贡献率来看，2007
年区域内贡献率比区域间贡献率低 27.16 个百分点，说明在 2007 年中国
基本公共服务供给区域差异主要源于东部、中部、西部区域间基本公共
服务供给水平的不同；从 2009 年直至 2015 年区域内贡献率反超区域间贡
献率，说明区域内部基本公共服务供给出现差异扩大趋势，对中国基本
公共服务供给区域差异形成的贡献更为明显。到了 2016 年，区域内贡献
率比区域间贡献率低 6.58 个百分点，说明东部、中部、西部区域间基本
公共服务供给差异更为突出。

按照本书东部、中部、西部三个地区所辖省份的划分情况，分别计
算东部、中部、西部地区泰尔指数及其贡献率，具体信息如表 4 - 12 和图
4 - 6 所示。

表 4 - 12　　东部、中部、西部地区基本公共服务供给水平泰尔指数及其贡献率

年份	东部地区 泰尔指数	东部地区差异 贡献率（%）	中部地区 泰尔指数	中部地区差异 贡献率（%）	西部地区 泰尔指数	西部地区差异 贡献率（%）
2007	0.0171	37.50	0.0050	6.49	0.0106	19.58
2008	0.0172	33.76	0.0044	5.03	0.0135	21.30
2009	0.0131	32.28	0.0028	4.00	0.0096	18.79
2010	0.0097	27.57	0.0021	3.45	0.0090	20.62
2011	0.0110	30.83	0.0020	3.24	0.0088	19.67
2012	0.0083	30.67	0.0017	3.60	0.0081	24.87
2013	0.0090	33.51	0.0023	4.88	0.0082	25.57
2014	0.0083	39.77	0.0015	4.37	0.0053	22.24
2015	0.0071	39.62	0.0013	4.27	0.0049	24.38
2016	0.0073	38.91	0.0016	5.19	0.0068	31.82

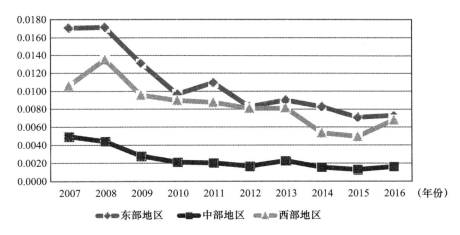

图4-6　我国东部、中部、西部地区基本公共服务供给水平泰尔指数变化趋势

由表4-12和图4-6可以得出以下结论:

第一,从三个地区泰尔指数的比较来看,基本公共服务供给水平差异程度一直是东部地区＞西部地区＞中部地区。各地区的内部差异状态经过十年的演变,基本公共服务供给水平差异在不断缩小,但程度仍有不同。东部地区从2007年的0.0171下降到2016年0.0073,下降了57.31%;中部地区泰尔指数从2007年的0.0050下降到2017年的0.0016,下降了68%,为三个地区下降幅度最大的区域;西部地区由2007年的0.0106下降到2016年的0.0068,下降了35.85%。西部地区较东部和中部地区而言,区域内差异水平缩小幅度较小,并且2016年出现差异扩大的迹象,说明西部地区所辖的各省份在基本公共服务供给方面可能存在两极分化的现象。虽然各地区都有差异缩小的趋势,但在个别年份也曾出现差异扩大的现象。东部、中部、西部地区分别在某几个年份中泰尔指数水平出现过上涨的时候。东部地区是在2008年、2011年、2013年和2016年较上年出现过差异扩大的现象,中部地区则在2013年和2016年出现差异扩大的现象,西部地区是在2008年、2013年、2016年出现差异扩大的现象。

第二,从各地区差异贡献率来看,可以解析中国基本公共服务供给水平总体差异的主要来源是东部地区,10年平均贡献率为34.42%,西部地区平均贡献率为22.88%,中部地区贡献率仅为4.45%,说明中部地区各省份间基本公共服务供给水平差异最小。

　　第三，从各个地区贡献率变化情况来看，东部地区泰尔指数贡献率出现下降、上升、再下降的波动变化。2014 年达到研究期内最高水平39.77%，之后下降，2016 年回落至38.91%，相比于2007 年的37.5%有小幅度上涨，说明东部地区对总体差异的贡献不仅最大，而且这种态势还得以延续，并小幅度上涨。中部地区泰尔指数贡献率一直处于较低水平波动的状态，说明中部地区对总体差异的贡献率最低；中部地区内部各省份基本公共服务供给水平比较接近，但在 2016 年贡献率较之前几年提高明显，说明有可能区域内部出现分化。西部地区泰尔指数贡献率由 2007 年的 19.58% 曲折向上，达到 2016 年的 31.82%，增长了12.24 个百分点，说明西部地区对总体差异的贡献是最大的，可能的原因是近些年来西部地区各省份间基本公共服务供给差异更加明显，情况也更为复杂。

第三节　基本公共服务供给水平收敛实证分析

　　前面的研究中通过统计指标测算进行了全国层面，东部地区、中部地区、西部地区区域间及区域内部的差异性现状描述，本部分主要通过收敛模型进行客观实证检验分析。

一　收敛类型与检验模型

　　收敛假说分为 σ 收敛、β 收敛和俱乐部收敛三种形式。σ 收敛是判断各省份基本公共服务供给水平在任何情况下其水平离散程度均呈现逐渐缩小的态势。在上文的基本公共服务供给区域差异状况分析中，变异系数、基尼系数、泰尔指数通过测算，各自趋势均明显向右下方倾斜，其水平离散程度呈现缩小态势，因此可知中国基本公共服务供给水平在2007—2016 年是存在 σ 收敛的，后文中就不再重复论证了。

　　β 收敛的经济含义是指基本公共服务供给增长率与其供给的初始水平之间存在负相关关系，即表现为基本公共服务供给落后地区要比发达地区具有更高的增长率水平，更快的增长速度。β 收敛分为绝对 β 收敛和条件 β 收敛。绝对 β 收敛是无论初始条件如何，各地区基本公共服务供给状态都将收敛并趋于相同稳定水平。条件 β 收敛则是在考虑存在影响基本公共服务供给水平的各种因素后，不同区域最终基本公共服务供给水平也会收敛，达到各自的稳定水平。俱乐部收敛则要求区域内部各省份之间存在类似的初始条件，并能趋向各自的稳定状态。

本书借鉴 Sala-i-Martin（1996）关于检验经济收敛的理论模型，豆建民、刘欣等（2011）国内外学者的研究成果，分别建立绝对 β 收敛回归方程和条件 β 收敛回归方程对全国不同地区基本公共服务供给水平收敛性问题进行研究。

绝对 β 收敛回归方程为：

$$r_{it,t+T} = \alpha - blog(BPS_{it}) + \varepsilon_{it} \qquad (4-1)$$

式中，i 为某一省份，t 为某一时点，T 为时间间隔。$r_{it,t+T}$ 为基本公共服务供给水平年均增长率，BPS_{it} 为研究期间各省份 BPS 指数，α 为常数项，ε_{it} 为随机扰动项，$b = (1 - e^{-\beta T})/T$ 是回归系数，其中 β 为收敛系数，表示基本公共服务供给水平的收敛速度。若 $\beta < 0$，则说明研究期内基本公共服务供给水平趋于收敛；若 $\beta > 0$，则说明在本书研究的时间区间基本公共服务供给水平趋于发散。检验方法采用截面数据和面板数据分别进行回归分析，增加检验结果的可靠性。

条件 β 收敛的回归方程为：

$$r_{it,t+T} = \alpha - blog(BPS_{it}) + \Gamma X_{it} + \varepsilon_{it} \qquad (4-2)$$

条件 β 收敛与绝对 β 收敛回归方程类似的是，被解释变量和解释变量表达的含义相同，唯一不同的是，条件 β 收敛的回归方程加入了控制变量 X_{it}。关于控制变量的选取和介绍将在变量说明中进行阐述。

二　变量说明与数据描述性统计

在进行 β 收敛性分析时，被解释变量是基本公共服务供给年平均增长率，因此对应 9 年的数据，是根据表 4-4 列示的 BPS 指数来计算的。在进行条件 β 收敛检验时，选取的控制变量有 8 个，数据来源于相关年份《中国统计年鉴》和《中国财政年鉴》。下面对选取的控制变量进行简要描述说明。

表 4 – 13   控制变量具体内容介绍

变量名称	变量计算说明	单位
城市人口密度	（城区人口＋城区暂住人口）/城区面积	万人/平方千米
城镇化率	年末城镇常住人口数占总人口的比重	%
人均 GDP	国内生产总值的绝对值/该年平均人口的比值	万元/人
人均中央净补助	[中央补助收入（即对地方的税收返还和转移支付数额）－上解中央支出]/该地区年末常住人口数	万元/人
人均全社会固定资产投资	全社会固定资产投资额/该地区年末常住人口数	万元/人
总抚养比	非劳动年龄人口数（0—14 岁和 65 岁以上的人口数）与劳动年龄人口数（15—64 岁人口数）之比（人口抽样调查和 2010 年人口普查）	%
财政自给率	地方财政税收收入/地方财政一般预算支出	%
地方财政支出占比	各省人均本级财政支出/（各省人均本级财政支出＋中央人均本级财政支出）	%

确定控制变量之后，接下来对实证分析中用到的 31 个省份（不含我国港澳台地区）9 年的数据信息进行简单的统计描述，并计算其平均值、标准差和最小值、最大值，结果如表 4 – 14 所示。

表 4 – 14   各变量的描述性统计

指标	变量名	样本数（个）	平均值	标准差	最小值	最大值
基本公共服务供给年均增长率	r	279	0.033	0.020	-0.140	0.079
BPS 指数	BPS	279	0.349	0.073	0.178	0.578
城市人口密度	X_1	279	0.273	0.125	0.052	0.597
城镇化率	X_2	279	52.003	14.422	21.453	89.607
人均 GDP	X_3	279	3.821	2.132	0.788	10.796
人均中央净补助	X_4	279	0.409	0.461	0.051	4.108
人均全社会固定资产投资	X_5	279	2.557	1.368	0.410	7.648
总抚养比	X_6	279	35.516	6.553	19.300	55.100
财政自给率	X_7	279	39.321	19.859	3.937	90.624
地方财政支出占比	X_8	279	0.838	0.058	0.698	0.958

此模型共选择了 279 个样本进行统计，其中 BPS 指数平均值为 0.349，最大值为 0.578，最小值为 0.178，标准差为 0.073，从中可以看出，31 个省份共 9 年的 BPS 指数值虽然呈现上升的态势，但其变化值不大；年均增长率可以更好地说明基本公共服务供给水平的增长速度，平均值为 0.033，标准差为 0.020，最小值为 -0.140，最大值为 0.079，说明基本公共服务供给水平的增长速度变化差异趋于平均，但在有的年份中出现了负增长。接下来进行收敛性分析，进一步探究中国各省份之间基本公共服务供给水平收敛情况。

三　计算检验与估计结果分析

（一）绝对 β 收敛

运用式（4-1）来计算，得出全国各省份 BPS 指数绝对 β 收敛的截面和面板回归结果，见表 4-15。

表 4-15　　　　　　全国各省份 BPS 指数绝对 β 收敛回归结果

变量	截面回归	面板回归	
		FE	RE
BPS 指数初始值	-0.0439 ***	-0.0698 ***	-0.0627 ***
	(0.0099)	(0.000)	(0.000)
收敛系数	-0.0370 ***	-0.0542 ***	-0.0497 ***
	(0.000)	(0.000)	(0.000)
常数项	-0.0141 ***	-0.0418 ***	-0.0342 ***
	(0.000)	(0.000)	(0.000)
样本数（个）	31	279	279
F 值	18.33	113.47	110.35
Hausman 检验	—	chi^2 = 6.96	P = 0.0083

注：括号内为每个回归系数的 P 值，*** 代表在 1% 的显著性水平下显著；** 代表在 5% 的显著性水平下显著；* 代表在 10% 的显著性水平下显著。

由表 4-15 可以看出，截面回归的 BPS 指数初始值系数的估计值为 -0.0439，对应的 P 值为 0.0099，因此在 1% 的显著性水平下显著，说明 BPS 指数初始值越低的省份，基本公共服务供给水平的增长速度越快，全国各个省份基本公共服务供给水平存在绝对 β 收敛。对 BPS 指数初始值系数的估计值，利用公式 $b = (1 - e^{-\beta T})/T$ 计算得到收敛系数，收敛系数值为负数，表示收敛，收敛系数的绝对值表示其收敛速度。截面回归结果收敛系数为 -0.0370，说明中国基本公共服务供给水平的区域差异每年以 -3.70% 的速度在缩小。面板回归的 Hausman 检验统计值为 6.96，对应的 P 值为 0.0083，在 1% 的显著性水平下拒绝了"非观测个体效应与解释变量不相关"的原假设，因此应该选择固定效应模型。固定效应模型的 BPS 指数初始值的回归系数为 -0.0698，对应的 P 值为 0.000，在 1% 的显著性水平下显著，这也说明了全国基本公共服务供给水平存在绝对 β 收敛，相应的收敛系数为 -0.0542，中国各省份基本公共服务供给水平每年以 -5.42% 的速度缩小差异。以上分析结果显示，中国 2007—2016 年基本公共服务供给水平落后的地区增长速度快于基本公共服务原本供给水平较高的发达地区，最终趋于均等的水平。

由于东部、中部、西部地区内部各省份基本公共服务供给状况差别较大，初始水平千差万别，接下来具体考察是否存在各区域内部俱乐部收敛。考虑到各区域内所包含的省份的数量情况，本书只使用面板回归的方法，而舍去了截面回归，具体检验结果见表 4 - 16。

表 4 - 16　　　　　　　　**俱乐部绝对 β 收敛面板回归结果**

变量	东部地区		中部地区		西部地区	
	FE	RE	FE	RE	FE	RE
BPS 指数初始值	- 0.0736 ***	- 0.0671 ***	- 0.0167 **	- 0.0173 **	- 0.0866 ***	- 0.0813 ***
	(0.000)	(0.000)	(0.043)	(0.027)	(0.000)	(0.000)
收敛系数	- 0.0565 ***	- 0.0525 ***	- 0.0155 **	- 0.0161 **	- 0.0640 ***	- 0.0610 ***
	(0.000)	(0.000)	(0.043)	(0.027)	(0.000)	(0.000)
常数项	0.0403 ***	- 0.0343 ***	0.0227 **	0.0219 **	- 0.0669 ***	0.0608 ***
	(0.000)	(0.000)	(0.018)	(0.021)	(0.000)	(0.000)
样本数（个）	99	99	72	72	108	108
F 值	91.15	85.89	4.86	4.34	60.22	58.07
Hausman 检验	$chi^2 = 6.07$	P = 0.0138	$chi^2 = 0.16$	P = 0.6878	$chi^2 = 2.62$	P = 0.1057

注：括号内为每个回归系数的 P 值，*** 代表在 1% 的显著性水平下显著；** 代表在 5% 的显著性水平下显著；* 代表在 10% 的显著性水平下显著。

由表 4 - 16 的 Hausman 检验结果可以看出，第一，东部地区的 Hausman 检验统计值为 6.07，所对应的 P 值为 0.0138，拒绝原假设，对东部地区应该选择固定效应模型，固定效应模型的回归系数为 - 0.0736，且在 1% 的显著性水平下通过了显著性检验，这说明了东部地区内各个省份间不管其基本公共服务供给的初始条件如何，在研究期内是会趋于均等化状态，存在绝对 β 收敛。第二，中部、西部地区的 Hausman 检验统计值分别为 0.16、2.62，所对应的 P 值分别为 0.6878、0.1057，接受原假设，对中部、西部地区均应该选择随机效应模型，随机效应模型的回归系数分别为 - 0.0173、- 0.0813，且在 1% 的显著性水平下通过了显著性检验，这说明中部、西部地区内各个省份间存在俱乐部绝对 β 收敛。第三，东部、中部和西部 BPS 指数的初始值分别为 - 0.0736、- 0.0173 和 - 0.0813，均为负数且在 1% 的显著性水平下显著，说明 BPS 指数初始值越低的省份，基本公共服务供给水平增长率越高，追赶速度越快。对 BPS 指数初始值系数的估计值，利用公式 $b = (1 - e^{-\beta T})/T$ 分别计算东部、中部、西部地区收敛系数为 - 0.0565、- 0.0161、- 0.0610，数值为负说明三大区域内部存在俱乐部绝对 β 收敛。中国东部、中部、西部地区各省份之间的 BPS 指数的差异每年分别以 5.65%、1.61% 和 6.1% 的速度在缩小。三大区域基本公共服务供给绝对 β 收敛速度从快到慢依次是西部 > 东部 > 中部。这也说明往往是离均衡水平差异越大的收敛速度会越快。

（二）条件 β 收敛

通过条件 β 收敛回归方程即式（4 - 2）的计算，全国各省份基本公共服务供给水平在考虑各自条件影响因素的情况下，其条件 β 收敛的截面和面板回归结果见表 4 - 17。

表 4 - 17　　　　全国各省份 BPS 指数条件 β 收敛回归结果

变量	截面回归	面板回归	
		FE	RE
BPS 指数初始值	- 0.0824 *** (0.000)	- 0.0832035 *** (0.000)	- 0.0755489 *** (0.000)

变量	截面回归	面板回归	
		FE	RE
人均中央净补助	− 0. 00000216 **	− 0. 0000028 ***	− 0. 00000257 ***
	(0. 017)	(0. 000)	(0. 000)
人均全社会固定资产投资	—	—	0. 000000438 ***
	—	—	(0. 000)
财政自给率	0. 000387 **	0. 000000578 ***	−
	(0. 099)	(0. 000)	−
收敛系数	− 0. 06165 ***	− 0. 0621 ***	− 0. 0576 ***
	(0. 000)	(0. 000)	(0. 000)
常数项	− 0. 0750079 ***	− 0. 0595234 ***	− 0. 0486481
	(0. 000)	(0. 000)	(0. 00)
样本数（个）	31	279	279
F 值	32. 68	70. 13	232. 33
Hausman 检验	—	chi^2 = 1. 08	P = 0. 2982

注：括号内为每个回归系数的 P 值，*** 代表在 1% 的显著性水平下显著；** 代表在 5% 的显著性水平下显著；* 代表在 10% 的显著性水平下显著。

由表 4 – 17 可以看出，在加入的控制变量中，人均全社会固定资产投资、财政自给率对 BPS 指数增长率有显著正向影响。而人均中央净补助则对 BPS 指数有一定负向影响，这一结论与 Kotsogiannisa、Schwager（2008）和缪小林、王婷、高跃光（2017）等国内外学者的观点相同。截面回归的 BPS 指数初始值为 − 0. 0824，对应的 P 值为 0. 000，因此在 1% 的显著性水平下显著，说明在考虑影响各省份基本公共服务供给水平因素的前提下，BPS 初始值越低的省份，BPS 指数的增长率越高，因此全国各个省份基本公共服务供给水平存在条件 β 收敛。对 BPS 指数初始值系数的估计值，利用公式 $b = (1 - e^{-\beta T}) / T$ 计算得到收敛系数，收敛系数为负值表示存在收敛，收敛系数的绝对值表示其收敛速度。因此得出中国各省份之间的基本公共服务供给水平差异每年以约 6. 17% 的速度在缩小。面板回归的 Hausman 检验统计值为 1. 08，对应的 P 值为 0. 2982，在 1% 的显著性水平下不拒绝"非观测个体效应与解释变量不相关"的原假设，因此选择了随机效应模型。随机效应模型的 BPS 指数初始值的回归系数为 −0.0755489，对应的 P 值为 0.000，在 1% 显著性水平下显著，这也说明了在考虑基本公共服务供给可能的影响因素前提下，全国 BPS 指数存在条件 β 收敛，对应的收敛系数为 −0.0576，条件 β 收敛下收敛速度是 5.76%。较之前未考虑条件变量的情形下对比截面和面板回归分析的结果，条件 β 收敛速度要比绝对 β 收敛速度更快。

东部、中部、西部地区内部各省份之间在考虑影响基本公共服务供给的各种条件因素下是否存在收敛，还需进行俱乐部条件 β 收敛检验。考虑到各区域内部所包含省份的数量情况，本书只选择面板回归的方法，而舍去了截面回归，具体结果见表 4 − 18。

表 4 − 18　　　　　　　　　俱乐部条件 β 收敛面板回归结果

变量	东部地区		中部地区		西部地区	
	FE	RE	FE	RE	FE	RE
BPS 指数初始值	−0.1024 ***	−0.0825 ***	−0.1434 ***	−0.1390 ***	−0.0945 ***	−0.1033 ***
	(0.000)	(0.000)	(0.000)	(0.000)	(0.000)	(0.000)
城镇化率	0.0000384	−0.0007 ***	—	—	—	—
	(0.953)	(0.001)				
人均 GDP	0.000000328 **	0.000000363 ***	—	—	—	—
	(0.011)	(0.001)				
人均中央净补助	—	—	—	—	−0.00000315 ***	−0.00000288 ***
					(0.000)	(0.000)
人均全社会固定资产投资	—	—	0.00000152 ***	0.00000148 ***	0.000000793 ***	0.000000801 ***
			(0.000)	(0.000)	(0.000)	(0.000)
总抚养比	—	—	−0.0003791 ***	−0.0006218 **		
			(0.000)	(0.031)		
财政自给率	0.0003772	0.00064 ***	—	—		
	(0.121)	(0.000)				
收敛系数	−0.0726 ***	−0.0617 ***	−0.0921 ***	−0.0901 ***	−0.0684 ***	−0.0730 ***
	(0.000)	(0.000)	(0.000)	(0.000)	(0.000)	(0.000)
常数项	−0.1104 **	−0.0609 ***	−0.1413	−0.1260 ***	−0.0753 ***	−0.0874 ***
	(0.029)	(0.001)	(0.387)	(0.000)	(0.005)	(0.000)

变量	东部地区		中部地区		西部地区	
	FE	RE	FE	RE	FE	RE
样本数（个）	99	99	72	72	108	108
F 值	27.18	124.55	32.07	92.79	37.6	131.4
Hausman 检验	$chi^2=6.34$	P=0.0962	$chi^2=4.79$	P=0.0912	$chi^2=0.79$	P=0.3731

注：括号内为每个回归系数的 P 值，*** 代表在 1% 的显著性水平下显著；** 代表在 5% 的显著性水平下显著；* 代表在 10% 的显著性水平下显著。

由表 4-18 的 Hausman 检验结果可以看出，第一，东部、中部地区的 Hausman 检验统计值为 6.34、4.79，对应的 P 值分别为 0.0962、0.0912，均在 10% 的显著性水平下拒绝了"模型为随机效应模型"的原假设。因此，对东部、中部地区均应选择固定效应模型，固定效应模型的回归系数分别为 -0.1024 和 -0.1434，均为负数且在 1% 的显著性水平下通过了显著性检验，这也说明东部、中部区域所辖各省之间在考虑各种影响基本公共服务供给因素时，存在俱乐部条件 β 收敛。第二，西部条件 β 收敛模型的 Hausman 检验统计值为 0.79，所对应的 P 值为 0.3731。因此，西部地区应选择随机效应模型，随机效应模型的回归系数为 -0.1033，为负数且在 1% 的显著性水平下通过了显著性检验，这说明西部地区各省份之间存在俱乐部条件 β 收敛。第三，人均 GDP、人均全社会固定资产投资、总抚养比、人均中央净补助分别对东部、中部、西部地区 BPS 指数变化表现出不同的影响。对 BPS 指数初始值系数的估计值，利用公式 $b=(1-e^{-\beta T})/T$ 计算得到收敛系数，三个地区分别为 -0.0726、-0.0921、-0.0730，收敛系数的负号表示收敛，收敛系数的绝对值表示其收敛速度。与之前俱乐部绝对 β 收敛结果不同的是，加入条件因素后三个地区的收敛速度明显变大，分别以 7.26%、9.21% 和 7.3% 的速度缩小区域内部各省份之间基本公共服务供给差异。这也说明现阶段条件因素的作用加速了收敛速度，有利于中国基本公共服务均等化目标的实现。

第四节　本章小结

本章研究的是基本公共服务供给水平的区域差异及收敛，基于此构建了 7 大类一级指标、29 个二级指标的指标体系框架，并进行数据收集和数据优选，选择熵值法客观赋权，测算出 2007—2016 年中国 31 个省份基本公共服务供给水平即 BPS 指数。根据各省份基本公共服务供给指数水平的测算结果，运用 Spss22.0 软件进行了系统聚类分析，得出 2007—2016 年中国基本公共服务供给水平地区存在聚集特点。东部地区基本公共服务供给水平普遍较高，中部、西部普遍低于全国平均水平，具体供给水平为东部地区 > 全国平均 > 中部地区 > 西部地区。这期间虽然西部地区整体水平偏低，但西部地区基本公共服务供给水平呈现一定的上升态势，近年来有赶超中部地区的势头。

在考察 31 个省份基本公共服务供给水平区域差异时，通过变异系数、基尼系数、泰尔指数三种不同统计指标的选择，客观评价 2007—2016 年我国基本公共服务供给水平的区域差异变化情况，得出各自的统计结果，研究结论得到了相互的验证。基本公共服务供给区域差异的变化情况与第三章区域经济发展水平变异系数变化趋势的对比来看，具有相似性，也验证了第三章阐述的基本公共服务供给受经济发展水平的影响，它的变化会影响基本公共服务水平。整体来看，十年间中国基本公共服务供给水平的差异呈现出缩小的趋势，虽然这当中在 2008 年、2011 年和 2016 年也出现了波动，但并没有改变趋势的走向。究其原因，可能是因为受国际金融危机的影响，带来中国国内经济的萧条、不景气，各地区经济发展受到一定程度的波及，使基本公共服务供给水平出现了不同程度的波动，带来差异水平的扩大。同时在这一背景之下，中央政府进行了 4 万亿元财政资金的拨款，用来刺激经济以及各领域的需求，在基本公共服务领域也有明显体现，但由于各地区对财政资金撬动作用的乘数效应敏感程度不同，所带来的财政资金刺激的边际贡献也就不同，出现基本公共服务供给水平波动的情况。

对基本公共服务供给水平区域内部差异和区域之间差异研究的结论是：总体来看，区域内部基本公共服务供给水平呈现差异缩小的态势，但并不排除十年间在个别年份出现了波动。区域内泰尔指数水平在 2008 年和 2009 年出现上涨，说明基本公共服务供给组内差距水平是扩大的，2010 年有所下降，2011 年又呈现出一定的扩大之势，之后逐渐缩小。区域间泰尔指数水平在 2008 年、2011 年、2013 年、2016 年均出现不同程度的上升，表明这几年基本公共服务供给组间差距扩大，但从总体趋势走向来看，2007—2016 年组间差距水平仍然呈现总体向下的态势。从区域差异形成各贡献率水平来看，2007 年、2008 年中国基本公共服务供给区域差异的形成主要源于组间贡献；从 2009 年直至 2015 年基本公共服务供给区域差异形成主要源于组内贡献，说明组内基本公共服务供给水平分化较大。2016 年，基本公共服务供给差异来自组间的贡献更高，说明组间基本公共服务供给差异水平扩大。

从具体区域板块来看，泰尔指数水平东部地区 > 西部地区 > 中部地区，东部地区内部差异最大，中部地区内部差异最小，但各地区的内部差异状态经过 10 年的演变后，均呈现了不同程度的缩小。中部地区基本公共服务供给泰尔指数数值偏小，并且研究期间下降幅度最大，说明中部地区均等化程度最为明显，中部地区贡献率一直处于较低水平波动的状态，说明中部地区各省份供给情况不是造成我国基本公共服务供给区域差异的主要来源。东部地区和西部地区泰尔指数缩小的幅度相对低一些。东部地区对总体差异的贡献最大，而且这种态势还得以延续，并小幅度上涨，说明东部地区是中国基本公共服务供给区域差异的主要来源地区。西部地区差异水平降幅最小，其差异贡献率增长幅度却是最大的，表明现阶段西部地区各省份基本公共服务供给差异情况较为复杂，可能存在一定的分化。

在对基本公共服务供给水平进行收敛性检验时，基于之前变异系数、基尼系数、泰尔指数统计指标的测算，得出 2007—2016 年全国基本公共服务供给水平存在 σ 收敛的结论。β 收敛分析时，分别就绝对 β 收敛和条件 β 收敛进行了模型实证检验。绝对 β 收敛检验结果显示，全国基本公共服务供给水平存在绝对 β 收敛，截面回归和固定效应面板回归的收敛速度分别为 3.70% 和 5.42%。在进行绝对 β 收敛俱乐部检验时，中国东部、中部、西部三大区域内部各省份之间存在收敛态势，各区域内部 BPS 指数的差异每年以 5.65%、1.61% 和 6.1% 的速度在不断缩小。三大区域基本公共服务的绝对 β 收敛速度从快至慢依次是西部地区、东部地区、中部地区，形成了三大收敛俱乐部。条件 β 检验结果显示，在所选取条件变量中，人均中央净补助、人均全社会固定资产投资、财政自给率对 BPS 指数表现出不同的影响状态。检验结果显示收敛系数为负，说明存在条件 β 收敛。考虑各影响因素之后，条件 β 收敛速度要快于绝对 β 收敛的速度，说明现阶段条件因素的作用加快了收敛的速度，有利于中国基本公共服务均等化目标的实现。在具体考察东部、中部、西部三大区域内部是否存在条件 β 收敛的情况时，回归结果中收敛系数均为负值，存在条件 β 收敛，而且加入条件变量后三大区域内部的收敛速度明显变大。

第 五 章

中国基本公共服务供给差异
影响因素实证分析

通过第四章对基本公共服务供给水平的测算，可以看出中国各地区基本公共服务供给水平存在差异。为了探究差异产生的原因，以便更好地出台有利于实现基本公共服务均等化的政策，本章利用 Stata 软件，通过构建计量经济模型来研究基本公共服务供给指数水平与其影响因素之间的关系。在模型构建过程中主要涉及的内容有：基本公共服务供给差异影响因素可能性选择；考虑到各省份基本公共服务供给水平之间可能存在空间相关性，需要对基本公共服务供给指数水平空间自相关进行检验，确定是否需要选择空间面板计量模型进行实证分析，模型确定后实证基本公共服务供给水平与筛选后的影响因素之间的关联性以及各因素变量的影响程度。

第一节　基本公共服务供给差异影响因素选择

我国基本公共服务供给差异的形成是多方因素综合作用的结果，本部分的研究是基于国外、国内文献中对于基本公共服务供给差异形成原因的梳理及定性分析的理论假设，进行影响因素的初步选取，同时对影响因素进行描述性统计分析。

一　基本公共服务供给差异影响因素机理分析

基本公共服务供给水平的影响因素有很多，国内外学者也形成了相当丰硕的研究成果，本书基于前面章节中对中国基本公共服务供给演进历程影响因素的推演分析，力求全面考察影响基本公共服务供给的因素，基本公共服务供给水平的影响因素并非单一，而是多方面因素共同作用的结果。因此，本书综合其他学者的研究观点，从社会环境、经济水平、财政体制三个维度筛选影响因素，初步选取了8个，具体信息见表5－1，同时做出理论推演。

表5－1　　　　　　　　基本公共服务供给差异影响因素一览

影响因素名称	影响因素表达符号	影响因素计算公式及计量单位
城市人口密度	PD	（城区人口＋城区暂住人口）/城区面积（人/平方千米）
城镇化率	URB	年末城镇常住人口数占总人口的比重（%）
人均GDP	PGDP	国内生产总值的绝对值与该年平均人口的比值（万元/人）
人均中央净补助	PCNS	［中央补助收入（即中央对地方税收返还和转移支付数额）－上解中央支出］/该地区年末常住人口数（元/人）
人均全社会固定资产投资	PSINV	全社会固定资产投资/该地区年末常住人口数（万元/人）
总抚养比	PDR	非劳动年龄人口数（0—14岁和65岁及以上的人口数）与劳动年龄人口数（15—64岁人口数）之比（人口抽样调查）（%）
财政自给率	FSR	地方财政税收收入/地方财政一般预算支出（%）
地方财政支出占比	LFER	各省人均本级财政支出/（各省人均本级财政支出＋中央人均本级财政支出）（%）

城市人口密度（PD）。该指标是用来表示该地区内人口的疏密程度。人口疏密在一定程度上会影响基本公共服务供给的规模和成本，同时也会影响辖区居民人均受益的水平，招致地方政府行为和人口迁移的诸多不确定性，预判对基本公共服务供给水平既可能出现正向影响，也可能出现负向的影响。

城镇化率（城市化率，URB）。城镇化亦可表述为城市化，不同国家都有可能经历这一过程，即农业人口向城市抑或是城镇迁移的过程。该指标通常是以地区年末城镇常住人口占该地区常住总人口的比重来衡量。城市往往是地方政府集中提供基本公共服务资源相对充盈的区域，人口越向城市聚集，城市化进程越快，基本公共服务供给公共资源的倾向性也会更为明显。但同时在城镇化进程快速推进的过程中，也会带来城市的拥挤，有可能降低人均享受基本公共服务的满意度，基本公共服务的有效供给和城市治理水平的提升也成为需要迫切关注的内容。城镇化率对基本公共服务供给水平的影响预判更多的应是正向促进的作用，但如果政府扩张基本公共服务供给规模的速度达不到农业人口市民化的增长速度，又会出现降低基本公共服务人均水平的可能性，也可能出现负向影响。

人均 GDP（PGDP）。该指标通常用来反映该地区经济发展水平，是衡量每个居民对该地区经济贡献率或创造价值的重要指标。经济实力雄厚地区财政实力也越强，民间资本的活跃度也就越高，因此，基本公共服务供给能力通常也较强，预判对基本公共服务供给水平的影响是正向的。

人均中央净补助（PCNS）。该指标用以反映中央财政对地方财政的净转移支出情况。可以通过一般性转移支付的方式及专项转移支付的方式进行。地方政府的一般公共服务和基本公共服务都可能成为中央财政拨款的领域，在一定程度上还会通过粘蝇纸效应，带动地方政府财政投入的积极性，有可能会推动该地区公共服务事业的发展。因此预判对于基本公共服务供给水平的影响更多的是正向的。但也不排除地方政府获得更多中央补助后，受投向选择和资金使用管理方面的不确定性因素干扰，反而可能不利于基本公共服务事业的发展，产生一定的负向影响。而且，接受转移支付资金过多的地区往往也是经济发展较落后的地区，上级财政的资金补助是否能够有效推动该地区基本公共服务水平改善的不确定性也非常高。

人均全社会固定资产投资（PSINV）。该指标在一定范围内能够反映基本公共服务各领域在推进过程中硬件设施的完善程度，投资额越大则硬件设施普及率越高，也会趋于完备，这对基本公共服务供给水平的提升具有积极的影响，预判系数符号为正。但也不排除多方因素作用下，私人投资挤占政府公共投资的可能性，使得该指标即便是上涨的但更多体现的是私人投资份额的增加，公共服务事业中的硬件设施满足程度并没有按预想的那样得到改善。

总抚养比（PDR），也称总负担系数。该指标的选取和界定借鉴宋美喆、刘寒波（2018）的处理办法，用总人口中非劳动年龄人口数（0—14岁和65岁及以上的人口数）与劳动年龄人口数（15—64岁人口数）之比来表示。该指标从人口学的角度反映人口与社会经济发展的基本关系。除2010年数据来自人口普查，其他年份的数据资料皆来自人口抽查，衔接时可能存在一定的偏差。相比劳动年龄人口，非劳动年龄人口对教育、医疗卫生、社会保障等基本公共服务的需求更加迫切和旺盛，需要政府提供更多的基本公共服务，倒逼政府改革，预判对基本公共服务供给有督促的正向作用。但也因各地区实际情况的不同，其他因素的干扰，可能产生差异性效果，比如官员意识、地方政府的阶段性目标等，导致基本公共服务供给出现不确定性。

财政自给率（FSR）。该指标的选取和界定借鉴陶然、刘明兴（2007），易莹莹（2016），徐俊兵、韩信、罗昌财（2017）的处理方法，用地方财政税收收入占地方财政一般预算支出的比重进行度量。该指标反映该地区公共财政开支中能够依靠其自有财力完成的程度，反映该地区自有财力状况。该指标水平越高意味着地方政府自有财力相对雄厚，对本地区公共支出水平的保障也会越好，预判对基本公共服务供给的影响多为正向作用。

地方财政支出占比（LFER）。该指标通常用来反映地方政府财政支出水平，为了剔除人口数量的影响，对该指标进行了人均化的处理，可以用来对各不同地区地方政府支出行为进行横向比较。地方财政支出占比有利于地方政府主观能动性的发挥，有助于政府之间开展竞争，地方财政支出占比越高，对地方基本公共服务供给的影响也就有可能越大，因此预判影响系数符号为正。

二　数据来源与变量描述性统计

上文中选定的影响因素，数据根据相关年份《中国统计年鉴》《中国财政年鉴》计算获得。数据采集范围为2007—2016年，每个变量的观测值为310个，各变量的描述性统计结果如表5－2所示。选取BPS指数作为被解释变量，代表基本公共服务供给水平，其均值为 0.355，最大值为 0.581，最小值为 0.178，标准差为 0.074。解释变量分别为城市人口密度、城镇化率、人均 GDP、人均中央净补助、人均全社会固定资产投资、总抚养比、财政自给率和地方财政支出占比，其中由于单位选取不同，其数值不能横向对比。但是从标准差的统计中可以看出，人均中央净补助的差异最大，标准差为 4987.311；其次为城市人口密度，标准差为 1231.019；标准差最小的为地方财政支出占比，仅为 0.057。

表 5 - 2　　　　　　　　　　变量的描述性统计结果

指标名称	变量符号	样本个数（个）	平均值	标准差	最小值	最大值
BPS 指数	BPS	310	0.355	0.074	0.178	0.581
城市人口密度	PD	310	2737.216	1231.019	515.000	5967.000
城镇化率	URB	310	52.588	14.327	21.453	89.607
人均 GDP	PGDP	310	4.007	2.245	0.788	11.820
人均中央净补助	PCNS	310	4345.468	4987.311	512.197	41356.800
人均全社会固定资产投资	PSINV	310	2.753	1.481	0.410	8.181
总抚养比	PDR	310	35.683	6.478	19.300	55.100
财政自给率	FSR	310	38.881	19.666	3.937	90.624
地方财政支出占比	LFER	310	0.840	0.057	0.698	0.960

接下来进行变量的相关性分析。被解释变量 BPS 指数和各影响因素变量相关性分析主要是研究变量之间相互依存的关系，判断两个变量是否相关、相关性的强弱，以及是正相关还是负相关，相关结果见表 5 - 3。

表 5 - 3　　　　　　　　　　变量的相关性检验

	BPS	PD	URB	PGDP	PCNS	PSINV	PDR	FSR	LFER
BPS	1								
PD	-0.1085 **	1							

	BPS	PD	URB	PGDP	PCNS	PSINV	PDR	FSR	LFER
URB	0.8558 **	-0.1386 **	1						
PGDP	0.9004 **	-0.1683 **	0.8696 **	1					
PCNS	-0.2013 **	-0.0988 **	-0.3513 **	-0.1190 **	1				
PSINV	0.6255 **	-0.1321 **	0.4461 **	0.6910 **	0.2293 **	1			
PDR	-0.6035 **	0.0711	-0.7153 **	-0.5957 **	0.1515 **	-0.2577 **	1		
FSR	0.6914 **	-0.1863 **	0.7951 **	0.6697 **	-0.5162 **	0.1082 **	-0.5343 **	1	
LFER	0.5037 **	-0.1892 **	0.4392 **	0.5698 **	0.5185 **	0.5467 **	-0.4204 **	0.1043	1

注：** 代表在 5% 的显著性水平下显著。

由表 5-3 可知，BPS 指数和 8 个影响因素之间的相关系数均显著不为 0，说明 BPS 指数和影响因素之间是总体相关的，并且 BPS 指数和影响因素之间样本相关系数绝大多数都大于 0.5，表明其都存在较强的相关关系。8 个影响因素之间的相关系数均显著不为 0，说明各影响因素变量之间有可能具有一定的多重共线性。因此，在后面的建模过程中，需要考虑剔除一些共线性较强的变量，对现在初选的影响因素进行删减。

第二节　基本公共服务供给水平空间自相关分析

鉴于第四章基本公共服务供给指数水平测度后所进行的系统聚类分析，发现在研究期内中国基本公共服务供给水平存在区域的聚集现象，为更加严谨地进行验证，需要考察数据是否存在空间依赖性。近年来，空间统计分析受到诸多学科研究的关注，在区域经济学、财政学等多个学科领域都有其应用的现实体现。

一　空间自相关检验方法介绍

基本公共服务供给具有明显的正外部性特点，外溢效应明显，不同区域的基本公共服务供给水平在空间上存在某种影响，是非独立的，因此有必要进行空间相关性分析。本书选取三个指数来检验空间依赖性，并依据其结果判断是否需要选择空间计量模型进行下一步研究。检验的方法选择三种指标，分别是："莫兰指数 I"（Moran's I）、"吉尔里指数 C"（Geary's C）和"Getis-Ord 指数 G"。采用多个指标对同一考察对象进行研究，可以通过统计结果分析进行相互验证。

莫兰指数 I 表达式为：

$$I = \frac{\sum_{i=1}^{n} \sum_{j=1}^{n} w_{ij} (x_i - \bar{x})(x_j - \bar{x})}{S^2 \sum_{i=1}^{n} \sum_{j=1}^{n} w_{ij}}$$

式中，x 代表区域观测值，i 和 j 分别代表具体某个区域，n 为要素总数。$S^2 = \dfrac{\sum_{i=1}^{n} (x - \bar{x})^2}{n}$ 为样本的方差，w_{ij} 为空间权重矩阵，而 $\sum_{i=1}^{n} \sum_{j=1}^{n} w_{ij}$ 为所有空间权重之和。如果将空间权重矩阵进行标准化处理，则 $\sum_{i=1}^{n} \sum_{j=1}^{n} w_{ij} = n$。此时，莫兰指数 I 可以写为：

$$I = \frac{\sum_{i=1}^{n} \sum_{j=1}^{n} w_{ij} (x_i - \bar{x})(x_j - \bar{x})}{\sum_{i=1}^{n} (x_i - \bar{x})^2}$$

莫兰指数 I 的取值一般在 [-1, 1]，当 I>0 时，意味着样本数据存在空间正相关，即较大的数值与较大的数值相邻，较小的数值与较小的数值相邻；当 I<0 时，则表示样本数据存在空间负相关，即较高的数值与较低的数值相邻。通常情况负相关较为少见，正相关较为常见。当 I=0 时，表明空间分布是随机的，不存在空间自相关。这种整体视阈下基于全部空间序列的聚集情况的考量，该莫兰指数 I 也称为"全局莫兰指数 I"（Global Moran's I）。基于局部视阈下空间序列聚集情况的考察，则可以使用局部莫兰指数 I（Local Moran's I），表达式为：

$$I_i = \frac{(x_i - \bar{x})}{S^2} \sum_{j=1}^{n} w_{ij} (x_j - \bar{x})$$

除了莫兰指数 I 这一空间自相关指标，在研究中还有一种常用指标为吉尔里指数 C。

吉尔里指数 C 表达式为：

$$C = \frac{(n-1) \sum_{i=1}^{n} \sum_{j=1}^{n} w_{ij} (x_i - x_j)^2}{2 \left(\sum_{i=1}^{n} \sum_{j=1}^{n} w_{ij} \right) \left[\sum_{i=1}^{n} (x_i - \bar{x})^2 \right]}$$

需要指出的是，与莫兰指数 I 不同，吉尔里指数 C 的核心成分是 $(x_i - x_j)^2$。吉尔里指数 C 的取值一般在［0，2］（2 不是严格的上界）。当 $C < 1$ 时，表示存在正相关；当 $C = 1$ 时，表示完全不相关；当 $C > 1$ 时，表示存在负相关。在不存在空间自相关的原假设下，可以证明吉尔里指数 C 的期望值为 1，而方差的表达式较复杂，即为 V_{ar}（C）。可以证明，标准化的吉尔里指数 C 服从渐近标准正态分布：$C^* = \dfrac{C-1}{\sqrt{Var（C）}} \xrightarrow{d} N（0，1）$

因此，可以使用标准化的吉尔里指数 C^* 来检验空间自相关。

莫兰指数 I 与吉尔里指数 C 存在一个共同缺点，即针对我国基本公共服务供给的差异状况无法识别空间中"热点"与"冷点"区域。所谓热点区域，即基本公共服务供给指数高水平值与高水平值聚集的区域；冷点区域则是基本公共服务供给指数低水平值与低水平值聚集的区域。据此，全国范围内基本公共服务供给研究中要划定"冷热点"区域，则需要借助 Getis-Ord 指数 G。

Getis-Ord 指数 G 的表达式为：

$$G = \frac{\sum_{i=1}^{n} \sum_{j=1}^{n} w_{ij} x_i x_j}{\sum_{i=1}^{n} \sum_{j \neq i}^{n} x_i x_j}$$

式中，$x_i > 0$，$\forall i$；而 w_{ij} 来自非标准化的对称空间权重矩阵，且所有元素取值为 0 或 1。如果样本中较大数值聚集在一起，则 G 值比较大；相反，如果较小数值聚集在一起，则 G 值较小。一般来讲，$G^* > 1.96$，则可在 5% 水平上拒绝无空间自相关的原假设，认为存在空间正相关，且存在"热点"区域；反之，如果 $G^* < -1.96$，则可在 5% 水平上拒绝无空间自相关的原假设，认为存在空间正相关，且存在"冷点"区域，其中的 $G^* = \dfrac{G - E（G）}{\sqrt{Var（G）}} \xrightarrow{d} N（0，1）$。如果要具体考察某个区域 i 是否为"热点"区域或"冷点"区域，则要使用"局部 Getis-Ord 指数 G"。

局部 Getis-Ord 指数 G 的表达式为：

$$G_i = \frac{\sum_{j \neq i} w_{ij} x_j}{\sum_{j \neq i} x_j}$$

二 基本公共服务供给水平空间自相关检验结果

本书利用莫兰指数 I、吉尔里指数 C 和 Getis-Ord 指数 G 对中国基本公共服务供给水平全局指数和局部指数进行了计算，并做了相关的检验。其中全局指数是为了从总体上考察各个省份之间是否存在空间自相关性，局部指数是为了考察以某一省份为中心，相邻省份之间是否存在空间自相关性。三类指数对全国基本公共服务供给水平全局空间自相关性的测算及检验结果见表 5 - 4。

表 5 - 4　　　　三类指数对基本公共服务供给水平全局空间自
相关性的测算及检验结果

年份	莫兰指数 I			吉尔里指数 C			Getis-Ord 指数 G		
	I	Z_I	P_I	C	Z_C	P_C	G	Z_G	P_G
2007	0.340 ***	-3.536	0.000	0.375 ***	-3.725	0.000	0.140 *	-1.955	0.051
2008	0.340 ***	-3.536	0.000	0.375 ***	-3.725	0.000	0.140 *	-1.955	0.051
2009	0.351 ***	-3.684	0.000	0.400 ***	-3.354	0.001	0.140 *	-1.788	0.074
2010	0.351 ***	-3.684	0.000	0.400 ***	-3.354	0.001	0.140 *	-1.788	0.074
2011	0.385 ***	-3.942	0.000	0.411 ***	-3.578	0.000	0.142	-1.596	0.110
2012	0.351 ***	-3.611	0.000	0.421 ***	-3.567	0.000	0.144	-1.168	0.243
2013	0.316 ***	-3.292	0.001	0.466 ***	-3.235	0.001	0.143	-1.311	0.190
2014	0.307 ***	-3.242	0.001	0.476 ***	-3.043	0.002	0.144	-1.242	0.214
2015	0.311 ***	-3.246	0.001	0.496 ***	-3.082	0.002	0.145	-0.997	0.319
2016	0.310 ***	-3.234	0.001	0.476 ***	-3.229	0.001	0.146	-0.674	0.500

注：*** 代表在 1% 的显著性水平下显著；* 代表在 10% 的显著性水平下显著。

表 5 - 4 中 I、C 和 G 分别表示全局的莫兰指数 I、吉尔里指数 C 和 Getis-Ord 指数 G，Z_I、Z_C、Z_G 分别表示这三个指数的检验统计量，且均服从渐进的正态分布，P_I、P_C、P_G 分别表示 Z_I、Z_C、Z_G 所对应的概率值。从表 5 - 4 中可以看出，莫兰指数 I 在所有年份的计算值都在 0 到 1 之间，且均在 1% 的显著性水平下通过了检验，说明我国基本公共服务供给水平之间存在显著的空间正相关。根据全局莫兰指数 I 的动态变化，可以发现全国基本公共服务供给水平的莫兰指数 I 整体呈现较为稳定的先上升后下

降的变化路径，2011 年达到最高水平值。吉尔里指数 C 也证明了在观察年份的计算值都在 0 到 1 之间，且均在 1% 的显著性水平下通过了检验，说明我国基本公共服务供给水平之间存在显著的空间正相关。根据吉尔里指数 C 动态变化可以发现，全国基本公共服务供给水平的吉尔里指数 C 整体呈现比较平稳上升的态势，在 2015 年达到最高值，之后有稍许回落。

从表 5 - 4 中 Getis-Ord 指数 G 来看，其所对应的标准化统计值 Z_G 均为负值，且 2007—2010 年该指数对应的检验统计量在 10% 的显著性水平下通过了统计检验，说明这期间全国基本公共服务供给水平存在显著的自相关，且局部存在"冷点"。而在 2011—2016 年没能通过，说明这几年全国基本公共服务供给水平不存在显著的空间自相关。从该表三个指数检验结果综合判断，总体上来看全国基本公共服务供给水平之间存在显著正的空间自相关，且局部区域存在低水平值与低水平值聚集的"冷点"区域。

通过以上的检验确认中国基本公共服务供给水平之间整体上存在空间自相关，如果想进一步获悉哪些区域为"冷点"，即较低基本公共服务供给水平聚集区；哪些区域为"热点"，即较高基本公共服务供给水平聚集区，则需要进行局部空间自相关分析，三类指数的局部空间自相关性测算及检验结果如表 5 - 5 所示。

表 5 - 5　　　三类指数对基本公共服务供给水平局部空间
自相关性的测算及检验结果

地区	局部莫兰指数 I			局部吉尔里指数 G_i			局部 Getis-Ord 指数 G		
	I_i	Z_I	P_I	C_i	Z_C	P_C	G_i	Z_G	P_G
北京	4.677 ***	3.602	0.000	10.926	1.303	0.192	0.077	1.489	0.137
天津	4.619 ***	3.558	0.000	4.373	0.046	0.963	0.085 **	2.312	0.021
河北	0.197	0.190	0.849	11.826	-0.185	0.853	0.262 **	2.082	0.037
山西	-0.091	0.023	0.981	0.923	-0.826	0.409	0.132	-0.158	0.874
内蒙古	-0.020	0.104	0.917	0.812	-0.980	0.327	0.264	-0.205	0.838
辽宁	-0.001	0.062	0.950	0.072	-0.866	0.386	0.100	0.002	0.998
吉林	0.005	0.066	0.947	0.089	-0.864	0.388	0.100	-0.039	0.969
黑龙江	0.012	0.059	0.953	0.096	-0.775	0.438	0.066	-0.046	0.963
上海	5.503 ***	4.229	0.000	0.488	-0.700	0.484	0.084 **	2.267	0.023

续表

地区	局部莫兰指数 I			局部吉尔里指数 G_i			局部 Getis-Ord 指数 G		
	I_i	Z_I	P_I	C_i	Z_C	P_C	G_i	Z_G	P_G
江苏	4.733 ***	2.699	0.007	4.251	−0.451	0.652	0.155 **	2.018	0.044
浙江	3.296 **	1.747	0.081	11.659	0.124	0.901	0.180	1.175	0.240
安徽	−0.945	−0.349	0.727	9.131	−0.262	0.793	0.210	0.754	0.451
福建	0.126	0.142	0.887	3.009	−0.451	0.652	0.108	0.877	0.381
江西	−0.377	−0.083	0.934	7.293	−0.409	0.683	0.202	0.188	0.851
山东	0.128	0.145	0.885	3.826	−0.499	0.618	0.135	0.149	0.882
河南	−0.154	0.022	0.983	3.697	−0.697	0.486	0.201	0.051	0.959
湖北	0.987	0.557	0.578	0.761	−0.932	0.351	0.186	−1.117	0.264
湖南	2.101	1.079	0.281	2.754	−0.772	0.440	0.184	−1.307	0.191
广东	−1.586	−0.716	0.474	7.037	−0.308	0.758	0.152	−1.211	0.226
广西	2.280	1.339	0.181	2.563	−0.641	0.521	0.119	−1.327	0.184
海南	−0.204	−0.180	0.857	0.884	−0.365	0.715	0.037	0.581	0.561
重庆	0.222	0.196	0.845	3.049	−0.681	0.496	0.148	−1.545	0.122
四川	5.308 **	2.450	0.014	3.709	−0.754	0.451	0.203 **	−2.298	0.022
贵州	4.806 **	2.509	0.012	2.005	−0.779	0.436	0.144 *	−1.937	0.053
云南	4.926 ***	2.806	0.005	0.994	−0.818	0.414	0.104 ***	−2.787	0.005
西藏	4.975 ***	2.833	0.005	6.636	−0.183	0.855	0.117	−1.593	0.111
陕西	−0.580	−0.132	0.895	3.788	−0.794	0.427	0.252	−1.052	0.293
甘肃	1.133	0.625	0.532	2.334	−0.806	0.420	0.190	−0.752	0.452
青海	1.728	1.032	0.302	2.578	−0.639	0.523	0.111 **	−2.039	0.041
宁夏	0.061	0.102	0.919	0.515	−0.804	0.422	0.097	−0.291	0.771
新疆	0.593	0.436	0.663	3.262	−0.415	0.678	0.083 *	−1.825	0.068

注：*** 代表在 1% 的显著性水平下显著；** 代表在 5% 的显著性水平下显著；* 代表在 10% 的显著性水平下显著。

表 5-5 中 I_i、C_i 和 G_i 分别表示第 i 个省份为中心的局部莫兰指数 I、局部吉尔里指数 C 和局部 Getis-Ord 指数 G，Z_I、Z_C、Z_G 分别表示这三个指数的检验统计量，且均服从渐进的正态分布，P_I、P_C、P_G 分别表示 Z_I、Z_C、Z_G 所对应的概率值。表 5-5 中各变量的含义与表 5-4 中相同。此表分别列出了 31 个省份局部莫兰指数 I、局部吉尔里指数 C 和局部 Getis-

Ord 指数 G 的估计值及检验结果。从对局部莫兰指数 I 的分析来看，北京、天津、上海、江苏、浙江、四川、贵州、云南和西藏这 9 个省份，可以强烈拒绝"无空间自相关"的原假设，说明这 9 个省份周围区域是存在空间聚集情况的。但是，从局部吉尔里指数 C 的分析来看，31 个省份均呈现出不拒绝"无空间自相关"的原假设，与全局自相关的检验结果不一致。从局部 Getis-Ord 指数 G 来看，天津、河北、上海和江苏 4 个省份是"热点"；四川、贵州、云南、青海、新疆是"冷点"。天津、河北、上海、江苏本身基本公共服务供给指数水平高，其周边也被供给指数水平高的省份所包围，形成高值聚集的区域，即热点区域。四川、贵州、云南、青海、新疆本身基本公共服务供给指数水平较低，其周边也被供给指数水平较低的省份所包围，形成低值聚集区域，即冷点区域。

　　根据上述初步检验的结果分析，可以大概判断中国基本公共服务供给方面存在"空间自相关"。因此，接下来对基本公共服务供给区域差异影响因素的实证分析中选择了空间计量模型进行实证检验。

第三节　基本公共服务供给差异影响
因素的实证分析

　　通过三种空间自相关指数的测算与检验，初步确认我国基本公共服务供给水平存在空间自相关，因此本书利用 31 个省份 2007—2016 年基本公共服务供给指数水平（第四章测算的 BPS 指数，见表 4 - 4）及初选的 8 个影响因素变量（见表 5 - 1）的面板数据进行空间计量模型的选择，从而确认最后的空间计量模型进行实证分析。

一　空间计量模型选择

（一）空间计量模型简介

　　为了对基本公共服务供给指数水平影响因素进行实证分析，本书建立以下空间模型：

$$\begin{cases} y_{it} = \rho W'_{it} y_t + X'_{it}\beta + D'_i X_t \delta + u_i + \gamma_t + \varepsilon_{it} \\ \varepsilon_{it} = \lambda M'_t \varepsilon_t + v_{it} \end{cases}$$

式中，y_{it} 为第 i 个省份第 t 年的 BPS 指数，X_{it} 是解释变量向量矩阵，包括影响 BPS 指数水平的 8 个初选变量，分别为 PD、URB、PGDP、PC-NS、PSINV、PDR、FSR、LFER。其中 W、D、M 为空间权重矩阵，本书选择以各个省份空间距离为基础的空间地理权重矩阵，矩阵中的每个元素为两个省份之间距离的倒数，因此本书 W、D、M 空间权重矩阵均选择了全国 31 个省份空间地理权重。u_i 表示第 i 个省份不随时间变化的非观测效应；γ_t 为不随个体而变化的时间效应；ε_{it} 为随机干扰项；ρ 为空间滞后回归系数；δ 为解释变量空间滞后系数；λ 为随机干扰项的空间滞后系数。

根据该模型的系数 ρ、δ 和 λ 是否为零，具体可以分为以下五个模型：

如果 $\rho=0$，$\delta=0$，$\lambda=0$，则为普通面板模型。

如果 $\rho=0$，$\delta=0$，$\lambda\neq0$，则为"空间误差模型"（简记 SEM）。

如果 $\rho\neq0$，$\delta=0$，$\lambda=0$，则为"空间自回归模型"（简记 SAR）。

如果 $\rho\neq0$，$\delta=0$，$\lambda\neq0$，则为"空间自相关模型"（简记 SAC）。

如果 $\rho\neq0$，$\delta\neq0$，$\lambda=0$，则为"空间杜宾模型"（简记 SDM）。

为了在普通面板模型、空间误差模型、空间自回归模型、空间自相关模型、空间杜宾模型之间进行选择，本书进行以下三个选择步骤：

第一步，利用初选的 8 个影响因素解释变量，针对普通面板模型进行混合效应、固定效应和随机效应检验。第二步，参照第一步骤的检验结果，在普通面板模型、空间自回归模型、空间自相关模型、空间误差模型、空间杜宾模型之间进行选择。选择方法为利用初选的 8 个影响因素解释变量，对五个模型分别进行 Hausman 检验，确定每个模型应该选择的是固定效应回归还是随机效应回归，在此基础上分别对五个模型进行回归，根据回归结果对系数 ρ、δ、λ 进行显著性检验，便可在备选的五个模型中选择出最优模型。第三步，为了考察不同区域对 BPS 指数的反应，对第二步已选择出的模型，在解释变量中进一步加入以东部地区、西部地区为虚拟变量及虚拟变量与各影响因素之间的交互项，并对加入虚拟变量和交互项之后的模型进一步进行空间 Hausman 检验，确定该模型应该选择固定效应回归还是随机效应回归。考虑到解释变量之间可能存在多重共线性的问题，进一步对选择出的最优模型进行反复试估计，剔除共线性较强的解释变量，以便得出最终结果。

（二）空间计量模型选择结果分析

首先，由于 Stata 软件无法实现空间计量模型混合回归对固定效应、混合回归对随机效应的检验，因此本书通过估计普通面板模型进行检验。混合回归对固定效应、混合回归对随机效应的检验结果分别见表 5 - 6 和表 5 - 7。

表 5 - 6　　　　　　　　　混合回归对固定效应的检验结果

BPS 指数	系数	标准差	t 值	P 值
PD	8. 47E - 08	0. 000	0. 030	0. 973
URB	0. 0079337 ***	0. 001	11. 000	0. 000
PGDP	0. 0170909 ***	0. 002	9. 140	0. 000
PCNS	9. 24E - 07 *	0. 000	1. 930	0. 055
PSINV	- 0. 0083639 ***	0. 002	- 3. 540	0. 000
PDR	- 0. 0011784 **	0. 000	- 2. 570	0. 011
FSR	- 0. 0000906	0. 000	- 0. 300	0. 761
LFER	- 0. 0147406	0. 057	- 0. 260	0. 795
常数项	- 0. 0539264	0. 049	- 1. 090	0. 275
F 检验	F（30，271）＝24. 39　Prob＞F = 0. 0000			

注：*** 代表在 1% 的显著性水平下显著；** 代表在 5% 的显著性水平下显著；* 代表在 10% 的显著性水平下显著。

从表 5 - 6 中可以看出，混合回归对固定效应检验的 F 统计值为 24. 39，对应的 P 值为 0. 0000，故在 1% 的显著性水平下强烈拒绝了"各个省份之间个体效应均相等"的原假设，应该允许每个省份 BPS 指数之间拥有自己的截距项。

表 5 -7　　　　　　　　　混合回归对随机效应的检验结果

BPS 指数	系数	标准差	Z 值	P 值
PD	7. 21E - 07	0. 000	0. 320	0. 746
URB	0. 0034126 ***	0. 000	7. 300	0. 000
PGDP	0. 0130579 ***	0. 002	7. 070	0. 000

续表

BPS 指数	系数	标准差	Z 值	P 值
PCNS	5.43E – 07	0.000	1.080	0.281
PSINV	0.0040332 **	0.002	1.980	0.047
PDR	– 0.0003322	0.000	– 0.720	0.472
FSR	– 0.0003892	0.000	– 1.630	0.103
LFER	0.1462736 ***	0.051	2.850	0.004
常数项	0.0119119	0.051	0.230	0.815
卡方检验	chibar^2 (01) = 314.55 Prob > chibar^2 = 0.0000			

注: *** 代表在 1% 的显著性水平下显著; ** 代表在 5% 的显著性水平下显著; * 代表在 10% 的显著性水平下显著。

从表 5 - 7 中可以看出，混合回归对随机效应检验的卡方统计值为 314.55，对应的 P 值为 0.0000，因此在 1% 的显著性水平下强烈拒绝了 "各个省份之间不存在个体随机效应" 的原假设，因此应该选择随机效应。

综合表 5 - 6 和表 5 - 7 的结果可知，应该舍弃混合回归。因此，之后的空间计量模型检验过程中只考虑在固定效应和随机效应之间进行选择。

其次，为了在五个模型之间进行选择，需要对各个模型分别进行固定效应、随机效应检验，检验结果见表 5 - 8。

表 5 - 8　　　　　　五个备选模型固定效应和随机效应检验结果

	普通面板模型	SAR	SEM	SAC	SDM
Hausman 检验值	19.330	– 7.570	47.070	—	– 19.360
P 值	0.004	—	0.000	—	–
检验结果	FE	RE	FE	FE	RE

在表 5 - 8 中，RE 表示随机效应，FE 表示固定效应。从表 5 - 8 可以看出，普通面板模型和空间误差模型，Hausman 检验值分别为 19.330 和 47.070 对应的 P 值分别为 0.004 和 0.000，因此强烈拒绝了 "随机效应模型正确" 的原假设，均选择固定效应。空间自回归模型和空间杜宾模型

Hausman 检验值均为负值，因此无法计算对应的 P 值。在这种情况下，根据陈强（2014）的研究应该选择随机效应。对于空间自相关模型由于无法进行随机效应回归，根据陈强（2014）的研究应该选择固定效应。

最后，通过对五个模型分别进行回归和估计，选择最优模型。选择过程分为两个阶段：第一阶段，在普通面板模型、空间自回归模型、空间自相关模型、空间误差模型中进行选择，选择结果见表 5 – 9。第二阶段，经过第一阶段选择后的最优模型再与空间杜宾模型进行选择，选择结果见表 5 – 10。

表 5 – 9　　　　　　　　　　四个备选模型之间的选择结果

自回归系数	统计值	普通面板模型	SAR	SEM	SAC
ρ	系数	—	9.701 ***	—	10.522 ***
	Z 值	—	6.120	—	4.330
	P 值	—	0.000	—	0.000
λ	系数	—	—	15.319 ***	6.778
	Z 值	—	—	3.780	1.350
	P 值	—	—	0.000	0.179

注：*** 代表在 1% 的显著性水平下显著；** 代表在 5% 的显著性水平下显著；* 代表在 10% 的显著性水平下显著。

表 5 – 9 中，"ρ" 为 BPS 指数的空间滞后回归系数，"λ" 为随机干扰项的自回归系数。从表 5 – 9 可以看出，空间自回归模型检验原假设 "$\rho = 0$" 的统计值为 6.120，对应的 P 值为 0.000，因此在 1% 显著性水平下强烈拒绝了该原假设，说明存在被解释变量的空间滞后效应。空间误差模型检验原假设 "$\lambda = 0$" 的统计值为 3.780，对应的 P 值为 0.000，因此在 1% 显著性水平下强烈拒绝了该原假设，说明存在随机干扰项的空间滞后效应。对于空间自相关模型，系数 ρ 通过了显著性检验，而系数 λ 未通过显著性检验，说明在加入被解释变量空间滞后的情况下，随机干扰项的空间滞后就不显著了。综合四个模型的检验结果，应该选择空间自回归模型。

接下来本书将在空间自回归模型与空间杜宾模型之间进行选择，选择的方法是检验是否存在解释变量的空间滞后效应：如果存在，则认为空间杜宾模型要优于空间自回归模型，否则认为空间自回归模型优于空间杜宾模型，选择结果见表 5 - 10。

表 5 - 10　　空间自回归模型（SAR）与空间杜宾模型（SDM）
之间的选择结果

BPS 指数		SAR			SDM		
		系数	Z 值	P 值	系数	Z 值	P 值
Main	PD	− 2.16E − 06	− 0.960	0.337	− 4.09E − 06 **	− 2.110	0.035
	URB	0.0033153 ***	6.150	0.000	0.0019206 ***	4.330	0.000
	PGDP	0.0085656 ***	4.720	0.000	0.0091649 ***	4.880	0.000
	PCNS	1.30E − 06 ***	2.860	0.004	6.52E − 07	1.520	0.128
	PSINV	− 0.0004899	− 0.250	0.806	− 0.0031515 *	− 1.750	0.081
	PDR	− 0.0009318 **	− 2.140	0.033	− 0.0012853 ***	− 3.180	0.001
	FSR	− 0.0003869	− 1.640	0.101	0.000516 **	2.210	0.027
	LFER	0.0910004 *	1.80	0.072	0.013899	0.270	0.785
	常数项	0.006548	0.140	0.888	0.2049465 ***	3.890	0.000
Wx	PD	—	—	—	− 0.001046 ***	− 3.480	0.000
	PGDP	—	—	—	− 0.4252889 **	− 2.530	0.012
	PCNS	—	—	—	0.0003163 ***	3.460	0.001
	PSINV	—	—	—	0.5043564 ***	3.290	0.001
Spatial	ρ	9.701003 ***	6.120	0.000	9.323973 ***	3.780	0.000

注：*** 代表在 1% 的显著性水平下显著；** 代表在 5% 的显著性水平下显著；* 代表在 10% 的显著性水平下显著。

表 5 - 10 中，"Main"表示一般的解释变量，"Wx"表示解释变量空间滞后，"ρ"表示被解释变量的空间滞后回归系数。从表 5 - 10 可以看出，空间自回归模型和空间杜宾模型对于原假设"$\rho = 0$"检验的 P 值分别为 0.000 和 0.000，均在 1% 的显著性水平下强烈拒绝了原假设，进一步证明了被解释变量空间滞后效应的存在。同时，空间杜宾模型的空间滞后解释变量通过了显著性检验，说明存在解释变量的空间滞后效应，因此应该选择空间杜宾模型。

二　空间杜宾模型构建及回归结果分析

通过以上模型选择，最终确定了空间杜宾模型。为了考察不同区域对 BPS 指数的反映，就选择的空间杜宾模型进行构建，在初选解释变量基础上进一步加入东部、西部地区虚拟变量和虚拟变量与各影响因素之间的交互项，构建模型如下：

$$BPS_{it} = X_{it}\beta + \rho(WBPS_{it}) + (WX'_{it})\gamma + u_i + \varepsilon_{it}$$

其中，BPS_{it} 为第 i 个省第 t 年的基本公共服务供给指数，X_{it} 是解释变量向量，包括影响 BPS 指数的 8 个变量，分别为 PD、URB、PGDP、PCNS、PSINV、PDR、FSR、LFER。出于对东部、中部、西部地区比较的考虑，在模型中以中部地区为基础，东部、西部地区作为虚拟变量，同时加入东部和西部地区虚拟变量和 X_{it} 的交互项。公式中 W 为 31 个省份之间的空间权重矩阵。在确定基本公共服务供给水平的空间权重矩阵时，考察地理空间距离。ρ 为空间滞后回归系数，u_i 表示第 i 个省份不随时间变化的非观测效应。

由于加入虚拟变量和交互项后形成新的解释变量，因此需要对模型进一步进行空间 Hausman 检验，确定该模型应该选择固定效应还是随机效应。该模型的 Hausman 检验结果见表 5 – 11。

表 5 – 11　　空间杜宾模型固定效应和随机效应 Hausman 检验结果

BPS 指数	FE	RE	差值
PD	– 6. 00E – 06	– 7. 35E – 06	1. 34E – 06
URB	– 0. 0012764	– 0. 0011805	– 0. 0000959
PGDP	0. 0031953	0. 0042937	– 0. 0010984
PCNS	2. 25E – 06	2. 88E – 06	– 6. 31E – 07
PSINV	0. 0080183	0. 0107932	– 0. 0027749
PDR	– 0. 0029245	– 0. 0028582	– 0. 0000664
FSR	0. 0011953	0. 0012307	– 0. 0000354
LFER	– 0. 0835809	– 0. 0907629	0. 0071819
DE * PD	– 0. 0000188	– 0. 0000115	– 7. 33E – 06

续表

BPS 指数	FE	RE	差值
DE * URB	0.0034312	0.0048416	-0.0014104
DE * PGDP	0.0028955	0.0024232	0.0004724
DE * PCNS	-5.44E-06	-4.00E-06	-1.43E-06
DE * PSINV	-0.0146695	-0.0191578	0.0044883
DE * PDR	0.0000634	-0.0000313	0.0000947
DE * FSR	-0.0017949	-0.0021043	0.0003095
DE * LFER	0.4063422	0.3703273	0.0360149
DW * PD	2.82E-06	2.96E-06	-1.43E-07
DW * URB	0.0043312	0.0057768	-0.0014457
DW * PGDP	0.0119144	0.0130753	-0.0011609
DW * CNS	-1.03E-06	-1.78E-06	7.55E-07
DW * SINV	-0.0230775	-0.0275205	0.0044429
DW * PDR	0.0044463	0.0045518	-0.0001056
DW * FSR	0.0004878	0.0009546	-0.0004668
DW * LFER	0.1313371	0.043257	0.0880801

Hausman 检验　chi² (18) = 7.52　Prob > chi² = 0.9849

由表 5-11 可见，对于空间杜宾模型的 Hausman 检验统计值为 7.52，对应的概率为 0.9849，因此接受了随机效应模型正确的原假设，故选择随机效应回归。同时，考虑到多重共线性，本书对该模型进行反复估计，剔除多重共线性较强和不显著的解释变量，最终回归结果见表 5-12。

表 5-12　　　　　空间杜宾随机效应模型回归结果

BPS 指数	变量	系数	标准差	Z 值	P 值
Main	URB	0.00292 ***	0.000	6.23	0.000
	PGDP	0.007 ***	0.002	4.15	0.000
	FSR	0.00098 **	0.000	2.34	0.019
	LFER	0.17675 ***	0.042	4.17	0.000
	DE	0.10053 ***	0.028	3.61	0.000

续表

BPS 指数	变量	系数	标准差	Z 值	P 值
Main	DE * PD	− 0.00002 ***	0.000	− 3.62	0.000
	DE * FSR	− 0.0013 **	0.001	− 2.53	0.011
	DW * PDR	0.00045 *	0.000	1.72	0.085
	常数项	− 0.0517	0.039	− 1.33	0.184
Wx	W * LFER	− 5.38678 ***	1.144	− 4.71	0.000
Spatial	ρ	15.92839 ***	2.024	7.87	0.000

注：*** 代表在 1% 的显著性水平下显著；** 代表在 5% 的显著性水平下显著；* 代表在 10% 的显著性水平下显著。

表 5 - 12 中，"Main"表示一般的解释变量，"Wx"表示解释变量空间滞后，"ρ"表示被解释变量的空间滞后系数，"DE"（Dummy Variables East）表示东部地区虚拟变量，"DE * PD"表示东部地区和城市人口密度（PD）的交互项，"DE * FSR"表示东部地区和财政自给率（FSR）的交互项，"DW * PDR"表示西部地区和总抚养比（PDR）的交互项，Wx 为解释变量地方财政支出占比（LFER）的空间滞后，对表 5 - 12 的结论可以作如下分析：

基于一般解释变量的分析：城镇化率、人均 GDP、地方财政支出占比的系数为正，且均在 1% 的显著性水平下通过了显著性检验；财政自给率系数也为正，在 5% 的显著性水平下通过了显著性检验。说明从社会环境、经济发展水平、财政体制三个维度均验证了影响因素对基本公共服务供给的边际贡献。随着各地区城镇化程度的提高，对该区域基本公共服务供给具有显著正向影响，这一结论与 Gerdtham 等（1992），Anselmo Stelzera 等（2016），Vatanavongs Ratanavaraha（2016），Barney Cohen（2006），李斌、金秋宇、卢娟（2018）等学者的观点相同。该地区人均 GDP 的提高对基本公共服务供给水平具有显著正向影响。这一结论与 Migue，J. L. 、G. Belanger（1974），王春枝、吴新娣（2010）等国内外学者观点相符。该地区财政自给率的提高对基本公共服务供给水平具有显著正向影响，这一结论与 De Borger、Kerstens（1996）等学者的观点相符。该地区地方财政支出占比提高对基本公共服务供给水平具有显著正向影响，这一结论与 Oates（1985），刘德吉、胡昭明、程璐、汪凯（2010）等国内外学者观点相符。

基于虚拟变量的分析：东部地区虚拟变量 DE 系数为正，且在 1% 的显著性水平下通过了显著性检验，说明东部地区的 BPS 指数平均值要比中部地区高。通过第四章 BPS 指数水平区域间的比较可知，东部地区基本公共服务供给指数是大于中部地区的，也验证了这一实证结果。

从交互项上分析来看：东部地区和城市人口密度的交互项系数为负，在 1% 的显著性水平下通过了显著性检验，东部地区城市人口密度增加对 BPS 指数的拉动作用较中部地区要小，说明在同等条件下中部地区人口的聚集相较于东部地区对基本公共服务供给水平的提升效果更明显；东部地区和财政自给率的交互项系数为负，且在 5% 的显著性水平下通过了显著性检验，东部地区财政自给率增加对 BPS 指数的拉动作用比中部地区要小，说明在同等条件下中部地区培植地方税源，提高财政自给率水平相较于东部地区对基本公共服务供给水平的提升效果更加明显。结合本书之前的研究结论和影响因素实证分析可知：从现阶段东部地区基本公共服务供给水平与中部地区对比来看，东部地区绝大多数省份整体基础较好，中部地区基础相对薄弱，基本公共服务供给水平不仅低于东部地区，也低于全国的平均水平，在这样的现实对比下，城市人口密度和财政自给率水平对中部地区的刺激作用明显更强。西部地区和总抚养比的交互项系数为正，在 10% 的显著性水平下通过了显著性检验，表明西部地区总抚养比增加，对 BPS 指数的拉动作用比中部地区强。西部地区中的绝大多数都属于人口稀疏的省份，在目前的人口状况下，人口结构中 0—14 岁孩子和 65 岁及以上老年人数量的增加会对基本公共服务中教育、医疗卫生、社会保障等方面提出更为迫切的需求，诉诸政府进行更多的基本公共服务供给。总抚养比变大一定程度上会促使基本公共服务供给水平提高，这种效果会比中部地区中人口规模已然较大的省份更加明显。

基于解释变量的空间滞后分析：地方财政支出占比变量空间滞后的系数为 -5.38678，并且在 1% 的显著性水平下通过了显著性检验，说明邻近省份的地方财政支出相对水平高，有可能会导致本省的 BPS 指数有所下降。邻近省份地方财政支出相对水平越高，地方政府集中支配的财力越多，致力于经济发展的投资意愿和能力也更强，在区域之间财政竞争中可能会造成对本省经济资源、人才资源的争夺，影响本省基本公共服务供给水平。

基于被解释变量的空间滞后分析：2007—2016 年我国基本公共服务供给指数水平受多个影响因素的综合作用，BPS 指数被解释变量的空间滞后系数为 15.92839，且在 1% 的显著性水平下通过了显著性检验，说明中国基本公共服务供给指数水平存在一定的空间相关性。

第四节　本章小结

本章针对基本公共服务供给区域差异的影响因素进行实证分析。在确定是否使用空间计量方法时，考察了样本数据间是否存在空间依赖性，结果显示基本公共服务供给具有外部性效应，存在空间自相关，因此选择空间计量模型进行实证检验。在多种空间计量模型中进行选择，最后选取了空间杜宾模型，并进行了固定效应和随机效应的检验，最终确定了空间杜宾随机效应模型。

第一，判断 2007—2016 年研究样本之间是否存在空间依赖性，选取莫兰指数 I、吉尔里指数 C 和 Getis-Ord 指数 G 进行全局和局部空间检验。从全局莫兰指数 I 和吉尔里指数 C 来看，2007—2016 年，这两个指数对应的检验统计量在 1% 的显著性水平下均通过了统计检验。这意味着中国基本公共服务供给水平存在显著空间自相关，明显呈现出区域聚集态势。通过局部莫兰指数 I 的分析，北京、天津、上海、江苏、浙江、四川、贵州、云南和西藏这 9 个省份，可以强烈拒绝"无空间自相关"的原假设，说明这 9 个省份周围区域是存在空间聚集情况的。从 Getis-Ord 指数 G 来看，天津、河北、上海和江苏四个省份为"热点"区域，即基本公共服务供给高水平值聚集区域；四川、贵州、云南、青海和新疆为"冷点"区域，即基本公共服务供给低水平聚集区域。

第二，基本公共服务供给存在空间自相关，因此进行影响因素实证分析时应在空间误差模型（SEM）、空间自回归模型（SAR）、空间自相关模型（SAC）、空间杜宾模型（SDM）之间进行选择，通过筛选最终确定了空间杜宾模型（SDM）进行空间计量经济分析。

第三，利用面板数据，完成空间杜宾模型构建和检验。实证结果显示，2007—2016年基本公共服务供给水平影响因素中城镇化率、人均GDP、财政自给率、地方财政支出占比通过了显著性检验，并都与BPS指数正相关。随着城镇化率、人均GDP、财政自给率、地方财政支出占比提高，中国基本公共服务供给水平也随之提高。其中，地方财政支出占比空间滞后的系数也通过了显著性检验，数值为负。说明邻近省份的地方财政支出相对水平高，有可能导致本省的BPS指数水平有所下降。

第四，实证分析结果对中国东部、中部、西部地区的现实借鉴意义很大。东部地区虚拟变量系数为正，并通过了显著性检验，说明东部地区的BPS指数平均值要比中部地区高。城市人口密度、财政自给率对东部地区的边际贡献明显不及中部地区，总抚养比对西部地区的边际贡献要大于中部地区。对后续政策建议有如下的启示：现阶段东部地区基本公共服务供给水平整体明显高于全国平均水平，实现基本公共服务供给均等化目标，应更多地关注中部和西部地区的情况。中部、西部地区提高基本公共服务供给水平应注重城市人口的合理流动、人口聚集的影响，对西部地区人口稀疏的省份，或是在人口均值以下的省份，人口结构中孩子和老人数量的增加也会拉动当地基本公共服务的供给水平。对于欠发达地区，促进经济水平提升，培植地方财源，充实地方政府自有财力水平，有利于提高地区基本公共服务供给，缩小区域差异。

第五，从全国整体范围来看，2007—2016年中国基本公共服务供给指数受多个影响因素综合作用，中国基本公共服务供给指数存在显著空间自相关。地理位置相邻区域BPS指数值高，则该地区BPS指数水平也有可能高。基本公共服务供给水平高，说明其辖区内的社会福利更好，基于蒂布特模型理论观点，各个地方政府之间的相互"竞争"，也会促使地方政府更有效地提供人们所需的公共服务，无形中成为该地方政府公共服务优化的动力。此外，在现今官员考核晋升机制下，邻近区域公共福利事业开展得好，也会对本地区官员造成无形的压力，压力转变为动力，迫使其更加重视基本公共服务领域的发展，有利于本地区基本公共服务供给状况的改善。

第 六 章

中国基本公共服务供给效率
区域差异评价

　　基本公共服务供给不仅表现出不同区域间指数水平的差异性，即使财力配置水平相当，生产绩效结果也可能千差万别，研究基本公共服务供给区域差异还应关注效率水平的不同。本章运用三阶段 DEA 模型对中国 31 个省份（不含我国港澳台地区）基本公共服务供给效率进行测度，运用 Tobit 模型分析效率差异形成的原因，同时联系之前章节研究内容，对标公平与效率，建构双系统框架，探究基本公共服务供给指数水平与效率水平之间的关联性，提升基本公共服务供给综合水平，改进基本公共服务供给低效率地区的财政资金使用情况，缩小差距，实现均等化目标。基本公共服务支出效率水平的高低会直接影响人民生活水平的提高，关乎整体社会福利状况的改善，同时针对财政资金使用情况进行效率评价也是提升政府治理能力的内在要求，基于此考察基本公共服务供给区域差异才更具有现实意义。

第一节　基本公共服务供给效率测算

一　基本公共服务供给效率评价指标体系构建

　　国内外学者针对效率评价给出了各自的论断。Yoichi Gokan（2004）认为，效率评价应该通过统一的评价标准和科学规范的评价方法来进行，对公共财政支出行为及其效果的评判和比较要以绩效的内在原则为基础，公正地、客观地进行，最大化地提升公共资源的使用效率。赵惠敏

（2015）主张财政支出效率评价体系的建立应突出评价体系的层次性、评价指标的标准化和评价方法的综合性。基本公共服务供给效率评价是运用一定的评价准则、评价指标和评价方法，客观、科学、公正地评估基本公共服务财政支出资金的相关性、效率、有效性、可持续性，以达到提升基本公共服务整体水平的目标设定。

笔者选取了 22 个产出指标构建基本公共服务供给效率评价指标体系，同时基本公共服务资金投入的指标则选取该地区人均基本公共服务支出水平作为考察对象，具体信息见表 6－1。

表 6－1　　　　　　　基本公共服务供给效率评价指标体系

类别	一级指标	符号	二级指标	性质
投入	基本公共服务支出	Y_1	人均基本公共服务支出水平（元/人）	正
产出	教育服务	X_1	小学生师比	负
		X_2	高中生师比	负
		X_3	文盲率（%）	负
	医疗卫生服务	X_4	每万人拥有卫生技术人员数（人/万人）	正
		X_5	每万人拥有医疗机构床位数（张/万人）	正
	社会保障和就业服务	X_6	城镇登记失业率（%）	负
		X_7	城镇养老保险参保率（%）	正
		X_8	城镇医疗保险参保率（%）	正
	公共文化服务	X_9	每百万人拥有公共图书馆数（个/百万人）	正
		X_{10}	每百万人拥有博物馆数（个/百万人）	正
	环境保护服务	X_{11}	每万人拥有废气治理设施数（套/万人）	正
		X_{12}	每万人拥有废水治理设施数（套/万人）	正
		X_{13}	空气质量达到二级以上天数占全年比重（%）	正
	公共基础设施服务	X_{14}	每万人拥有公共厕所数（座/万人）	正
		X_{15}	人均公园绿地面积（平方米/人）	正
		X_{16}	铁路网密度（千米/平方千米）	正
		X_{17}	公路网密度（千米/平方千米）	正
		X_{18}	通信基础设施密度（千米/平方千米）	正
		X_{19}	每万人拥有公共交通车辆（标台/万人）	正
		X_{20}	人均城市道路面积（平方米/人）	正
	科学技术服务	X_{21}	每万人国内三种专利授权数量（项/万人）	正
		X_{22}	省区国土面积配置气象监测设备数（个/万平方千米）	正

二 研究方法原理介绍与数据来源

基本公共服务供给效率评价的方法选择中，理论界和实践部门比较常用的有成本—效益分析法、最低费用（成本）选择法、公众评判法、数据包络分析方法等。成本—效益分析法最早源于企业的生产经营活动，后应用于政府项目，适用于成本和预期收益都能准确计量的项目；最低费用（成本）选择法适用的范围是成本易于计算，但收益不能以货币进行量化，并且效益的表现形式呈多元化，这种方法在政府部门中的应用较多，有利于督促政府节约财政资金；公众评判法是通过专家评估、发放公众调查问卷，以抽样调查的方式对无法直接用指标计量其效益的支出项目进行评价时采用的方法，有利于彰显财政工作的公开性和民主性；数据包络分析方法是一种精密的统计分析方法，是基于原始数据计算多投入多产出情况的量化分析方法。基于以上方法的综合比较，及方法的严谨性、客观性、可量化的目标导向，遵循经济性、效率性、效用性的多重标准要求，本书选择了更为客观和精准的数据包络分析方法即 DEA 模型进行测算。

数据来自相关年份《中国统计年鉴》《中国财政年鉴》《中国教育经费统计年鉴》《中国环境统计年鉴》《中国科技统计年鉴》，国家统计局网站、各省份相关年份《国民经济和社会发展统计公报》等。其中投入变量数值的处理是以地方财政教育支出、地方财政医疗卫生支出、地方财政社会保障和就业支出、地方财政文化体育与传媒支出、地方财政环境保护支出、地方财政交通运输支出、地方财政城乡社区事务支出、地方财政科学技术支出各项加总之和与该地区年末常住人口数的比值来确定。

（一）数据包络分析方法原理介绍

数据包络分析（DEA 模型）是数学、运筹学、经济学和管理学的一个新的交叉领域。在评估类似的部门或单位时，评估的基础通常是它们的"输入"和"输出"数据。根据输入和输出数据评估类似部门或单位的优势和劣势，即评估其相对有效性。该方法通过数学规划模型对决策单元群的输入和输出数据进行综合分析后，得出每个决策单元（decision making units，DMU）相对于其他决策单元综合效率的数量指标，从而对决策单元间的相对有效性进行排序。

设有 n 个同类型的企业（决策单元），对于每个企业都有 m 种类型的"输入"（表示该决策单元对"资源"的消耗）以及 s 种类型的"输出"（表示该决策单元在消耗了"资源"之后的产出）。$x_j = (x_{1j}, x_{2j}, \cdots, x_{mj})^T$ 和 $y_j = (y_{1j}, y_{2j}, \cdots, y_{mj})^T$ 分别表示第 j $(j = 1, 2, \cdots, n)$ 个决策单元 DMU_j 的输入量和输出量；$v = (v_1, v_2, \cdots, v_m)^T$ 和 $u = (u_1, u_2, \cdots, u_s)^T$ 分别为 m 种输入和 s 种输出对应的权向量，且 $v \in E^m$，$u \in E^s$，得出决策单元 j $(DMU_j, 1 \leqslant j \leqslant n)$ 的效率评价指数 $h_j = \dfrac{u^T y_j}{v^T x_j} \leqslant 1$，$j$ $(j = 1, 2, \cdots, n)$。效率评价指数 h_j 的含义为：在权系数 $v \in E^m$，$u \in E^s$ 之下，投入 $v^T x_j$，产出 $u^T y_j$ 时的产出投入之比。以 $j0$ $(1 \leqslant j0 \leqslant n)$ 决策单元 DMU_{j0} 的相对效率评价指数 $h_{j0} = \dfrac{u^T y_0}{v^T x_0} \leqslant 1$ 为目标，构成如下公式：

$$\max h_{j0} = \frac{u^T y_0}{v^T x_0}$$

$$\text{s. t.} \begin{cases} h_j = \dfrac{u^T y_j}{v^T x_j} \leqslant 1, j = 0, 1, \cdots, n \\ v = (v_1, v_2, \cdots, v_m)^T \geqslant 0 \\ u = (u_1, u_2, \cdots, u_s)^T \geqslant 0 \end{cases}$$

使用 Charnes – Cooper 变化，令：$t = \dfrac{1}{v^T x_0} > 0$，$\omega = tv$，$v = tu$，则目标函数为：

$$\frac{u^T y_0}{v^T x_0} = v^T y_0$$

约束条件为：

$$\text{s. t.} \begin{cases} \dfrac{u^T y_j}{v^T x_j} = \dfrac{v^T y_j}{\omega^T x_j} \leqslant 1 \\ \omega^T x_0 = 1 \\ \omega \geqslant 0, v \geqslant 0 \end{cases} \quad \text{其中，} j = 0, 1, 2, \cdots, n$$

线性规划的对偶规划（D）为：

$$\text{s. t.} \begin{cases} \min\theta \\ \omega^{\mathrm{T}}x_j - \upsilon^{\mathrm{T}}y_j\lambda_j \geqslant 0 \\ \sum_{j=1}^{n} \lambda_j y_j \geqslant y_0 \quad \text{其中}, j = 0,1,2,\cdots,n \\ \lambda_j \geqslant 0 \\ \theta \text{ 无约束} \end{cases}$$

应用线性规划的对偶理论，通过对偶规划来判断 DMU_j 的有效性。

（二）三阶段 DEA 模型基本原理介绍

该模型是 Fried 等（2002）在传统 DEA 模型的基础上，剔除了环境因素和随机因素的干扰，使其测算出的结果更加客观、精确。基本思路包含以下三个阶段。第一阶段，传统的 DEA 模型阶段。第二阶段，构建 SFA 分析模型。第一阶段的计算产生了每个决策单元的各项投入松弛量（包括径向松弛量和非径向松弛量），然而，松弛量受到环境因素、随机扰动和管理无效率的影响，都可能使第一阶段效率值存在偏差，无法准确、有效地反映每个决策单元的真实效率值。第三阶段，调整后的 DEA 模型，基于第二阶段调整后的投入值进行代入，并计算出每个决策单元的效率值。

在经济学中，通常需要估算生产函数或成本函数。生产函数 $f(x)$ 的定义为：在给定投入情况下的最大产出。但现实中的厂商可能达不到最大产出的前沿，假设厂商的产量为：

$$y_i = f(x_i,\beta)\xi_i \tag{6.1}$$

其中，β 为待估参数；ξ_i 为厂商的水平，满足 $0 \leqslant \xi_i \leqslant 1$。如果 $\xi_i = 1$，则厂商 i 正好处于效率前沿。同时，考虑生产函数也会受到随机影响，因此将式（6.1）改写成：

$$y_i = f(x_i,\beta)\xi_i e^{v_i} \tag{6.2}$$

其中，$e^{v_i} > 0$ 为随机冲击。式（6.2）表示生产函数的前沿 $y_i = f(x_i, \beta)$，e^{v_i} 是随机的，因此这种模型被称为"随机前沿模型"（stochastic frontier model）。

假设 $y_i = f(x_i, \beta) = e^{\beta_0} x_{1i}^{\beta_1}, \cdots, x_{ki}^{\beta_k}$（柯布—道格拉斯生产函数，总共有 k 个投入品），则对式（6.2）取对数可得：

$$\ln y_i = \beta_0 + \sum_{k=1}^{K} \beta_k \ln x_{ki} + \ln \xi_i + \ln v_i \tag{6.3}$$

由于 $0 \leqslant \xi_i \leqslant 1$，故 $\ln \xi_i \leqslant 0$。定义 $u_i = -\ln \xi_i \geqslant 0$，则式（6.3）可以写成：

$$\ln y_i = \beta_0 + \sum_{k=1}^{K} \beta_k \ln x_{ki} + v_i - u_i \tag{6.4}$$

其中，$u_i \geqslant 0$ 为"无效率"项，反映厂商 i 距离效率前沿面的距离。混合扰动项分布是不对称的，并且使用 OLS 估计不能估计无效率项。为了估计无效率项，必须对分布进行假设，并且执行更有效率的最大似然估计（MLE）。一般无效率项的分布假设有如下几种：半正态分布、截断正态分布和指数分布。在本书中，使用的是常用的半正态分布。另外，以上的结果可以通过 Stata 软件的随机前沿分析工具实现。

随机前沿模型还可以用于成本估计函数。在给定成本的前提下求产量最大化问题，其对偶问题就是给定产出下的成本最小化。对于柯布—道格拉斯生产函数，也容易证明其成本函数在形式上是柯布—道格拉斯的形式。类似于生产函数的随机前沿模型的推导可得：

$$\ln c_i = \beta_0 + \beta_y + \ln y_i \sum_{k=1}^{K} \beta_k \ln p_{ki} + v_i + u_i \tag{6.5}$$

其中，c_i 为厂商 i 的生产成本，y_i 为产出，p_{ki} 为要素 k 的价格，u_i 为无效率项，而 v_i 为对成本函数的随机冲击。对于成本函数而言，如果 $u_i = 0$，则达到最低成本的效率前沿；反之，如果 $u_i > 0$，则厂商需付出更高成本。由式（6.5）可知，对于成本函数的随机前沿分析，可以类似地进行最大似然估计。

在三阶段 DEA 模型中的第二阶段，如何选择生产函数和成本函数形式下的随机前沿模型，取决于冗余量是投入变量还是产出变量，进一步讲，取决于第一阶段投入产出法是投入导向型还是产出导向型。

本书测算基本公共服务供给效率的具体步骤如下：

第一步，首先将十年中的原始数据整理成一个截面数据导入 DEAP2.1 软件中，选择投入导向型的 CCR 模型，得到 $X_{\text{目标值}}$。

第二步，通过原始投入值减去目标值计算出冗余值 S_{ij}，公式如下：

$$S_{ij} = X_{ij} - X_{\text{目标值}}$$

第三步，将 S_{ij} 与环境变量 Z_{ij} 做随机前沿分析。

$$S_{ij} = f_i(z_j; \beta_i) + v_{ij} + u_{ij}$$

其中，由于第一步是选择投入导向型 CCR 模型，于是选择成本函数形式的随机前沿模型。

第四步，修正 X_{ij} 得到 X_{ij}^*。

$$X_{ij}^* = X_{ij} + [\max_j(z_j\beta) - z_j\beta] + [\max_j(v_{ij}) - v_{ij}]$$

第五步，将修正后的数据 X_{ij}^* 再导入 DEAP2.1 软件中，然后参照第一步求出效率值 θ。

（三）环境变量选取

DEA 的第二阶段需要外部环境变量选择。外部环境变量描述的可能是影响效率的因素，同时假定这些外部环境变量是超出各地区基本公共服务供给主体可控范围的，供给管理者无法掌握。这些环境变量因素包括城市人口密度、城镇化率、人均 GDP、人均中央净补助、居民受教育程度，具体信息如表 6-2 所示。

表 6-2　　　　　　　　　　　环境变量选取基本信息

环境变量名称	环境变量计算方法	单位
城市人口密度	（城区人口 + 城区暂住人口）/城区面积	万人/平方千米
城镇化率	年末城镇常住人口数占总人口的比重	%
人均 GDP	国内生产总值的绝对值与该年平均人口的比值	万元/人
人均中央净补助	［中央补助收入（即中央对地方税收返还和转移支付数额）－上解中央支出］/该地区年末常住人口数	万元/人
居民受教育程度	（最高学历高中、中专 + 最高学历大专及以上人数）/6 岁以上总人口数	%

（1）城市人口密度。该变量用来表示该区域内人口的疏密程度。人口疏密程度往往与社会、历史、地理等多方面因素有关，它并不受基本公共服务供给主体的控制，但却与政府的管理成本有莫大关联，会影响公共支出的绩效状况。预期影响效果需要实证。

（2）城镇化率。该变量用来反映地区城镇化的进程。城镇化是一个历史范畴，同时也是一个发展中的概念。城镇化水平高低往往与国家历史发展、经济状况、人口政策等因素有关，并不是地方政府能完全主导和左右的，是基本公共服务供给主体不能完全操控的。人口向城市聚集，会带来拥挤效应，政府的治理成本相应地会增加，有碍于效率的提升，但同时人口规模效应又可能提高管理效率的水平。因此，预期影响效果需要实证。

（3）人均GDP。该变量用以衡量该地区经济发展水平。地区的经济发展是一个复杂而庞大的体系，基本公共服务供给主体是没有办法决定的。该指标数值越大，表明该地区经济水平较高，经济发展环境越理想，在这样的状况下可能会带来供给效率的提升，但也可能会因为供给经济成本较高而带来供给效率水平的下降，预期影响效果需要实证。

（4）人均中央净补助。该指标用以反映中央财政对各地区财力的转移支付情况，补助数额的多少是由中央政府遵循一定的原则和标准进行计算的，基本公共服务供给主体各地方政府是无法干预的。预期影响效果需要实证。

（5）居民受教育程度。辖区居民受教育程度高会在一定程度上更好地参政，从自身需求偏好的角度给予政府更多建议，倒逼政府改革，从而提高基本公共服务供给的效率。但也有可能出现居民过强的个人意识干扰政府的综合判断，带来效果评价并不理想，从而有碍政府履职积极性的发挥，使效率水平下降。预期影响效果需要实证。

（四）数据来源与变量描述性统计

上文中选定的环境变量，系根据《中国统计年鉴》《中国财政年鉴》中原始数据的计算获得。数据采集范围为2007—2016年，每个变量的观测值为310个，投入变量、产出变量、环境变量的描述性统计，均值、标准差、最小值和最大值如表6-3所示。

表6-3　　　　DEA模型中投入、产出、环境变量描述性统计

种类	变量	样本数（个）	均值	标准差	最小值	最大值
投入变量	人均基本公共服务支出水平	310	0.551	0.371	0.105	2.638
产出变量	小学生师比	310	0.061	0.011	0.041	0.089
	高中生师比	310	0.068	0.014	0.044	0.129
	文盲率	310	93.092	6.458	58.820	98.540

续表

种类	变量	样本数（个）	均值	标准差	最小值	最大值
产出变量	每万人拥有卫生技术人员数	310	51.405	18.295	22.000	155.000
	每万人拥有医疗机构床位数	310	41.720	11.503	20.590	75.480
	城镇登记失业率	310	96.525	0.651	95.400	98.800
	城镇养老保险参保率	310	21.710	12.718	2.803	71.175
	城镇医疗保险参保率	310	36.196	22.383	6.283	109.307
	每百万人拥有公共图书馆数	310	2.956	3.107	0.992	25.000
	每百万人拥有博物馆数	310	2.252	1.146	0.342	7.186
	每万人拥有废气治理设施数	310	1.700	0.841	0.087	5.152
	每万人拥有废水治理设施数	310	0.552	0.313	0.042	2.502
	空气质量二级以上天数占全年比重	310	79.156	17.022	13.420	100.000
	每万人拥有公共厕所数	310	3.019	1.117	0.770	7.810
	人均公园绿地面积	310	11.300	2.830	5.640	19.770
	铁路网密度	310	0.022	0.019	0.000	0.097
	公路网密度	310	0.840	0.491	0.040	2.111
	通信基础设施密度	310	0.171	0.128	0.014	0.889
	每万人拥有公共交通车辆	310	11.707	3.390	6.200	24.840
	人均城市道路面积	310	13.824	4.356	4.040	25.820
	每万人国内三种专利授权数量	310	6.219	8.549	0.235	46.285
	省区国土面积配置气象监测设备数	310	97.529	74.765	0.097	414.286
环境变量	城市人口密度	310	0.274	0.123	0.052	0.597
	城镇化率	310	52.588	14.327	21.453	89.607
	人均 GDP	310	4.007	2.245	0.788	11.820
	人均中央净补助	310	0.435	0.499	0.051	4.136
	居民受教育程度	310	0.260	0.098	0.041	0.646

三　一阶段和三阶段 DEA 模型测算结果对比与检验

利用 DEAP2.1 软件，对 31 个省份 2007—2016 年的 310 个数据进行 DEA 效率测算，得出中国各地区基本公共服务供给技术效率值（即 TE），结果见表 6 – 4。

表6-4 一阶段 DEA 模型对技术效率（TE）的测算结果

省份	2007年	2008年	2009年	2010年	2011年	2012年	2013年	2014年	2015年	2016年	均值	排序
北京	0.692	0.683	0.601	0.63	0.585	0.501	0.538	0.487	0.413	0.399	0.553	27
天津	0.787	0.707	0.667	0.698	0.552	0.488	0.452	0.409	0.407	0.388	0.556	26
河北	1	0.915	0.83	0.829	0.679	0.625	0.605	0.568	0.472	1	0.752	5
山西	1	0.819	0.854	0.744	0.636	0.577	0.579	0.619	0.537	0.57	0.694	12
内蒙古	0.829	0.633	0.613	0.571	0.434	0.396	0.366	0.346	0.329	0.318	0.484	29
辽宁	0.976	0.844	0.783	0.718	0.604	0.519	0.479	0.491	0.57	0.564	0.655	14
吉林	0.982	0.741	1	0.908	0.693	0.639	0.585	0.544	0.491	0.468	0.705	10
黑龙江	1	0.881	0.995	0.885	0.711	0.624	0.621	0.602	0.535	0.557	0.741	6
上海	0.829	0.765	0.753	0.738	0.734	0.688	0.557	0.548	0.465	0.363	0.644	15
江苏	1	0.962	1	0.95	0.87	0.901	0.782	0.657	0.635	0.608	0.837	4
浙江	1	0.974	1	1	0.902	1	1	0.983	0.859	0.812	0.953	1
安徽	0.932	0.681	0.684	0.669	0.529	0.509	0.47	0.452	0.438	0.408	0.577	23
福建	1	0.977	1	0.913	0.7	0.641	0.603	0.559	0.505	0.475	0.737	7
江西	1	0.908	0.983	0.876	0.635	0.573	0.57	0.508	0.45	0.443	0.695	11
山东	1	0.971	1	0.899	0.789	0.732	0.681	0.656	1	0.966	0.869	3
河南	0.894	0.782	0.702	0.608	0.469	0.431	0.409	0.39	0.364	0.349	0.54	28
湖北	1	0.785	0.891	0.786	0.615	0.563	0.53	0.475	0.405	0.38	0.643	16
湖南	0.989	0.741	0.823	0.769	0.571	0.568	0.511	0.48	0.469	0.435	0.636	18
广东	1	0.965	1	1	0.96	1	0.925	0.896	0.674	0.678	0.91	2
广西	1	0.815	0.811	0.707	0.552	0.517	0.515	0.483	0.441	0.421	0.626	19
海南	1	0.761	0.686	0.676	0.542	0.501	0.463	0.422	0.351	0.313	0.572	25
重庆	0.751	0.586	0.693	0.593	0.528	0.863	0.875	0.807	0.714	0.674	0.708	9
四川	1	0.797	0.869	0.788	0.651	0.626	0.596	0.573	0.545	0.663	0.711	8
贵州	1	0.759	0.711	0.689	0.489	0.516	0.514	0.432	0.416	0.416	0.594	21
云南	1	0.809	0.714	0.69	0.512	0.443	0.418	0.401	0.381	0.381	0.575	24
西藏	0.494	0.273	0.215	0.307	0.152	0.762	0.699	0.495	0.418	0.344	0.416	31
陕西	1	0.732	0.71	0.641	0.524	0.569	0.572	0.535	0.513	0.605	0.64	17
甘肃	1	0.779	0.801	0.769	0.734	0.695	0.586	0.543	0.46	0.434	0.68	13
青海	1	0.795	0.583	0.437	0.368	0.319	0.306	0.292	0.253	0.262	0.462	30
宁夏	0.737	0.562	0.623	0.522	0.42	0.711	0.637	0.618	0.506	0.467	0.58	22
新疆	1	0.806	0.847	0.764	0.573	0.501	0.444	0.437	0.387	0.374	0.613	20
均值	0.932	0.781	0.788	0.735	0.604	0.613	0.577	0.539	0.497	0.501	0.657	

从表 6 - 4 可以看出，第一，从均值水平的排序来看，排名靠前的五位分别是浙江、广东、山东、江苏、河北，均属于东部地区。第二，从时间上来看，全国范围内的技术效率均值在不断下降，说明随着时间的变化，政府资金的撬动作用下降，其带来的经济效应呈现出递减的趋势。

以上一阶段的估计结果包括了环境因素和随机因素的干扰，因此其效率值存在一定的偏差，还需要剔除环境和随机因素的影响，进行三阶段 DEA 模型测算。在这之前需要将第一阶段计算得到的投入要素的冗余量，对之前筛选的环境变量进行随机前沿（SFA）回归，即第二阶段的实施，利用回归结果再对第一阶段要素投入量进行调整。在进行第二阶段面板随机前沿回归时，选择了城市人口密度、城镇化率、人均 GDP、人均中央净补助和居民受教育程度五个环境变量，经过初步回归剔除了不显著的环境变量，即城市人口密度和居民受教育程度，最终的第二阶段面板随机前沿回归结果见表 6 - 5。

表 6 - 5　　　　　　　　第二阶段面板随机前沿回归结果

变量名	系数	标准误	Z 值	P 值
城镇化率	- 0. 245 **	0. 109	- 2. 250	0. 024
人均 GDP	0. 362 ***	0. 052	6. 960	0. 000
人均中央净补助	0. 183 ***	0. 023	8. 030	0. 000
常数项	0. 008	0. 152	0. 060	0. 956
μ	0. 214 ***	0. 053	4. 070	0. 000
η	- 0. 064 ***	0. 021	- 3. 060	0. 002
σ^2	0. 036	0. 009		
γ	0. 506	0. 122		
σ_u^2	0. 018	0. 009		
σ_v^2	0. 018	0. 001		

注：（1）μ 为个体效应，η 为待估参数，σ^2 为方差，γ 为技术无效率方差占总方差的比重。

（2）*** 代表在 1% 的显著性水平下显著；** 代表在 5% 的显著性水平下显著；* 代表在 10% 的显著性水平下显著。

由表 6 - 5 可以看出，城镇化率对冗余量有显著负的影响，也就是城镇化率越高，生产同样的产出所需要的投入越少，说明城镇化率的提高有助于改进技术效率。人均 GDP 和人均中央净补助对冗余量有显著正的影响，表明人均 GDP 和人均中央净补助越高，生产同样的产出所需要的投入越多，抑制了技术效率的上升。μ 值为 0.214，在 1% 的显著性水平下通过了假设性检验，说明了技术的非效率均值为 μ 左侧 0 断尾的正态分布；η 为 -0.064，且在 1% 的显著性水平下显著，说明随着时间的推移，技术效率值在不断下降；γ 为 0.506，说明在符合误差项中，非技术效率项和随机干扰项具有几乎相同的作用。

根据第二阶段面板随机前沿回归结果，对原始的投入变量（X）进行环境因素和随机因素的调整，得出在相同的环境因素和随机因素作用下各地区的投入变量 X'。以 X' 为投入，以第一阶段相同的产出变量为产出，重新进行 DEA 效率测算，得到三阶段 DEA 测算的技术效率，结果见表 6 –6。

表 6 –6 三阶段 DEA 模型对技术效率（TE）的测算结果

省份	2007年	2008年	2009年	2010年	2011年	2012年	2013年	2014年	2015年	2016年	均值	排序
北京	0.97	1	1	1	1	1	1	1	0.904	0.833	0.971	1
天津	1	1	1	1	1	1	1	0.951	0.826	0.783	0.956	5
河北	1	1	1	1	1	1	1	0.93	0.762	0.745	0.944	13
山西	1	1	1	1	1	1	1	0.802	0.752	0.955	6	
内蒙古	0.905	0.9	0.911	0.91	0.914	0.941	0.951	0.93	0.767	0.718	0.885	30
辽宁	0.993	1	1	1	1	1	0.994	0.949	0.773	0.737	0.945	11
吉林	1	1	1	1	0.95	0.938	0.916	0.881	0.695	0.641	0.902	29
黑龙江	1	1	1	1	0.987	1	1	0.965	0.74	0.692	0.938	16
上海	0.96	1	1	1	1	1	1	0.817	0.769	0.955	7	
江苏	1	1	1	1	1	1	0.992	0.792	0.733	0.952	8	
浙江	1	1	1	1	1	1	0.996	0.816	0.798	0.961	3	
安徽	1	1	1	1	1	1	1	0.931	0.726	0.66	0.932	20
福建	1	1	1	1	0.977	1	0.979	0.887	0.68	0.62	0.914	27
江西	1	1	1	1	1	1	0.918	0.702	0.633	0.925	22	
山东	1	1	1	1	1	1	1	0.962	0.887	0.826	0.968	2

续表

省份	2007年	2008年	2009年	2010年	2011年	2012年	2013年	2014年	2015年	2016年	均值	排序
河南	0.999	1	1	1	1	1	1	0.942	0.718	0.674	0.933	18
湖北	1	1	0.998	0.976	0.961	1	0.985	0.921	0.728	0.674	0.924	23
湖南	1	1	1	0.993	0.969	0.986	0.963	0.912	0.723	0.682	0.923	24
广东	0.992	1	1	1	1	1	1	0.976	0.764	0.71	0.944	12
广西	1	1	1	0.984	0.932	1	0.958	0.883	0.671	0.615	0.904	28
海南	1	1	1	1	1	1	0.975	0.888	0.674	0.618	0.916	26
重庆	1	1	1	1	1	1	1	0.962	0.791	0.737	0.949	9
四川	1	0.954	0.95	0.931	0.962	1	1	0.939	0.742	0.716	0.919	25
贵州	1	1	1	1	0.971	1	1	0.949	0.723	0.687	0.933	19
云南	0.988	1	1	1	1	1	0.999	0.929	0.694	0.654	0.926	21
西藏	0.891	0.763	0.766	0.941	0.745	1	1	0.981	0.94	0.798	0.883	31
陕西	1	1	1	1	1	1	1	0.987	0.803	0.779	0.957	4
甘肃	1	0.999	1	1	1	1	1	0.964	0.742	0.702	0.941	14
青海	1	1	1	0.991	1	1	0.992	0.944	0.763	0.714	0.94	15
宁夏	1	0.945	0.983	0.982	1	1	1	0.995	0.818	0.737	0.946	10
新疆	1	1	1	1	1	1	0.983	0.922	0.744	0.697	0.935	17
均值	0.990	0.986	0.987	0.991	0.980	0.996	0.990	0.948	0.765	0.714	0.935	

从表6-6可以看出：第一，从各省份十年均值的排序中可以知道，北京、山东、浙江、陕西和天津分别为前五个技术效率较高的省份，而吉林、内蒙古和西藏则占据倒数的三个位置。与第一阶段测算结果相比，都得出山东和浙江技术效率排名靠前，而内蒙古和西藏则处于靠后的位置，从其他省份排名来看，两种算法得出的结论也不尽相同。第二，从时间序列角度来看，2007—2013年，全国各个省份的技术效率值变化不大，而从2013年开始，技术效率值均出现了不同程度的下降。第三，经过第二阶段的调整后，三阶段DEA方法测算各省份的效率值均产生了不同程度的增长，对所有的省份来说，三阶段DEA技术效率的测算值均大于一阶段的测算值。

为了对比一阶段和三阶段DEA模型的测算结果，并进行更加详细的分析，根据表 6 - 4 和表 6 - 6 绘制了图 6 - 1。

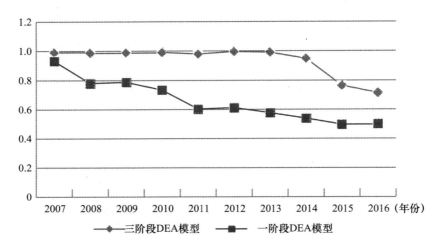

图 6 - 1　一阶段和三阶段 DEA 模型测算的技术效率随时间变化的趋势

图 6 - 1 中，两条线分别代表了三阶段 DEA 测算出的技术效率随时间变化的趋势线和一阶段 DEA 测算出技术效率随时间变化趋势线。从该图可以看出：第一，两条曲线随时间演进都呈现出下降的趋势，并且其斜率为负，说明随着时间的推移，技术效率在不断下降，其原因可能是随着社会经济生活日趋多元化，公共服务事业推进面临的挑战在逐步增大，工作的难度逐步上升，基本公共服务事业 "越来越难做"；第二，三阶段曲线向下倾斜并较为平缓，而一阶段曲线则相对陡峭，究其原因政府工作 "越来越难做" 是与环境因素和随机因素对效率值的影响共同作用的结果；第三，三阶段曲线在 2015 年出现了明显的下降，而一阶段曲线并没有出现较明显的变化，呈平缓态势，究其原因可能是环境因素在该时点发生较明显变化。通过原始数据比较分析发现，中国城镇化率在 2015 年出现增幅大幅度下降的情形，人均中央净补助在 2015 年出现增长幅度变大的情形，基于面板随机前沿的回归结果，两个环境变量不同的作用机制均导致技术效率水平在 2015 年出现较为明显的下降。

从表 6 - 4、表 6 - 6 和图 6 - 1 中可以看出，用三阶段 DEA 模型和一阶段 DEA 模型测算的结果不完全一致，本书利用两种方法对计算结果在统计学上是否存在显著差异进行了检验。两种方法分别是作为非参数方法的秩和检验和参数方法的匹配样本 T 检验，其检验结果见表 6 - 7 和表 6 - 8。

表 6 - 7　一阶段和三阶段 DEA 模型测算技术效率差异性秩和检验结果

变量名	样本数（个）	秩和	期望秩和
第一阶段效率值	310	61089	96255
第三阶段效率值	310	131421	96255
综合指标	620	192510	192510
	Prob >	z	= 0.0000		z = - 16.049

表 6 - 8　　　　一阶段和三阶段 DEA 模型测算技术效率差异性
匹配样本 T 检验结果

变量名	样本数（个）	平均值	均值的标准误	标准差	95% 下限	95% 上限
第一阶段效率值	310	0.6566	0.0118	0.2072	0.6335	0.6798
第三阶段效率值	310	0.9347	0.0061	0.1074	0.9227	0.9467
差异性	310	- 0.2780	0.0102	0.1791	- 0.2980	- 0.2580
	Ho: mean（diff）= 0　t = - 27.3306					
	Pr（T < t）= 0.0000　Pr（| T	>	t |）= 0.0000　Pr（T > t）= 1.0000					

从表 6 - 7 可以看出，秩和检验的检验统计值为 - 16.049，对应的 P 值为 0.000，因此在 1% 的显著性水平下拒绝了"两个技术效率测算结果一致"的原假设，说明一阶段 DEA 和三阶段 DEA 测算的结果具有显著性差异。从表 6 - 8 匹配样本 T 检验的结果中看出，检验统计值为 - 27.3306，对应的 P 值为 0.000，因此也在 1% 的显著性水平下拒绝了"两个技术效率测算结果一致"的原假设，说明一阶段 DEA 模型和三阶段 DEA 模型测算的结果具有显著性差异。通过上述两种方法检验结果可知，一阶段 DEA 模型和三阶段 DEA 模型测算的结果具有显著性差异。由于三阶段 DEA 模型考虑到了环境因素和随机因素，所以其计算结果比一阶段 DEA 模型更加科学、更为公平。因此，本书接下来的研究内容采用

三阶段 DEA 模型的测算结果进行分析。

四 三阶段 DEA 模型测算结果分析

由于三阶段 DEA 模型考虑到了环境因素和随机因素，可能会对基本公共服务供给效率造成的影响，并进行了处理，其测算结果更加科学、可信，因此本书进一步分析基本公共服务供给三阶段 DEA 模型测算的效率值，其结果见表 6-9。

表 6-9 基本公共服务供给三阶段 DEA 模型的各效率指标 10 年平均水平

地区	省份	技术效率（TE）	纯技术效率（PTE）	规模效率（SE）	按技术效率排序	技术效率地区平均	纯技术效率地区平均	规模效率地区平均
东部	北京	0.971	0.999	0.972	1	0.948	0.998	0.949
	天津	0.956	1	0.956	5			
	河北	0.944	1	0.944	13			
	辽宁	0.945	1	0.945	11			
	上海	0.955	1	0.955	7			
	江苏	0.952	1	0.952	8			
	浙江	0.961	1	0.961	3			
	福建	0.914	0.981	0.930	27			
	山东	0.968	1	0.968	2			
	广东	0.944	1	0.944	12			
	海南	0.916	1	0.916	26			
中部	山西	0.955	1	0.955	6	0.929	0.969	0.958
	吉林	0.902	0.994	0.908	29			
	黑龙江	0.938	1	0.938	16			
	安徽	0.932	0.968	0.958	20			
	江西	0.925	0.952	0.967	22			
	河南	0.933	0.946	0.983	18			
	湖北	0.924	0.948	0.972	23			
	湖南	0.923	0.940	0.979	24			

续表

地区	省份	技术效率 （TE）	纯技术 效率 （PTE）	规模效率 （SE）	按技术 效率 排序	技术效率 地区平均	纯技术 效率 地区平均	规模效率 地区平均
西部	内蒙古	0.885	0.997	0.888	30	0.926	0.985	0.940
	广西	0.904	0.949	0.954	28			
	重庆	0.949	1	0.949	9			
	四川	0.919	0.927	0.991	25			
	贵州	0.933	0.987	0.944	19			
	云南	0.926	0.981	0.942	21			
	西藏	0.883	0.988	0.893	31			
	陕西	0.957	1	0.957	4			
	甘肃	0.941	1	0.941	14			
	青海	0.940	1	0.940	15			
	宁夏	0.946	0.995	0.951	10			
	新疆	0.935	1	0.935	17			

表6－9中，技术效率（TE）＝纯技术效率（PTE）×规模效率（SE），可以看出：第一，按照技术效率全国各省级行政区划排序的结果，北京、山东和浙江排在前三位，而西藏、内蒙古和吉林则排在了后三位。中国基本公共服务供给效率高水平省份集中在东部地区，相邻的区域效率水平表现出较强的趋同性，北京基本公共服务供给效率是西藏的1.10倍，说明基本公共服务供给财政资金使用效率的差异明显，有一定的分化现象。进一步分析发现前三位和后三位地区的纯技术效率值比较接近，差别不大，而其主要差异在于规模效率。西部地区中四川的基本公共服务供给规模效率水平排名第一，中部地区中除黑龙江、吉林、山西三省以外其他几个省份规模效率水平均处于高水平区域，并表现出了区域上的聚集，分布上也呈片状。规模效率排名在后的是内蒙古、西藏和吉林。第二，从东部、中部、西部排序情况来看，东部地区平均技术效率值为0.948，区域间最高；其次是中部地区，平均技术效率值为0.929；而最低的是西部地区，平均技术效率值为0.926。按照各地区纯技术效率的均值来看，东部地区的效率均值最高，为0.998，其中绝大多数省份纯技术

效率都达到了最优效率水平。在纯技术效率中，西部地区比中部地区的效率均值高出 0.016，分别为 0.985 和 0.969，西部地区的重庆、陕西、甘肃、青海和新疆纯技术效率也达到了最优效率值，相较来看中部地区纯技术效率水平并不理想，未达到最优水平，说明中部地区基本公共服务供给在财政资金的管理支配使用方面差强人意，有较大提升的空间。从规模效率的地区均值可以看出，其排序与之前不同，中部地区的规模效率最高，为 0.958；东部地区次之，为 0.949；西部地区最低，为 0.940。从东部、中部、西部的效率水平来看，东部地区相较于其他地区，其纯技术效率水平和规模效率水平都比较适度，尤其是东部地区的纯技术效率较好，表明其比较重视经营管理水平；中部地区纯技术效率水平最低，说明其有提高经营管理水平的空间，中部地区的规模效率值最高，说明中部地区的基本公共服务供给规模适当；西部地区的纯技术效率和规模效率值都相对较低，说明西部地区应该在追求规模经济的同时必须提高经营管理水平。

五 技术效率、纯技术效率和规模效率相关性分析

由于技术效率（TE）=纯技术效率（PTE）×规模效率（SE），说明技术效率受纯技术效率和规模效率的影响。本书为了探究基本公共服务供给技术效率与纯技术效率和规模效率的相关性，绘制了散点图，具体见图 6-2 和图 6-3。

两个图中分割线的坐标分别为技术效率 TE、纯技术效率 PTE 和规模效率 SE 的均值。从图 6-2 和图 6-3 可以看出，多数省份都分布于图中的第一、第三象限，说明纯技术效率和规模效率较高的省份，一般具有相对较高的技术效率；图 6-2 中，第一象限大部分省份为垂直分布，说明随着技术效率的提高，纯技术效率值却没有变化，第三象限中的大部分省份处于水平分布，说明随着纯技术效率的提高，技术效率却没有大的变化，结果表明，技术效率与纯技术效率之间的相关性较弱；图 6-3 中，第一象限和第三象限的省份几乎呈现出直线的分布，且其斜率为正，说明技术效率和规模效率之间具有较强的正相关性。结合以上分析可以认为，技术效率主要受到规模效率的影响，故而要提高各个地区基本公共服务供给技术效率水平，应该在投入方面追求规模经济的效果，提高

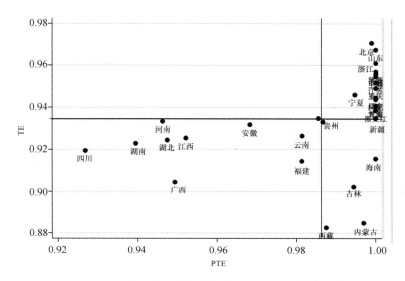

**图 6-2 基本公共服务技术效率（TE）与纯技术效率
（PTE）之间的散点分布情况**

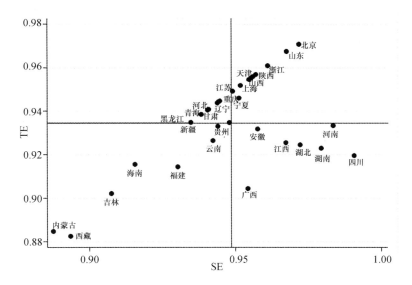

图 6-3 基本公共服务技术效率（TE）与规模效率（SE）之间的散点分布情况

规模管理的效率水平；生产经营的管理效率对技术效率的影响相对不大。
综上所述，各地区提高基本公共服务供给效率更应该加强公共服务事业
的规模管理，同时改进管理方法，达到事半功倍的效果。

第二节　基本公共服务供给效率影响因素面板 Tobit 模型实证分析

通过之前的研究可知，现阶段中国基本公共服务供给效率在省际、区域之间存在明显差异，本书基于 DEA-Tobit 两步法分析框架来考察基本公共服务供给效率的影响因素，深入探究中国基本公共服务供给效率差异产生的原因。

一　面板 Tobit 模型介绍

在某些情况下，被解释变量的取值范围可能受限制，称为"受限被解释变量"。如本书的被解释变量基本公共服务供给的效率（技术效率 TE）取值在 [0，1]。被解释变量受限模型又被分为断尾回归、归并回归和样本选择模型，本书主要采用归并回归模型。归并回归和断尾回归的区别在于，虽然有全部的观测数据，但对于某些观测数据，被解释变量 y_i 在一个点上被压缩。此时 y_i 的概率分布变为一个离散点与一个连续分布所组成的混合分布。因此，用最大似然估计（MLE）来替代普通最小二乘法（OLS），才能得到一致的估计，该方法被称为"Tobit"。

归并数据的面板模型即面板 Tobit：

$$y_{it}^* = x_{it}'\beta + u_i + \varepsilon_{it}$$

其中，y_{it}^* 是不可观测的被解释变量，随机扰动项 $\varepsilon_{it} \sim N(0, \delta_\varepsilon^2)$，而 u_i 为个体效应。如果 $u_1 = u_2 = \cdots = u_n$，也就意味着，每个个体效应一样，则可直接进行混合 Tobit 回归，但必须使用聚类稳健标准误，这是因为面板数据通常涉及组间异方差和组间自相关。但是，在一般情况下，个体效应在面板数据中是存在的，而且非常普遍。在考虑不失去一般性的前提下，为方便起见，假设在 1 处存在右端归并。假设可以观测到：

$$y_{it} = \begin{cases} 1, 若 y_{it}^* \geq 1 \\ y_{it}^*, 若 y_{it}^* \leq 1 \end{cases}$$

另外，如果 u_i 与解释变量 x_{it} 无关，则它是随机效应模型（RE）；相反，如果 u_i 与解释变量 x_{it} 相关，则它是固定效应模型（FE）。对于固定效应 Tobit 模型，由于无法找到个体异质性 u_i 的充分统计量，因此不能像固定效应的 Logit 或计数模型那样执行条件最大似然估计。如果将面板单位的虚拟变量（类似 LSDV 法）直接添加到混合 Tobit 回归中，则得到的固定效应估计量也不一致。因此，本书仅考虑随机效应的 Tobit 模型。

首先，在给定个体效应 u_i 的情况下，个体 i 的条件分布为：

$$f(y_{i1}, y_{i2}, \cdots, y_{iT} \mid u_i) = \prod_{t=1}^{T} \left[1 - \phi((x'_{it}\beta + u_i)/\delta_\varepsilon) \right]^{1(y_{it}=0)}$$

$$\left[\frac{1}{\delta_\varepsilon} \varphi((y_{it} - x'_{it}\beta - u_i)/\delta_\varepsilon) \right]^{1(y_{it}>0)}$$

其中，个体异质性 u_i 不可观测，假设 $u_{it} \sim N(0, \delta_u^2)$，记其概率密度函数为 $g(u_i)$。记 $(y_{i1}, y_{i2}, \cdots, y_{iT}, u_i)$ 的联合概率密度为 $f(y_{i1}, y_{i2}, \cdots, y_{iT}, u_i)$，并进行如下分解，$f(y_{i1}, y_{i2}, \cdots, y_{iT}, u_i) = f(y_{i1}, y_{i2}, \cdots, y_{iT} \mid u_i) \cdot g(u_i)$，将上式中的 u_i 积分掉，即可得到 $(y_{i1}, y_{i2}, \cdots, y_{iT})$ 的无条件分布：

$$(y_{i1}, y_{i2}, \cdots, y_{iT}) = \int_{-\infty}^{+\infty} f(y_{i1}, y_{i2}, \cdots, y_{iT}, u_i) du_i$$

$$= \int_{-\infty}^{+\infty} f(y_{i1}, y_{i2}, \cdots, y_{iT}, \mid u_i) \cdot g(u_i)$$

由于上述公式的积分无解析解，则一般使用"Gauss-Hermite quadrature"方法进行数值积分。类似地，可通过检验 $H_0: \delta_u = 0$ 来判断是否存在个体异质性。另外，可以定义同一个体不同期扰动项的自相关系数为：

$$\rho \equiv Corr(u_i + \varepsilon_{it}, u_i + \varepsilon_{is}) = \frac{\delta_u^2}{\delta_u^2 + \delta_\zeta^2} (t \neq s)$$

如果 ρ 越大，则复合扰动项 $(u_i + \varepsilon_{it})$ 中个体效应的部分 (u_i) 越重要。如果 $\rho = 0$，则说明 $\delta_u^2 = 0$，即不存在个体随机效应，而应选择混合回归。

二　数据来源与变量描述性统计

本书借鉴国内外相关文献，选取 8 个影响因素作为解释变量，预判可能对基本公共服务供给效率（技术效率 TE）产生影响，具体信息如表 6 – 10 所示。

表6-10   基本公共服务供给效率差异影响因素

影响因素 名称	影响因素 表达符号	影响因素计算公式	单位
城市人口密度	PD	（城区人口＋城区暂住人口）/城区面积	人/平方千米
城镇化率	URB	年末常住城镇人口数占总人口的比重	%
人均GDP	PGDP	国内生产总值的绝对值与该年平均人口的比值	元/人
人均中央净补助	PCNS	[中央补助收入（即中央对地方税收返还和转移支付数额）－上解中央支出]/该地区年末常住人口数	元/人
政府管理成本占比	GMCR	地方一般公共服务支出/总财政支出	%
财政自给率	FSR	地方财政税收收入/地方财政一般预算支出	%
居民受教育程度	REL	（最高学历高中、中专＋最高学历大专及以上人数）/6岁以上总人口数	%
地方财政支出占比	LFER	各省人均本级财政支出/（各省人均本级财政支出＋中央人均本级财政支出）	%

各影响因素资料根据相关年份《中国统计年鉴》《中国财政年鉴》数据计算获得。基本公共服务供给效率数值采用三阶段 DEA 模型测算的技术效率（TE）结果，见表6-6。样本期间为2007—2016年，共31个省份（不含我国港澳台地区），样本数为310个。表6-11对模型中用到的各变量进行简单的描述性统计。

表6-11   面板 Tobit 模型中数据描述性统计

变量	样本数 （个）	平均值	标准差	最小值	最大值
TE	310	0.935	0.107	0.615	1
PD	310	2737.216	1231.019	515.000	5967.000
URB	310	52.588	14.327	21.453	89.607
PGDP	310	40069.580	22453.850	7878.000	118198.000

续表

变量	样本数（个）	平均值	标准差	最小值	最大值
PCNS	310	4345.468	4987.311	512.197	41356.800
GMCR	310	2.955	3.061	1.002	22.133
FSR	310	38.881	19.666	3.937	90.624
REL	310	25.984	9.808	4.123	64.626
LFER	310	0.840	0.057	0.698	0.960

三　面板 Tobit 模型回归结果分析

前文基本公共服务供给效率区域之间存在差异，为了考察效率差异形成的主要原因，本书选择了面板 Tobit 模型，将测算得出的效率即技术效率值作为被解释变量，对影响技术效率的 8 个因素进行回归。选择 Tobit 模型的理由是技术效率值的上限为 1，可以认为将大于 1 的技术效率值都归并为 1。在所选的 8 个影响因素中，选择固定效应和随机效应分别进行试估计，均剔除了不显著的 3 个影响因素（人均中央净补助、政府管理成本占比、居民受教育程度），说明在本书研究期间该 3 个影响因素对基本公共服务供给效率的影响不大，之后技术效率值对剩余的 5 个解释变量进行面板 Tobit 模型回归，得出结果见表 6-12。

表 6-12　技术效率的面板 Tobit 模型回归及 Hausman 检验结果

变量	固定效应	随机效应
PD	0.000035 ***	0.000029 *
	(0.006)	(0.059)
URB	0.0042223	-0.0105253 *
	(0.221)	(0.099)
PGDP	-0.00000755 ***	-0.00000495 ***
	(0.000)	(0.001)
FSR	-0.0317 ***	0.0131456 ***
	(0.000)	(0.000)

变量	固定效应	随机效应
LFER	1. 168777 ***	0. 9405185 **
	(0. 001)	(0. 020)
常数项	− 0. 0568 *	0. 1955412
	(0. 051)	(0. 643)
样本数（个）	310	310
F 值	110. 27	173. 25
Hausman 检验	$chi^2 = 0.13$	$P = 0.9979$

注：括号内为每个回归系数的 P 值；*** 代表在 1% 的显著性水平下显著；** 代表在 5% 的显著性水平下显著；* 代表在 10% 的显著性水平下显著。

由表 6 - 12 可见：第一，Hausman 检验统计值为 0. 13，对应的概率为 99. 79%，接受了"随机效应模型正确"的原假设，因此本书选择面板 Tobit 随机效应模型。第二，从随机效应模型的估计结果可见，剩余的 5 个解释变量分别在 1%、5%、10% 的显著性水平下通过了检验，其中城市人口密度系数估计值符号为正，城市人口密度的增加会带来基本公共服务供给效率相应的提高。随着城市人口密度的提高，人口的聚集状况愈加明显，因存在人口规模效应，政府提供基本公共服务会更加具有效率，这一结论与 Philip Grossman、Panayiotis Mavros、Robert Wassmer (1999)，Afonso、Fernandes（2008），邓宗兵、吴朝影、封永刚、王炬 (2014)，易莹莹（2016）等国内外学者的观点相符。城镇化率系数估计值符号为负，表明城镇化率水平的提高，会带来基本公共服务供给效率的下降，可能的原因是伴随城镇化进程的推进，大量的农业人口涌入城市、城镇，会产生拥挤效应，加大地方政府监管的成本，带来治理方面的不便，相应地增加了地方政府基本公共服务供给的难度，降低了效率水平。这一结论与 Barney Cohen（2006）研究中"城市化进程的过快推进会使得发展中国家政府公共服务供给效率压力不断增大"的观点相符。人均 GDP 系数估计值符号为负，表明随着人均 GDP 的提高，效率水平会下降。人均 GDP 提高会降低基本公共服务供给效率，可能的原因是地区经济发展水平越高，越容易导致公共资源浪费，致使效率降低，抑或是收入水平提高会在一定程度上增加公共服务的供给成本，因而导致供给效率的下降。这一结论与 Baumol（1967）、易莹莹（2016）等国内外学者的观点相符。财政自给率系数估计值为正，说明地方政府财政自给率越高，基本公共服务供给效率也就越高，可能的原因是地方政府财政自给程度越高，基本公共服务供给方面的财政压力就越小，保障更安全，供给效果和效率都比较理想。这一结论与 De Borger 等（1996），续竞秦、杨永恒（2011），易莹莹（2016）等国内外学者的观点相符。地方财政支出占比估计值为正，表明随着地方财政支出相对量水平的提高，基本公共服务供给效率水平也会相应地提高，可能的原因是地方政府事权履行对应的支出水平越高，意味着支配的财力越大，会更有意识地关注财政资金使用的效果，追求财政资金的使用效益并且出台更加行之有效的资金管理规范和制度，供给效率会得到提升。

第三节　基本公共服务供给指数与供给效率相关性分析

本书将基本公共服务供给区域差异与公平、效率对标，在双系统框架下展开研究，因此在完成对基本公共服务供给指数和供给效率测算的基础上，需要进行两者之间的相关性分析。本书利用前面章节计算获得的 31 个省份（不含我国港澳台地区）2007—2016 年的 310 个 BPS 指数数据和技术效率（TE）数据分别从横截面、时间序列的角度绘制两者之间散点图并进行相关性分析。

一　截面数据基本公共服务供给指数与供给效率分析

为了考察同一时点各地区基本公共服务供给指数与供给效率（技术效率 TE）的相关性，本书利用 BPS 指数与 TE 十年平均值数据，绘制了散点图并进行了相关性检验，其结果分别见图 6－4 和表 6－13。

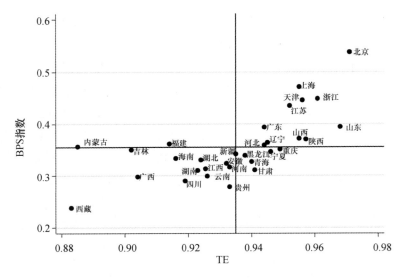

图6-4　BPS指数与TE均值散点分布情况

表6-13　　　　　　　　　BPS指数与TE均值相关性检验

	BPS 指数	TE
BPS 指数	1.0000	
TE	0.6808**	1.0000

注：**代表在5%的显著性水平下显著。

　　图6-4中两条分割线的坐标分别为31个省份BPS指数和TE均值（0.355和0.935）。由图可见绝大部分省份均落在第一和第三象限，即"高高"区域和"低低"区域，说明BPS指数较高的省份也具有较高的技术效率值。同时从表6-13也可以看出，BPS指数和TE之间的样本相关系数为0.6808，且在5%显著性水平下拒绝了"两者之间总体相关系数为零"的原假设，说明BPS指数与TE之间存在显著的正相关关系。截面数据的BPS指数和TE之间存在正相关性的原因可以用阿罗（Kenneth J. Arrow，1962）的"干中学"理论来解释。该理论认为，随着企业物质资本的积累，这当中也获得了如何更有效率生产的经验，使企业的效率不断提高。根据该理论可知，基本公共服务供给水平即BPS指数越高的省份，其基本公共服务工作的开展也相对完善，积累的生产管理经验也

越多，因此这些地区往往也具有较高的供给效率水平。

二　时间序列基本公共服务供给指数与供给效率分析

为了考察随着时间演进各地区 BPS 指数与供给效率即技术效率 TE 的相关性，本书利用 2007—2016 年的 310 个 BPS 指数和 TE 数据绘制了散点图并进行了相关性检验，其结果分别见图 6 - 5 和表 6 - 14。

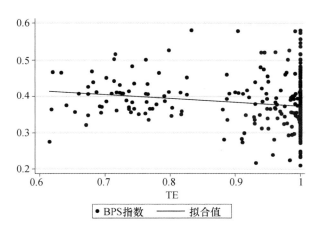

图 6 - 5　BPS 指数与技术效率 TE 散点分布情况

表 6 - 14　　　　　　　**BPS 指数与技术效率 TE 的相关性检验**

	BPS 指数	TE
BPS 指数	1.0000	
TE	- 0.1664 **	1.0000

注：** 代表在 5% 的显著性水平下显著。

图 6 - 5 中的直线为 BPS 指数与 TE 之间 OLS 的拟合线，由于该直线向右下方倾斜，斜率为负，说明从样本数据上来看 BPS 指数与 TE 存在负的相关关系。同时从表 6 - 14 也可以看出，BPS 指数和 TE 之间的相关系数为 - 0.1664，且在 5% 显著性水平下拒绝了"两者之间总体相关系数为零"的原假设，说明两者之间存在显著的负向相关关系。其原因可能是各地区在提供基本公共服务的早期往往会从较容易实施、更好开展的项

目着手，财政投入的产出效果明显，效率高。而随着时间的推进尚待完成的基本公共服务项目往往都较难实施，剩下的都是具有挑战性、难以攻克的"难题"，使技术效率随着时间的推移逐渐降低，BPS 指数却随着时间的推移，政府基本公共服务工作的深入，带来累积效果整体水平逐渐提高，这就导致了两者之间在考虑时间动态变化的情况下存在负向相关关系。这一现象的产生并不是政府不作为导致的，而是客观发展过程中可能出现的结果，寻求两者之间的正向互动，现阶段需要从政府管理层面进行改革，以实现传统路径的突破，创新政府治理模式，提高基本公共服务供给效率水平。

第四节 本章小结

对中国基本公共服务供给指数区域差异现状和影响因素客观分析之后，本章评价基本公共服务供给的效率水平，分析基本公共服务供给指数与供给效率的相关关系，建立对标公平与效率的双系统考察框架，综合评价中国基本公共服务供给区域差异的状况。

第一，利用 DEAP 2.1 软件，选用三阶段 DEA 模型剔除环境变量、随机因素干扰后测算中国各地区基本公共服务供给效率。参数方法的匹配样本 T 检验和非参数方法的秩和检验结果均证明用三阶段 DEA 模型和一阶段 DEA 模型测算的结果具有显著差异，选择三阶段 DEA 模型测算结果进行后续研究现实意义更强。以均值水平比较来看，东部地区技术效率值最高，其次为中部地区，最低的为西部地区。从各省份具体情况来看，排名靠前的省份是北京、山东、浙江、陕西、天津，其中陕西属于西部地区，其他均属于东部地区。排名靠后的省份是西藏、内蒙古、吉林、广西、福建，其中吉林和福建属于中部和东部地区，其他三个省份均来自西部地区。通过对指标的分解可知：东部地区相较于其他地区，其纯技术效率较高，绝大多数省份都达到了最优效率水平，表明该地区非常重视基本公共服务供给的管理；中部地区纯技术效率水平最低，说明其有提高管理水平的空间，但中部地区的规模效率值最高，说明中部地区的基本公共服务供给规模适当；西部地区绝大多数省份的纯技术效率和规模效率值都相对较低，说明西部地区应该在重视追求基本公共服务供给规模效应经济性的同时提高其运营管理水平。从技术效率、纯技术效率和规模效率相关性散点图分析可知，要提高各地区基本公共服务供给效率，应更加注重在投入方面追求达到规模经济的效果，加强公共服务事业的规模管理。

第二，基于 DEA-Tobit 两步法分析框架，系统评价中国基本公共服务供给效率差异产生的原因。根据三阶段 DEA 模型计算得出的效率值（技术效率 TE），最终选择面板 Tobit 随机效应模型来实证考察社会环境、人口素质、经济水平、财政体制、职能管理等多个维度与基本公共服务供给效率之间的内在影响关系，得出结论：城市人口密度、财政自给率、地方财政支出占比对基本公共服务供给效率具有显著正向的影响；城镇化率和人均 GDP 对基本公共服务供给效率具有显著负向的影响。其他的影响因素在本书研究期间对中国基本公共服务供给效率的影响并不显著。结合之前章节中对 BPS 指数影响因素的综合判断，对政府的启示在于，应更加注重城市人口的聚集，深化财政体制改革，扩大地方财政的自主权限，提升地方财政自给率水平，同时在推进城镇化的进程中，注意防范城镇化过快有可能带来农业人口进城出现的拥挤效应等治理方面的问题，并且要客观地看待经济水平的提高有可能会加大公共资源供给成本，从而带来的效率损失问题。

第三，本章对基本公共服务供给效率的研究，目的在于客观评价中国基本公共服务供给区域整体状况，不仅是从基本公共服务财力配置结构、供给指数的差异性进行考虑，还应对标效率原则，从投入与产出层面进行深入的技术管理与规模效益管理研究。因此本书将基本公共服务供给指数与供给效率置于双系统的框架体系之下，统一权衡，进行彼此之间相关性分析。结论一，通过基本公共服务供给指数与技术效率 10 年均值截面数据的散点图和相关性检验分析，得出基本公共服务供给指数与技术效率之间存在显著的正相关关系。基本公共服务供给指数高、供给完备的区域，在整个过程中地方政府能够积累到宝贵的经验为己所用，因此其供给效率也在不断地改进和提升，这一结论符合阿罗（Kenneth J. Arrow，1962）的"干中学"理论。结论二，通过基本公共服务供给指数与供给效率时间序列数据散点图和相关性检验分析，两者之间存在显著的负向相关关系。基本公共服务供给是一个周期长、系统庞大的工程，在其提供的最初阶段，财政资金的乘数效应明显，即便该时期基本公共服务指数水平并不高，各领域并没有较高的服务质量，但相对少的投入带来的产出效果较为明显，因此供给效率较高。随着基本公共服务工程推进的深入，政府面临的挑战是前所未有的，即便这一阶段随着国家综合实力提升，各地区基本公共服务供给指数水平得到不同程度的提高，但各地区的供给效率却可能出现不同程度的下降，不是政府职能履行中出现了偏差，而是进入基本公共服务供给攻坚阶段，投入的撬动效用没有初期来得明显，供给效率与指数之间出现了负相关关系，也表明政府在公共服务事业的工作中"越来越难做"。同时也迫使政府应创新基本公共服务供给的思路和方式，注入新的理念，尝试新的改革，提升基本公共服务供给效率，进而实现中国基本公共服务供给整体水平提高基础上的均等化。

第七章

完善中国基本公共服务供给的对策建议

新常态下我国经济运行总体平稳，完成了经济适度增长的设定目标，物价波动在可控范围内，新增就业取得了突破性成效，人民生活质量也不断提高，区域发展有了新的方向，国内外市场融合态势也越发明显，并相应地拓展了国内区域发展的空间，促进了区域协同发展和互动，成效显著。但同时也应看到现阶段国内外经济形势错综复杂，区域分化趋势明显，收入分配、公共服务供给的差异悬殊。中国基本公共服务供给在规模总量、结构比例及质量、效率等方面都存在明显区域差异，突出的问题比较多。根据之前的实证分析结论，客观评价中国基本公共服务供给区域差异的状况，研究期间虽呈现出差异缩小态势，但在 2016 年基本公共服务供给差异有拉大的迹象，出现了新的变化，即区域间及其内部的分化。这一现实情况很难满足人们对国家改革成果共享的要求，也与中国提出的基本公共服务均等化目标存在差距，在一定程度上有碍区域协调发展战略的实现。本章根据基本公共服务均等化的要求，提出区域视阈下的对策建议，以利于实现基本公共服务优化供给，提升对区域协调发展的边际贡献。

实现区域协调发展，共享改革开放 40 多年的硕果，缩小居民之间的福利差距，关键问题在于实现基本公共服务均等化供给，探讨最适宜现阶段中国基本公共服务供给现状的对策建议，是本书研究的终极目标。一直以来，学术界都致力于研究实现基本公共服务均等化的对策，多源于将其作为公共物品属性的探究，绝大部分观点都是立足于政府政策建议和制度设计等角度提出的，但同时基本公共服务又是与社会公众联系最为紧密的公共物品，因此还应从社会公众的立场出发拟定对策建议，从需求侧的角度倒逼政府部门改革，使其在公平效率的目标设定下提供令社会公众满意的基本公共服务。基于此，本书从政府立场和社会公众偏好需求满足的诉求出发提出对策建议。改善中国基本公共服务供给水平，缩小区域之间的差异，更好地营造基本公共服务均等化实现的政策制度环境，力求政策建议更能凸显法制化、绩效化、标准化、协同化的工具理性特征。

第一节 基本公共服务供给的目标框架

一 微观目标——满足居民生活质量提升的需要

改革开放40多年来，伴随我国经济体制由计划经济向市场经济的转轨，产业规模不断壮大，呈现出社会经济快速增长、国家综合实力逐步增强、财政收入迅速增加的局面。基于基本公共服务社会需求与政府供给能力的分析，从微观视阈来看，基本公共服务供给的目标应是在财政供给的实际承受能力范围内，尽可能满足辖区内居民生活质量提升的需要，在一定程度实现居民偏好利益的最大化，居民生活不断得到改善。现阶段囿于公共财力限制，基本公共服务供给在质量水平方面还存在不平衡、不充分的现象，因此，相当长的时间内仍应逐步加大财政对基本公共服务供给的扶持力度，使居民对基本公共服务满意度大幅提升，人们获得感、满足感显著增强。

二 中观目标——基本公共服务均等化

基本公共服务均等化是政府执政过程中所追求并希冀能够达成的目标。随着社会主义市场经济体制的建立和完善，基本公共服务均等化已经成为区域经济、公共财政领域需要破解的重要难题。推进基本公共服务均等化是构建社会主义和谐社会，落实科学发展观，坚持"以人为本"、共享发展、"社会主义公平正义"、"惠及最广大人民群众"等执政理念的重要步骤。

（一）基本公共服务均等化目标界定

基本公共服务均等化目标的实现是维护社会公平与正义，保障全体社会成员生存权的前提，更是现代社会主流价值观和国家执政理念的具体体现。基本公共服务均等化目标的界定要结合我国的基本国情，充分考虑公共财政的承受能力、社会经济生活的应然状态，以解决公共性民生问题为重点，探索基本公共服务均等化的实施步骤。基本公共服务均等化是一个复合性的目标体系，包含多重要义。第一，政府提供基本公共服务能力的均等化，逐步实现由非均等到均等的过程演进，这一目标的架构可以概括为机会均等。第二，受益由非均等转化为均等化的过程，基本公共服务应该无差别、一视同仁地供给每一位公民和每一个企业，公民和企业不论在哪个区域居住或是经营，都有平等享受国家基本公共服务的权利，这一目标的架构可以概括为结果均等。第三，基本公共服务均等化的差异性权衡。基本公共服务均等化是一个相对的概念，并不是绝对的，基本公共服务均等化的评判标准应该是效用的最大化，并不是绝对意义上等量的供给，一味地"一刀切"而不考虑各个区域的经济发展水平、居民偏好状况，无差异的基本公共服务反而会造成某些区域居民消费水平的低下。因此，基本公共服务均等化界定中的差异性也是其目标架构中应予以正确对待的。

（二）基本公共服务均等化目标界定的意义

基本公共服务均等化目标的实现，具有重大的现实意义和深远的历史意义。

第一，基本公共服务均等化的实现有利于弥补市场失灵，缓解收入分配不公。市场经济体制下，市场对资源配置起决定性作用。但完全竞争的市场，现实中并不存在，无法实现帕累托最优，都存在效率的损失，即表现为市场失灵，其中就包含收入分配不公平这一现象。衡量我国收入分配公平的统计指标基尼系数已经超过了国际警戒线，收入分配差距悬殊。客观原因在于每个社会成员的资源禀赋存在差异，即便在机会均等的条件下也会导致收入水平、财富状况、消费能力的不同。市场经过初次分配形成差异，政府有责任承担再次分配的职责，履行收入分配的财政职能，推进基本公共服务均等化，帮助低收入群体、弱势群体解决生活中最基本的问题，满足公民生存与发展的基本需要，缓解分配的不公，避免社会矛盾激化。

第二，基本公共服务均等化有利于缩小居民之间的消费差距。居民消费水平在衡量时更多采用的是恩格尔系数这一指标，它能够揭示居民消费者消费需求的变化规律。随着经济水平的提高，恩格尔系数中食品类的消费支出比例会下降，当居民的收入超过一定水平时，公共物品的需求就变得更为迫切和重要。基本公共服务所涵盖的领域开始挤占消费结构中私人物品的相对份额。私人物品的消费取决于消费者个人收入预算线和产品的无差异曲线，个体之间消费状况差距较大，而基本公共服务均等化目标的实现能够改善城乡之间、地区之间的非均等现象，缩小居民消费差距。

第三，基本公共服务均等化有利于实现社会和谐稳定。构建社会主义和谐社会，必须坚持以人为本、利益和谐的原则，积极做到在共建中共享，在共享中共建，在经济建设发展中实现成果共享，通过改革成果共享有效推进经济建设活动中个体效能的发挥，从而化解我国现阶段存在的城乡之间、地区之间、行业之间、不同群体之间收入差距过大、消费差距过大的现实问题。按照公平正义的执政理念，推进基本公共服务均等化有利于满足社会成员基本生存权利和发展权利的需要，解决好社会成员所面临的民生性问题，实现公共利益和谐，促进社会和谐与稳定。

三　宏观目标——区域协调发展

我国地域辽阔，地区间资源禀赋、历史条件、地缘政治和经济发展水平差异都较为明显，区域之间非均衡发展俨然成为中国的又一国情。通过基本公共服务有效供给来实现区域间协调发展是宏观的目标定位，也是拓展区域发展新空间、提升地区品质的内在要求。中国经济的快速增长是在相当短的时间内完成的，经历了工业化、城镇化、全球化、信息化叠加的过程，这一过程中不同区域采取了非均衡的发展战略，造成了经济水平、收入分配、民生状况等诸多方面的不协调，尤其是教育、社会保障、医疗卫生等民生问题方面，在发达地区与欠发达地区之间民众享受程度的差异依然明显，这成为推动区域协调发展和全面建设和谐社会的障碍。实现基本公共服务高质、高效供给，能够缩小区域差异，实现社会公众享有同权、同质的公共服务，有利于人口要素合理流动，推动区域经济增长，建立更加有效的区域协调发展新机制，促进区域协调发展战略目标的实现。

第二节　完善基本公共服务法制化
建设，提升供给有效性

依法治国是发展社会主义市场经济的客观需要，用完备的法制来规范和保障经济行为是最有效的化解政府干预失效、市场失灵的法则。提升基本公共服务供给的有效性，首先要做的就是针对基本公共服务领域出台相关的法律、法规，能够从源头保障供给行为合法、合规，并针对可能出现的问题提前做出警示，防止寻租现象的发生。反观现阶段中国在基本公共服务领域的专门立法是缺失的，即便是与之相关的法律、法规内容也很少，在专门、完整出台一部关于基本公共服务全周期过程的法律没办法做到的情形下，可以在已有的法律、政策、规章制度的基础之上，加入相应条款内容，在发挥原有约束作用的同时，规范基本公共服务供给行为，保障基本公共服务供给规模和提高供给效率，提升供给的有效性。

一　基本公共服务绩效评价的法制建设

基本公共服务绩效评价的法制建设能够极大地督促政府追求财政资金的使用效率，提高基本公共服务供给的效率水平。

财政支出绩效评价理念源自《中华人民共和国预算法》中的思想和具体要求。其中在第一章总则中第十二条，第四章预算编制中第三十二条，第五章预算审查和批准中第四十九条，第六章预算执行中第五十七条，第八章决算中第七十九条都对绩效评价内容做了相关阐述。但到目前为止尚未出台针对绩效评价专门的、规范性的法律制度，现有的都是中央和地方各级政府出台的政策、试行方案和相关办法等，公共财政支出已经成为政府绩效管理的重点，但对绩效评价工作却缺乏相关度更高的法律文件的约束。虽然《预算法》中对财政工作各环节提出开展绩效评价的要求，但更多的是原则性和指导性的阐述，并没有涉及具体的操作程序和内容，因此应该尽快出台基本公共服务领域的基本法。结合内容探索设计一套针对基本公共服务项目共性特征和个性特征，有较强公信力的绩效评价体系，并能通过立法明确指标内容，法案中就基本公共服务绩效评价的机构设置、操作程序、申诉制度和法律责任都应有明确的文本规定，以法的形式固定下来能够使绩效评价工作更具有权威性、统一性和固定性。在短时间内，如果没有办法出台基本公共服务绩效评价基本法，建议修订现有法案的相关内容，增加针对基本公共服务供给主体的绩效管理要求，比如已有的预算法、会计法、审计法等，以实现现阶段对基本公共服务领域支出的绩效评价约束力。

二 基本公共服务事权与支出责任划分的法制建设

基本公共服务领域事权与支出责任划分的法制建设能够更好地敦促中央政府与地方政府各尽其职，双方协同作业，提高基本公共服务供给的有效性。

关于中央和地方政府供给公共服务的基本原则国内外都已经明确，国内关于基本公共服务供给的重要文件也出台了不少。2018 年 2 月，国家出台文件明确将基本公共服务中 8 大类 18 项具体内容纳入中央与地方共同财政事权范围，给出了责任清单及基础标准、支出责任划分，明列了中央、地方在基本公共服务各领域的支出责任比例，同时也提及推动省以下地方政府支出责任的改革方向，但它仅仅是政策、方案，并不是法律的形式。中央和地方政府履职时缺少法律严格约束，表现为各自职能履行时缺位现象屡屡发生，职责交叉重叠，同时基本公共服务在省级以下各级政府的事权和支出责任划分也不尽规范。造成个别地方政府因财政状况的窘迫，在协调治理机制中产生易变性，与中央财政进行博弈，或是将事权职责层层向下转移，随意的裁量权也使越是基层政府负担压力越大，在很大程度上抑制了地方提供优质高效基本公共服务的积极性。如果能将中国现行的政策上升到法律层面，以法律形式加以体现，则权威性更高，能较好地约束各级政府履行职能。推进基本公共服务事权与支出责任划分法制建设，能够避免发展目标的一致性与各个区域约束条件的差异性矛盾，避免责任推诿现象发生。现阶段可以考虑借鉴成熟市场经济国家在事权和支出责任划分上的做法，英国、美国等发达国家针对该项内容都可以找到专门、明确的法律依据。比如英国的《地方政府法》《地方政府社会服务法》等法律都有关于事权与支出责任划分的规定。中国可以设置部门法等，或是在现有的法案中增加相关内容的详尽法律条款，比如在宪法、预算法中增加相应的内容，以此保证政府间事权和支出划分不仅有原则性的依据，更有法律的约束，确保事权与支出责任划分的权威性、固定性。

第三节 完善公共财政制度建设，提高整体供给水平

基本公共服务的公共物品属性是政府提供的必要原因，提供均等的基本公共服务是公共财政的内在要求，是政府的重要职能。因此，重新审视公共财政制度，创新制度供给，是提高基本公共服务供给水平，缩小区域差异，推进基本公共服务均等化的重要举措。制度演进往往存在路径依赖，实现现有制度的创新是突破改革中路径依赖的关键。

一 完善地方财力体系建设，提高财政自给水平

目前，中国基本公共服务供给主要还是政府完全主导的模式，政府财力水平状况直接关系到供给的水平和程度。按照事权决定财权，中央和地方应该有与之相匹配的财力保障，但目前财权上移明显，地方政府自有财源明显不足，对中央转移支付过分依赖。实现基本公共服务均等化目标，依赖中央财政均衡财力为其提供资金是很难实现的，地方财力水平更会直接影响辖区基本公共服务供给的规模和水平，也是造成基本公共服务供给区域差异很重要的原因。尤其对基本公共服务供给水平薄弱的地区，弥补地方财力不足、培植地方财源、广辟融资渠道是缩小基本公共服务供给区域差异的关键。为了达成这一目的，从地方政府的角度可以选择两方面举措：

第一，培育地方税源，完善地方税体系建设。近几年来中国财税体制进行了较大规模的改革，减税降负已成为新时代背景下税改的主要趋势。营业税改征增值税后，地方政府失去了主体税种，地方财政收入锐减，弥补地方自有财力不足、壮大地方税体系迫在眉睫。"营改增"后由于税收收入中央、地方共享，过渡期暂定比例是 50：50，地方自有财力受到影响。基于此，应考虑"营改增"过渡期结束后明确地方政府增值税共享的比例，适当提高地方政府收入分成的份额，弥补地方税收收入

的损失。在原有税种设置的基础上，推进房产税改革，完善财产税制度，因房产具有固定性，地方政府在税源信息把握方面具有优势，一旦开征对地方财政的税收贡献较大，因此房产税可以成为地方税体系的主体税种。新开征的环境保护税全部作为地方税收收入，在一定程度上弥补了地方财力的缺失，因为原来的排污性收费实行的是中央和地方分成，现在"费改税"之后全部税收收入划归地方政府，调动了地方政府环境保护的积极性。中国地方税税种数量繁多，但税收收入贡献率不高，税源分散零星，也给税收征管工作带来一定的难度。因此强化税收征管，提升纳税遵从度，做好纳税服务工作，也是确保税收收入应收尽收，完善地方税体系建设的重要内容。中国作为中央集权的单一制国家，税收权限高度集中在中央，健全地方税体系可以考虑将税权适当下放，在一定程度上省级政府可被赋予部分税收权力，有利于地方职能部门因地制宜地培植地方财源。综上所述，地方税收体系的建设使基本公共服务供给能够更多地依赖地方自有财力，提高财政自给率水平，使税收增收成为民生改善的前提和基础，体现了因果逻辑关系。

第二，用好地方政府举债的手段，加强地方债务管理。新修订的《中华人民共和国预算法》在地方政府举债问题上做出较大调整。地方政府举债被法制化和规范化，强调地方政府债务的公开性，也便于中央对地方政府总体债务规模的监督和宏观调控。针对地方政府债务的使用，应与地方政府职能相匹配，基本公共服务领域将作为与地方政府债务相关联的内容来考量。现阶段所出现的用于弥补社会保障计划及资金收支缺口的债务就属于地方政府隐性债务。地方政府债务资金筹集之后应明确其投向，可以借鉴美国的做法：美国州和州以下地方政府发行的"市政债"主要目的是为教育、交通、通信、路桥等公共设施筹措资金。中国地方政府债务也应主要用于建设，可倾向于道路交通、保障房建设、学校和医院的基础配套设施建设等领域，有利于完善基本公共服务供给。同时通过地方政府债务的发行，提高地方政府集中财力的能力，促进地区基本公共服务供给水平的提高。对于地方政府债务要全口径、全方位适时披露其信息，增强财政透明度，规范政府的举债主体和举债方式，加强地方政府债务管理，建立防范债务风险的制度与技术监控体系，警惕可能出现的地方政府债务风险。归根结底，地方政府债务自发自还的机制设定，最后仍需要地方财源的壮大，使地方债务举借和使用具备安全的保障机制，地方政府债务能够成为基本公共服务供给有效的融资手段。

二　完善转移支付制度，有步骤地缩小区域间供给差异

中央补助的主要构成是税收返还和转移支付，资金份额占比也是最大的，本书主要探究转移支付制度的完善与改进对基本公共服务供给的作用。1994 年分税制确立，转移支付制度成为其主要内容，用来平衡中央与地方之间的财力，解决纵向财政失衡、横向财政失衡，以及公共物品外部性问题，一定程度上起到了调和剂、润滑油的功效。发达国家在使用转移支付制度的时候还解决了公共服务均等化的问题。然而，中国政府间转移支付制度并没有产生令人满意的均等化效果（Martin Raiser，1998；马拴友、于红霞，2003；王雍君，2006）。其中转移支付以税收返还和专项转移支付形式发生的时候，对基本公共服务均等化甚至是无效的（胡斌、毛艳华，2018）。本书在 2007—2016 年研究期间内也没能得出转移支付对基本公共服务供给均等化具有显著积极影响的结论。但不能因此忽略转移支付制度的现实作用，在中国区域差异较为明显的背景下，通过转移支付实现财力水平的均等，对基本公共服务供给是非常必要的。因此完善中央补助制度，优化转移支付规模和结构，使其更加有效地发挥机制本身的作用，缩小区域间基本公共服务供给差异成为公共财政制度创新、财政体制改革的重要内容。

第一，优化转移支付规模，提高中央财政财力的集中度水平，选择适当规模总量。完善转移支付制度，并不是一味地追求高水平支出数额，而是应确定合理的转移支付规模。从 2010—2017 年中国地方政府转移性收入情况来看，转移支付数额的绝对规模是增加的，但相对比重却出现了下跌，2016 年开始出现上涨。出现这种现象的原因是 2008 年国际金融危机爆发后，实体经济衰退，增值税税收贡献开始下降，因此用于转移支付的资金相对规模有所下降。完善转移支付制度，解决基本公共服务均等化问题，要合理界定转移支付总量规模。此外，还要确定合理的转移支付资金分配方案，避免出现"跑部钱进"的现象。选取可控制的客观性因素作为分配转移支付资金的依据，包括人口密度、人均 GDP、城

镇化水平等，按照"因素法"的公式求出各地标准财政收入和标准财政支出，据此测算出各地区应转移支付的数额。同时对"因素法"每隔一段时间进行动态调整，修正指标与权重的误差，提高公式的科学性与准确性，真正反映区域特质和变化。同时也要求健全各地区的基础数据库，转移支付分配标准涉及的相关信息统计要完整、准确，针对基本公共服务相关需求信息做系统的统计和备案，以便按照"因素法"进行计算和预测。此外，在做好中央纵向转移支付工作之外，可以借鉴德国、比利时、瑞典等实行纵向与横向相结合的转移模式，做好发达省份与欠发达省份、落后地区间的对口支援工作，促进区域间基本公共服务供给水平的均等。

第二，优化转移支付结构，合理配置各项内容份额。为便于理顺转移支付结构调整的思路，有必要厘清中国转移支付的构成。现阶段转移支付的结构内容，包括一般性转移支付，其中含有均衡性转移支付，还有专项转移支付和税收返还。一般性转移支付，具有均衡地方财力的作用，是实行基本公共服务均等化的重要保证。一般性转移支付没有条件限制，给予下级政府更大的资金使用自由度，是能够补助地方公共服务支出不足的基本制度，有利于均等化目标的实现。同时尝试建立一般性转移支付制度的基金制度，以弥补地方一般公共商品供给的资金缺口（吴俊培、郭柃沂，2016），有利于地区间的协调发展。专项转移支付通常指定使用方向，一般还要求地方政府进行资金配套，这会给地方财政原本就拮据的地区带来负担，并可能因无法配套而造成资金分配不公平。专项转移支付受"基数法"影响颇多，科学性欠佳，而且专项转移支付制度存在审批时间长、多头申报、预算支出进度慢等管理问题，所以应适当压缩专项转移支付。但同时专项转移支付往往又最能代表中央的政策意图，专款专用有效贯彻，效果往往比较明显，预算约束较一般性转移支付也更强（韩冰，2014），建议专项转移支付集中指向关乎民生的公共服务领域。建议摒弃现今多头部门对专项转移支付的裁量权和分配权，避免部门之间的利益藩篱，由财政专门部门统一负责资金分配和下拨，加强对转移支付的集中管理，提高转移支付的绩效水平。针对税收返还，建议逐步取消。原因在于税收返还制度会保持地方既得利益，在一定程度上加剧地区间财力水平的差异，往往自有财力雄厚的地区，能得到的税收返还数额也高。因此，应取消中央对地方的税收返还，留归中央，避免地方因制度设定强化自身财力水平差距，造成区域间基本公共服务供给差异。

第四节　适度推进基本公共服务市场化 改革，提高供给效率

本书认为，现阶段中国基本公共服务供给效率不高、机制不畅，政府供给基本公共服务随着工作的开展，符合"干中学"理论，积累了经验，有利于提高供给效率水平，但同时工作中面临的挑战也越来越多，进入改革的深水区，工作开展难度加大，寻求效率提升的有效途径不能仅仅锁定在政府自身，应实现传统路径突破，创新供给模式，厘清政府与市场之间的逻辑关系，正确认识市场化供给的定位，分析当前两者之间尚未有效协同的障碍，就基本公共服务领域政府供给与市场化供给两种渠道的协同关系进行建构。

一　基本公共服务供给模式的选择

基本公共服务市场化改革就是要对传统模式下由政府统揽基本公共服务供给的全过程，即从投入到具体实施再到管理和后期经营的全周期过程进行变革。推进基本公共服务市场化改革就是要在市场当中借由价格机制的引导，调动企业的积极性，使其能够参与到基本公共服务供给的过程当中，实现政府与社会资本的合作，即选择 PPP 这种新型供给模式。中国现阶段对 PPP 模式的应用在规模水平和项目数量上都远超其他国家，但从适用的领域来看，主要集中于能源、水务与污水处理、交通三大市政设施领域。在基本公共服务领域尝试引入民间资本，带来的不仅是资金上的投资，同时也带来了企业更高效的运营机制和管理经验，往往会比政府统揽全过程效率更高。基本公共服务因其性质的公共性和基础性，一直是由政府承担供给责任，可以考虑借鉴英国等发达国家的做法，将 PPP 模式应用于公共基础设施、养老等基本公共服务领域。

二　基本公共服务供给模式应关注的问题

基本公共服务供给市场化改革尝试的是供给模式的创新，借鉴发达国家的做法和国内有关领域已展开的应用，尝试将政府与社会资本合作即 PPP 模式引入基本公共服务供给中来。为了更好地将 PPP 模式应用于基本公共服务领域，有必要关注操作中的具体问题，以便更好地发挥该模式的功能，提高基本公共服务供给效率。

第一，PPP 模式下基本公共服务投资主体应该是市场中的经济人。传统模式下的政府和农村集体经济组织也应改变原本的角色定位和固有观念，积极转变自身角色，成为在市场中与企业拥有平等地位的"经济人"，在提供基本公共服务时同样要追求经济效益。供给主体应根据项目特征制定有效的风险分担和合理的利益共享机制。政府应严格区分基本公共服务项目的公益性和盈利性，以便制定合理、长期的项目收益分配机制。纯公益性的项目，直接给予财政补助，以政府购买的方式完成项目；能够带来利润的项目，政府可将经营管理权在一定期限内让渡给投资者，还可以允许其拓展经营链条，以保证其获得收益，但同时要求投资者公开运营成本。政府不能为了吸引民间资本，而承诺给社会资本方较高的收益，这样会使公众承担更高的成本，容易引起公众的不满和反对，也有违基本公共服务的本质。既要防止社会资本方随意抬高价格，获得暴利，引发 PPP 项目与公共利益的冲突，又要以合理利润来吸引社会资本投资者。

第二，PPP 模式应用于基本公共服务项目时，政府层面应适时出台相应的保障政策，以确保基本公共服务市场化改革顺利进行。在基本公共服务供给 PPP 模式应用中，政府不再是"大家长"，包办一切，而应发挥项目运营中指导、保障、激励、监督等职能。政府在推行 PPP 项目过程中要从全局上协调社会成员，制定规范的公用事业市场准入制度，并逐步明确和细化整体思路、政策等。设置奖励机制，不仅吸引私人部门投资，更要让私人部门有足够的自律意识。完善项目管理和监管体系，制定有关政府监管规范，涉及企业的准入监管、建设监管、合作监管和退出监管，从而创造公平竞争的投资环境，提高公共服务的供给效率。

第三，基本公共服务供给的收费理念应发生变革。传统模式下，对受益群体的收费是通过各个职能部门组织完成，属于行政事业性收费。市场化改革之后，收缴双方处于市场买卖的平等关系中，严格要求服务的质与价的对等。不仅如此，到目前为止国内有部分省份已经建立了省级 PPP 基金，还有部分省份正在积极筹建各省的 PPP 基金，它其实是针对 PPP 项目的财政引导机制，基金的运营也要求实现投资的回报，基本公共服务供给的合理收费就是其运作的关键。

第五节　建立公众参与式决策、监督机制，约束供给行为

一直以来，研究基本公共服务供给问题均立足于从国家、政府层面出发来提升水平和效率，根据本书理论阐述中对基本公共服务供需关系的研究，创新的观点是在坚持既有宏观层面的探讨基础上，还应着眼于微观经济主体的行为分析，从社会公众的立场探讨中国基本公共服务供给改进问题。

一　完善公众导向型决策机制，提高公共政策决策水平

基本公共服务供给一直以来都是政府的基本职能，传统供给的模式是以政府本位、官本位为特征的，以行政计划、集中决策、精英式设计为行事原则，替代了公众意愿、民主决策、公众参与，忽视社会公众的需求和偏好。基本公共服务供给要向社会本位、公民本位的思路转变，这也是政府与市场之间正确关系定位的表现，提升政府决策过程中公民的参与程度，以公民的意愿作为唯一价值取向。政府在基本公共服务供给方面应事先听取辖区内公民的意见，将经济社会发展进程中不断变化和升级的公众需求作为基本公共服务供给方案选择的依据。政府决策本身也是一种公共物品，具有非排他性和非竞争性的特点。政府决策有别于市场决策，是多方主体（公民、利益集团、政党、官员和政治家）共同的谋事行为和政策制定过程。基本公共服务又不同于一般性的公共服务，它是与公民利益联系最紧密，也是公民关心最多的领域，每一个公民都是基本公共服务成本的付费者同时也是受益主体，因此社会公众积极参与决策能够提高基本公共服务供给的质量和效率。在政府决策过程

中应尽可能地拓宽公民参与渠道，建立政府与公民的有效沟通机制。

第一，让公民享有知情权，将基本公共服务决策的目标、事由、内容、条件、方式等公布于众。基本公共服务的信息要能够面向公众公开，只要公民有意愿，都能够有官方途径了解并获取，并且拥有渠道与政府进行信息的沟通，实现下情上传。保障公民的知情权，让政府的决策在一个透明的环境下进行，才有可能真正确立以公众为导向的决策机制。

第二，拓宽公民的参与渠道，完善制度、规则的建设。比如，增加基本公共服务项目内容的听证会次数，凡涉及公众利益的事情都应该召开听证会，并且听证会上的人员结构应合理，有参与主体在场，增加专业人士、广大民众的参与比例，使业内发声和老百姓的心声最直接地反馈给职能部门。公民有机会参与基本公共服务项目方案的制订，或是对不同的决策方案表达态度，权衡利弊，寻找最佳的应对之法，使政府决策内容更加具有群众基础，提高民主化程度。同时，搭建科技信息平台，推动政府电子政务事业的发展，让没有办法身临其境的公民能够借由科技平台表达自己的意愿，建立起民众和政府的沟通桥梁。

第三，增加公民参与公共决策的积极性。虽然基本公共服务事关每一位公民的切身利益，大家都非常关注，但公共决策属于公共物品，这个过程中肯定会出现"免费搭车人"，如果大家都报以这样的态度，就没办法构建公众导向型的决策机制，所以激励公民参与公共决策，调动其主动性尤为重要。应充分尊重公民的意见，使其看到自己的意见能够得到重视，并有可能经过论证之后予以采纳，鼓励公民参加民主决策实践，增强每一个公民关心公共生活的政治责任感。

公众导向型的决策机制构建，能够从受益者的角度，监督基本公共服务供给制度内容的合理性，从受益者的切身感受反映基本公共服务的公平程度，从而保障从政策制定的源头促进均等化目标的实现。

二　创设以公众满意度为核心的评价机制，监督政府行为

党的十七大正式提出了政府转型的目标，即建设服务型政府。政府职能与公共支出结构有着密切的联系，能够反映政府执政倾向，究竟是以建设为主还是以服务为主，通过公共支出结构的时空变化还能看出不同区域、不同时期政府履职的差异。现阶段公共服务型政府应满足全体

社会成员日益增长的公共诉求，提供基本而有保障的公共服务。从公民需求的角度来看，实现高质量的基本公共服务供给是公共服务型政府的必要条件。关键在于确立激励约束机制，以实现政府在决策过程中将社会公众的偏好、需求放在首位，约束供给惯性，激励其改进供给质量，创立一种以社会公众满意度为核心的公众参与式评价机制，实现基本公共服务供给整体水平的提升。

第一，建立基于基本公共服务财政专项资金的绩效评价机制。短期意义体现在理念价值功能方面，强化"公众导向"的服务理念，明确公共责任观念；中期意义体现在财政价值功能方面，可以节约财政资金，优化公共财政支出结构，在一般公共服务和基本公共服务之间合理地配置财政资源，改善基本公共服务的品质；长期的意义体现在制度价值功能方面，能够使政府职能向规范化转变，实现政府教育、科技、卫生、劳动保障、环保等职能部门业务流程再造，政府职能部门公共形象显著提升。中国基于绩效管理改革开展的绩效评价工作推进了很多年，有的地区已经比较成熟，但专门以基本公共服务整体项目打包设立的财政专项资金绩效评价还没有实行，且以基本公共服务分项目设立的专项资金往往并没有全部纳入绩效评价的范围，缺乏评价和监督机制，致使资金规模可能很大，但效果如何往往不得而知。因此，综合确立基本公共服务财政专项资金的绩效评价方案是监督政府职能履行、提高基本公共服务财政资金效率的重要环节。

第二，创设以公众满意度为核心的公众参与式评价机制。包括产出和效果两大层面，产出类指标是从数量、质量、时效、成本几个方面来考察绩效目标设计和工作开展情况，效果类指标是从经济效益、社会效益、生态效益、可持续影响、满意度几个方面进行考察。其中产出类指标更多的是从资金投入的角度进行绩效评价，效果类指标则从不同的视角审视资金的使用效果。效果类指标中的二级指标，如经济效益、社会效益、生态效益、可持续影响仍然是基于政府角度对资金使用情况的考评，只有满意度是绩效评价机制中能够直接体现公众态度，有可能让公众参与其中的制度内容设置。当然，现阶段的满意度指标在具体考察时，更多的是职能部门对于履职中开展的培训等相关事务的满意度评价。对标建设服务型政府的要求，应加大社会公众参与绩效评价的比重和份额，创设以公众满意度为核心的公众参与式评价机制。现在比较普遍的做法是通过让公众填写问卷的形式来统计满意度水平，问访的公众数量有限，而且接受调查问卷的民众也可能是经过筛选的，评价结果很可能会存在偏差。让最广泛的民众参与到测评中来，核心就是要加大数据信息的获取量，同时构建大数据利用的有效机制。识别和对接基本公共服务评价需求，设置详尽的问卷并面向所有用户发放，同时通过大数据信息系统就用户的评价进行分类、记录、存档，最终提供给政府用来审视基本公共服务供给的有效数据信息。

第三，公民广泛参与是对基本公共服务的有效监督。构建基本公共服务以公众为核心的绩效评价机制，实现有效监督，也是提升基本公共服务公众满意度的重要手段。公民个人、媒体、利益集团等都能够参与公共事务的监督，最重要的渠道就是预算的公开，及时披露政府预算、决算的信息，从源头上确保信息的准确性、科学性和有效性。政府预算的基本原则就是要公开、透明，让公众能看到、能看懂、可监督。现阶段，随着中国民主化程度的提高，在政府信息的发布方面已经有了很大改进，越是层级高的政府部门，相关信息发布越及时、详尽，公开程度越高，公民获取公共支出信息的渠道越畅通，但层级低的政府做得就差强人意了，这是要着力改进的。

创设以公众满意度为核心的公众参与式评价机制能够有效监督基本公共服务供给的有效性，同时也形成了一种激励机制，有利于鼓励地方政府致力于打造公共服务品质地区，从基本公共服务供给享用水平、效率水平、分配方案等各个角度努力赢得公众更高评价。

结　语

一　本书主要结论

本书通过理论研究和实证研究，得出如下几点结论：

第一，通过文献梳理，结合理论与实证两方面的研究，形成了一套基本公共服务供给指标体系。本书构建了涵盖教育服务、医疗卫生服务、社会保障和就业服务、公共文化服务、环境保护服务、公共基础设施服务、科学技术服务 7 大类一级指标和优选之后 29 个二级指标的指标体系。在教育服务内容中不仅考察义务教育供给水平，还包含了对高中阶段教育服务的评价，拓宽了基本公共服务的范围，体现基本公共服务领域动态发展变化的内涵特征。科技发展、科教兴国对国家经济发展具有基础而重要的促进作用，同时科学技术服务广泛应用，对居民日常生活保障有重要影响。自然灾害（地震、气象等）日常监控，产品（食品、药品等）质量抽查、监督，货物检验检疫都是保障老百姓生命、财产安全的手段，也是居民非常关注的领域，在基本公共服务供给指标体系设计中加入科学技术服务这一大类，体现了基本公共服务保障居民基本生存、发展需要的内涵本质。随着社会的发展，基本公共服务中"基本"的界定也随之进行了外延拓展。

第二，基本公共服务供给区域差异呈现缩小、收敛态势。根据本书确立的基本公共服务供给指标体系，采用熵值法测算基本公共服务供给指数水平，并能够真实反映 2007—2016 年各地区基本公共服务供给的截面信息和时间序列动态变化情况。运用 Spss22.0 软件进行了系统聚类分析，得出 2007—2016 年中国基本公共服务供给水平地区间存在聚集特点。东部地区各省份基本公共服务供给水平普遍较高，中部、西部地区普遍低于全国平均水平，具体供给水平从高至低依次为东部地区、全国平均、中部地区、西部地区。这期间虽然西部地区整体水平偏低，但西部地区基本公共服务供给水平呈现一定的上升态势，近年来有赶超中部地区的势头。通过变异系数、基尼系数、泰尔指数来测算区域之间基本公共服务供给的差异情况。测算结果得出较为一致的结论，并得以相互验证，除个别年份外，整体差异水平是缩小的。从具体区域来看，泰尔指数水平东部地区差异最大，中部地区最小。中部地区基本公共服务供给泰尔指数数值偏小，并且研究期间下降幅度明显，说明中部地区均等化程度最为突出，中部地区泰尔指数贡献率一直处于较低水平波动的状态，说明中部地区各省份供给状况不是造成中国基本公共服务供给差异的主要来源。东部地区和西部地区泰尔指数下降的幅度相对低一些。东部地区对总体差异的贡献最大，而且这种态势还得以延续，并小幅度上涨。说明东部地区是中国基本公共服务供给差异的主要来源地区。西部地区差异水平降幅最小，其差异贡献率增长幅度却是最大的，表明现阶段西部地区内部各省份基本公共服务供给差异情况较为复杂，可能存在一定的分化。

中国基本公共服务供给水平经收敛模型检验，截面和面板数据均存在绝对 β 收敛，并形成了三大收敛俱乐部，绝对 β 收敛速度从快至慢依次是西部地区、东部地区、中部地区。考虑条件因素后，基本公共服务供给仍然存在条件 β 收敛，收敛速度要快于绝对 β 收敛的速度，说明现阶段条件因素作用有利于中国基本公共服务均等化目标的实现。

第三，基本公共服务供给具有外部性特点，空间特征明显。全局莫兰指数 I 和吉尔里指数 C 检验结果表明 2007—2016 年中国基本公共服务供给水平存在显著的空间自相关，明显呈现出区域聚集的态势。从局部莫兰指数 I 的分析来看，北京、天津、上海、江苏、浙江、四川、贵州、云南和西藏这 9 个地区存在空间聚集情况。

第四，中国基本公共服务供给水平差异主要是受城镇化率、人均 GDP、财政自给率、地方财政支出占比的显著影响，并与基本公共服务供给水平呈现正相关关系。地方财政支出占比解释变量空间滞后的系数通过显著性检验，数值为负，说明邻近省份的地方财政支出相对水平高，有可能导致本省的 BPS 指数下降。BPS 指数被解释变量的空间滞后系数通过了显著性检验，数值为正，也进一步实证全局莫兰指数 I 和吉尔里指数 C 的结论，全局视阈下中国基本公共服务供给指数水平存在空间自相关。在对东部、中部、西部地区的具体考察中，实证结果显示东部地区虚拟变量系数为正，并通过了显著性检验，说明东部地区的 BPS 指数平均值要比中部地区高。城市人口密度、财政自给率对东部地区的边际贡献明显不及中部地区，总抚养比对西部地区的边际贡献要大于中部地区。因此，现阶段实现基本公共服务供给均等化目标，应更多地关注中部和西部地区的情况。中部、西部地区提高供给水平应注重人口的合理流动、人口聚集的影响，对于西部地区人口稀疏省份，或是在人口均值以下的省份，人口结构中孩子和老人数量的增加也会拉高当地基本公共服务的供给水平。对于欠发达地区，努力提升经济发展水平，培植地方财源，充实地方政府自有财力水平，也是提高地区基本公共服务供给、缩小区域差异的有效法则。

第五，基本公共服务供给指数水平与效率水平之间密切关联。基本公共服务供给水平的区域差异除了对指数水平的考察外，还有必要对财政投入与产出进行效率评价，对标公平与效率要求，置于双系统评价框架下分析，有利于深入剖析差异形成的原因，更精准地提出实现均等化的对策建议。基于 DEA-Tobit 两步法分析框架的研究范式探究中国基本公共服务供给财政投入与产出之间的效率水平及其影响因素。测算中选择了三阶段 DEA 模型，剔除环境变量和随机因素干扰考察各地区真实效率水平。由参数检验的匹配样本 T 检验和非参数方法的秩和检验结果也表明三阶段 DEA 模型和一阶段 DEA 测算结果具有显著差异性，因此三阶段 DEA 模型测算的结果现实研究意义更强。利用该计算结果分析发现：基本公共服务供给效率均值水平从高至低依次是东部地区、中部地区、西部，这与基本公共服务供给指数水平之间存在显著的正相关关系。符合阿罗（Kenneth J. Arrow，1962）"干中学"理论观点，基本公共服务供给指数水平越高的地区，管理者在这一过程中获得和掌握的经验也就越丰富，有利于进一步提高供给效率。通过基本公共服务供给指数水平与供给效率时间序列数据分析，两者之间存在显著的负向相关关系。这表明基本公共服务供给是一项长期而艰巨的民生工程，在基础薄弱的初期阶段，财政资金的乘数效应最为明显，即便基本公共服务整体水平并不高，但效率较高，很少的投入带来的产出非常明显。但随着基本公共服务工程推进的深入，困难和挑战接踵而至，剩下的都是"难啃的硬骨头"，可能就是政府要解决的"最后一千米"的攻坚问题，即便基本公共服务供给指数水平得以提升，但各省份的财政资金使用效率水平却出现了不同程度下降，不是政府履职中出现了偏差，而是进入基本公共服务供给攻坚阶段，工作"越来越难做"了。这一结论的得出也提示政府在推进基本公共服务供给均等化过程中应尝试新的思路和新的治理方案，可以借鉴"市场式"政府模式，通过政府与市场主体的合作引入更多先进的经验和方法，提高基本公共服务供给效率，从而促进基本公共服务均等化目标的实现。同时，城市人口密度、财政自给率、地方财政支出占比、城镇化率和人均 GDP 对基本公共服务供给效率均产生显著的影响。

第六，围绕实证研究已得结果，以提升中国基本公共服务供给整体水平、实现基本公共服务均等化为目标，站在国家、政府层面和公民立场，细化空间单元，提出相关对策建议。完善基本公共服务领域绩效评价和事权与支出责任划分的法制建设，提升基本公共服务供给有效性；完善公共财政制度建设，提高基本公共服务供给整体水平，逐步缩小区域差异；适度推进基本公共服务市场化改革，提升基本公共服务供给效率；建立公众导向、参与式决策和监督的机制，约束基本公共服务供给行为，满足公众需求偏好，提高基本公共服务供给品质。

二　进一步研究的方向

现阶段我国经济发展处于重要战略机遇期，正在由注重发展速度向注重发展方式转变，由注重规模扩张向注重提质增效转变，与此同时，人们对美好生活的向往更加强烈。基本公共服务供给成为中央与地方政府高度关注的问题。如何实现基本公共服务高质、高效、均衡供给将是未来一段时间的一个研究热点。虽然本书就这一方面进行了探索，但限于相关资料以及数据信息获取的困难，相关研究主要围绕省域范围展开，城乡基本公共服务差异的研究不够。2019 年中央一号文件《中共中央　国务院关于坚持农业农村优先发展　做好"三农"工作的若干意见》中明确提出要扎实推进乡村建设，加快补齐农村人居环境和公共服务短板。2019 年 4 月出台的《中共中央　国务院关于建立健全城乡融合发展体制机制和政策体系的意见》中明确提出重塑新型城乡关系，走城乡融合发展之路。农村基本公共服务深入研究迫在眉睫，而城乡融合、城乡统筹实现城乡命运共同体，正是基本公共服务供给的有效实现路径。随着农村数据信息统计的不断健全和口径标准的逐渐统一，城乡基本公共服务统筹机制构建，以此实现基本公共服务均等化目标的研究仍有待进一步深入与细化。

当前，全球新一轮科技革命和产业变革持续深入，国际产业格局加速重塑，创新成为引领发展的第一动力。在这一轮变革中，信息技术是全球研发投入最集中、创新最活跃、应用最广泛、辐射带动作用最大的领域，是全球技术创新的竞争高地，是引领新一轮变革的主导力量。新时代背景下中国经济发展的外部条件发生了显著变化，信息化程度明显提高，互联网普及和应用越发突出。2013 年国家启动"宽带中国"战略。2015 年 3 月十二届全国人大三次会议上，李克强总理在《政府工作报告》中提出"互联网＋"行动计划。随着信息化程度的提高，互联网的普及和应用，基本公共服务供给也可以考虑尝试以互联网作为载体，承载政府部门、公益性组织、企业等多方机构共同参与诸如教育、医疗等领域的基本公共服务供给，实现区域之间、城乡之间均等的供给状态。尤其随着区块链技术的普遍推广，基本公共服务领域可以考虑应用区块链技术构建教育、医疗等信息化基础设施，实现区域教育资源、医疗资源共享，提供创新服务。如何完善操作、实现这一构想也是值得我们关注和深入研究的。

参考文献

"政府间财政均衡制度研究"课题组：《各国财政均衡制度的主要做法及经验教训》，《经济研究参考》2006年第10期。

《1957年国务院政府工作报告》，http：//www. gov. cn/test/2006 – 02/23/content_ 208756. htm，2006 – 02 –23。

《中共中央关于制定国民经济和社会发展第十三个五年规划的建议》，http：//www. gov. cn/xinwen/2015 – 11/03/content_ 5004093. htm，2015 – 11 –03。

阿耶·L. 希尔曼：《公共财政与公共政策——政府的责任与局限》，王国华译，中国社会科学出版社2006年版。

埃德加·M. 胡佛：《区域经济学导论》，商务印书馆1990年版。

埃莉诺·奥斯特罗姆：《公共服务的制度建构》，宋全喜、任睿译，上海三联书店2000年版。

埃瑞克·菲吕博顿等：《新制度经济学》，上海财经大学出版社1998年版。

安东尼·阿特金森、约瑟夫·斯蒂格利茨：《公共经济学》，上海三联书店1994年版。

安虎森：《新经济地理学原理》，经济科学出版社2009年版。

安体富：《完善公共财政制度，逐步实现公共服务均等化》，《东北师大学报》（哲学社会科学版）2007年第3期。

安体富、贾晓俊：《完善省以下转移支付制度，增强基层政府公共服务能力》，《经济研究参考》2010年第36期。

安体富、任强：《公共服务均等化：理论、问题与对策》，《财贸经济》2007年第8期。

安体富、任强：《中国公共服务均等化水平指标体系的构建——基于地区差别视角的量化分析》，《财贸经济》2008 年第 6 期。

安彦林：《财政分权对政府公共文化服务供给水平与区域差异的影响研究》，博士学位论文，山东大学，2017 年。

保罗·A. 萨缪尔森：《萨缪尔森辞典》，京华出版社 2001 年版。

保罗·萨缪尔森、威廉·诺德豪斯：《经济学》（第十六版），华夏出版社 1999 年版。

鲍传友：《中国城乡义务教育差距的政策审视》，《北京师范大学学报》（社会科学版）2005 年第 3 期。

鲍曙光、姜永华：《我国基本公共服务成本地区差异分析》，《财政研究》2016 年第 1 期。

庇古：《福利经济学》，金镝译，华夏出版社 2007 年版。

薄文广、安虎森、李杰：《主体功能区建设与区域协调发展：促进亦或冒进》，《中国人口·资源与环境》2011 年第 10 期。

C. 布朗、P. 杰克逊：《公共部门经济学》，中国人民大学出版社 2000 年版。

蔡放波：《加快完善我国公共服务体系》，湖北省行政管理学会 2006 年年会论文集，2007 年。

蔡克文：《从毛泽东到习近平：共享发展理念的演进》，《改革与战略》2017 年第 2 期。

曹莎、刘邵权、彭立、徐定德：《四川省基本公共服务水平的空间格局及驱动机制》，《中国科学院大学学报》2017 年第 3 期。

常修泽：《中国现阶段基本公共服务均等化研究》，《中共天津市委党校学报》2007 年第 2 期。

常忠哲、丁文广：《基于 PSR 模型的社会保障基本公共服务均等化水平研究》，《广西社会科学》2015 年第 12 期。

陈昌盛、蔡跃洲：《中国政府公共服务：基本价值取向与综合绩效评估》，《财政研究》2007 年第 6 期。

陈栋生：《区域协调发展的理论与实践》，《理论参考》2005 年第 11 期。

陈共：《财政学（第九版）》，中国人民大学出版社 2017 年版。

陈娟：《区域基本公共服务均等化与财政体制改革研究——以广东省为实

例的分析》，博士学位论文，吉林大学，2017 年。

陈娟、吴昊：《转移支付制度对基本公共服务均等化的影响机制研究》，《湖北社会科学》2017 年第 7 期。

陈强：《高级计量经济学及 Stata 应用（第二版）》，高等教育出版社 2014 年版。

迟福林：《推进制度建设　加强基本公共服务》，《当代经济》2008 年第 5 期。

迟福林、方栓喜、匡贤明、王瑞芬、常英伟：《加快推进基本公共服务均等化（12 条建议)》，《经济研究参考》2008 年第 3 期。

崔志坤、张燕：《财政分权、转移支付和地方福利性财政支出效率》，《财政研究》2017 年第 5 期。

单菲菲：《基于 DEA 方法的甘肃省基本公共服务财政支出效率评价》，《北方民族大学学报》（哲学社会科学版）2014 年第 5 期。

单菲菲、高秀林：《基于 DEA 方法的新疆基本公共服务财政支出绩效评价——以新疆 14 个地州市为例》，《新疆社会科学》2015 年第 2 期。

邓剑伟、杨艳：《"数据驱动"的公共服务评价：理论建构与实践探索》，《求索》2018 年第 1 期。

邓宗兵、吴朝影、封永刚、王炬：《中国区域公共服务供给效率评价与差异性分析》，《经济地理》2014 年第 5 期。

丁元竹：《基本公共服务均等化：战略与对策》，《中共宁波市委党校学报》2008 年第 4 期。

豆建民、刘欣：《中国区域基本公共服务水平的收敛性及其影响因素分析》，《财经研究》2011 年第 10 期。

段艳平、庞娟：《基本公共服务供给水平与区域经济发展的实证研究》，《生产力研究》2011 年第 3 期。

范柏乃、傅衍、卞晓龙：《基本公共服务均等化测度及空间格局分析——以浙江省为例》，《华东经济管理》2015 年第 1 期。

范逢春、谭淋丹：《城乡基本公共服务均等化制度绩效测量：基于分省面板数据的实证分析》，《上海行政学院学报》2018 年第 1 期。

范恒山：《国家区域政策与区域经济发展》，《甘肃社会科学》2012 年第 5 期。

方茜：《基于 ISM 的基本公共服务与区域经济发展关系研究》，《经济体制改革》2014 年第 1 期。

封进：《统一基本公共服务供给制度的紧迫性》，《改革》2009 年第 5 期。

伏润民、常斌、缪小林：《我国地区间公共事业发展成本差异评价研究》，《经济研究》2010 年第 4 期。

傅勇、张晏：《中国式分权与财政支出结构偏向：为增长而竞争的代价》，《管理世界》2007 年第 3 期。

格雷戈里、英格拉姆、克里斯廷、凯赛德：《有利于发展的基础设施》，黄珊妮译，《经济资料译丛》1996 年第 1 期。

官永彬：《财政分权、地方政府竞争与区域基本公共服务差距》，《重庆师范大学学报》（哲学社会科学版）2014 年第 2 期。

官永彬：《中国省级政府公共服务绩效评价及影响因素研究》，《重庆师范大学学报》（社会科学版）2018 年第 1 期。

郭士国：《基本公共服务非均等化：成因、影响及对策分析》，博士学位论文，吉林大学，2012 年。

郭亚军、董会娟、王杨：《区域发展潜力的评价方法及其应用》，《东北大学学报》（社会科学版）2002 年第 3 期。

国务院关于印发"十三五"推进基本公共服务均等化规划的通知，http：//www. gov. cn/zhengce/content/2017 − 03/01/content_5172013. htm，2017 − 03 − 01。

国务院关于印发国家基本公共服务体系"十二五"规划的通知，http：//www. china. com. cn/policy/txt/2012 − 07/20/content _25965719. htm，2012 − 07 − 20。

韩保江、韩心灵：《公共产品供给与经济增长：影响机制与实证分析——基于 31 个省级面板数据模型》，《经济社会体制比较》2017 年第 5 期。

韩冰：《转移支付制度演进的逻辑——功能定位与现实选择》，《地方财政研究》2014 年第 9 期。

韩喜平、巩瑞波：《共享：社会主义发展理念的本质回归》，《上海师范大学学报》（哲学社会科学版）2017 年第 2 期。

郝寿义、安虎森：《区域经济学》，经济科学出版社 2004 年版。

何添锦、童国良：《地理与区域经济》，浙江工商大学出版社 2012 年版。

赫特纳：《地理学》，商务印书馆 1982 年版。

胡斌、毛艳华：《转移支付改革对基本公共服务均等化的影响》，《经济学家》2018 年第 3 期。

胡军、覃成林：《中国区域协调发展机制体系研究》，中国社会科学出版社 2014 年版。

胡税根、徐元帅：《中国政府公共服务标准化建设的价值研究》，《甘肃行政学院学报》2009 年第 5 期。

黄冠华：《基本公共服务财政支出绩效评价与差异性分析——来自湖北省 17 地州市的证据》，《财政监督》2017 年第 13 期。

贾康、高培勇：《现代经济学大典（财政学分册）》，经济科学出版社 2016 年版。

姜晓萍：《基本公共服务均等化知识图谱与研究热点述评》，中国人民大学出版社 2016 年版。

姜晓萍、肖育才：《基本公共服务供给对城乡收入差距的影响机理与测度》，《中国行政管理》2017 年第 8 期。

克里斯托夫·帕斯（Christopher Pass）：《科林斯经济学词典（第三版）》，上海财经大学出版社 2008 年版。

寇铁军、张晓红：《财政学教程》（第五版），东北财经大学出版社 2018 年版。

莱昂·狄骥：《公法的变迁——法律与国家》，辽海出版社 1999 年版。

蓝相洁：《公共卫生服务差距、收敛性与动态控制研究——基于泰尔指数双维度的实证考察》，《财贸研究》2014 年第 1 期。

李斌、金秋宇、卢娟：《土地财政、新型城镇化对公共服务的影响》，《首都经济贸易大学学报》2018 年第 4 期。

李斌、卢娟：《土地财政对公共服务供给的影响——基于中国 273 个地级市数据的空间 Tobit 与分位数检验》，《云南财经大学学报》2018 年第 3 期。

李敏纳、覃成林：《中国社会性公共服务空间分异研究》，《人文地理》2010 年第 1 期。

李敏纳、覃成林、李润田：《中国社会性公共服务区域差异分析》，《经济地理》2009 年第 6 期。

李琪、安树伟：《基于区域差距的兰西格经济区基本公共服务均等化研究》，《宁夏大学学报》（人文社会科学版）2012 年第 1 期。

李拓、李斌、余曼：《财政分权、户籍管制与基本公共服务供给——基于公共服务分类视角的动态空间计量检验》，《统计研究》2016 年第 8 期。

李文军：《区域财政医疗卫生支出演进与收敛性研究：1996—2015》，《兰州学刊》2018 年第 4 期。

李文军、张新文：《西部地区基本公共服务的省际差异研究——基于泰尔指数的考察》，《内蒙古社会科学（汉文版）》2011 年第 2 期。

李晓燕：《小城镇公共服务区域差异研究——基于省际数据的实证分析》，《首都经济贸易大学学报》2012 年第 4 期。

李兴江、陈开军、张学鹏：《中国区域经济差距与协调发展：理论·实证与政策》，中国社会科学出版社 2010 年版。

理查德·A. 马斯格雷夫、佩吉·B. 马斯格雷夫：《财政理论与实践》，邓子基、邓力平译，中国财政经济出版社 2003 年版。

厉以宁：《西方福利经济学述评》，商务印书馆 1984 年版。

刘秉镰、杜传忠：《区域产业经济概论》，经济科学出版社 2010 年版。

刘成奎、王朝才：《城乡基本公共服务均等化指标体系研究》，《财政研究》2011 年第 8 期。

刘春兵：《人的全面发展视野下的基本公共服务均等化》，《郑州大学学报》（哲学社会科学版）2014 年第 1 期。

刘德吉、胡昭明、程璐、汪凯：《基本民生类公共服务省际差异的实证研究——以基础教育、卫生医疗和社会保障为例》，《经济体制改革》2010 年第 2 期。

刘广斌、李建坤：《基于三阶段 DEA 模型的我国科普投入产出效率研究》，《中国软科学》2017 年第 5 期。

刘俊英、刘平：《转型中政府公共支出与公共服务》，中国经济出版社 2013 年版。

刘尚希：《基本公共服务均等化：现实要求和政策路径》，《浙江经济》2007 年第 13 期。

刘尚希：《实现基本公共服务均等化的政策路径和方案选择》，《经济研究参考》2007 年第 60 期。

刘玮琳、夏英：《我国农村基本公共服务供给效率研究——基于三阶段 DEA 模型和三阶段 Malmquist 模型》，《现代经济探讨》2018 年第 3 期。

刘细良、刘迪扬：《我国区域基本公共服务均等化实证研究》，《统计与决策》2011 年第 5 期。

刘小锋：《基于农户视角的农村公共产品需求研究——以福建省为例》，博士学位论文，浙江大学，2009 年。

刘小勇、丁焕峰：《区域公共卫生服务收敛性研究——基于动态空间面板模型的实证分析》，《经济评论》2011 年第 4 期。

刘易斯·芒福德：《城市发展史——起源、演变和前景》，中国建筑工业出版社 2005 年版。

楼继伟：《中国政府间财政关系再思考》，中国财政经济出版社 2013 年版。

卢小君、张新宇：《我国中小城市基本公共服务水平的区域差异研究》，《大连理工大学学报》（社会科学版）2017 年第 1 期。

罗伯特·B. 丹哈特、珍妮特·V. 丹哈特：《新公共服务：服务而非掌舵》，中国人民大学出版社 2004 年版。

马国贤：《基本公共服务均等化的公共财政研究》，《财政研究》2007 年第 10 期。

马昊、曾小溪：《我国基本公共服务均等化的评价指标体系构建——基于东中西部代表省份的实证研究》，《江汉论坛》2011 年第 11 期。

马慧强：《我国基本公共服务空间差异格局与质量特征分析》，博士学位论文，辽宁师范大学，2011 年。

马慧强、韩增林、江海旭：《我国基本公共服务空间差异格局与质量特征分析》，《经济地理》2011 年第 2 期。

马庆钰：《关于"公共服务"的解读》，《中国行政管理》2005 年第 2 期。

马拴友、于红霞：《转移支付与地区经济收敛》，《经济研究》2003 年第 3 期。

毛连程：《西方财政思想史》，经济科学出版社 2003 年版。

缪小林、王婷、高跃光：《转移支付对城乡公共服务差距的影响——不同经济赶超省份的分组比较》，《经济研究》2017 年第 2 期。

欧纯智、贾康：《PPP 是公共服务供给对官僚制范式的超越——基于我国公共服务供给治理视角的反思》，《学术界》2017 年第 7 期。

Ostrom E.：《公共事务的治理之道》，余逊达、陈旭东译，上海三联书店 2000 年版。

潘心纲、张兴：《当代中国基本公共服务均等化的实现路径》，《江汉大学学报》（社会科学版）2014 年第 1 期。

庞明川：《新农村建设中投融资保障机制的构建》，《财贸经济》2006 年第 11 期。

彭芳梅、孙久文：《财政分权、FDI 与基本公共服务供给》，《学习与实践》2014 年第 3 期。

皮灿、杨青山、明立波、谭勇、刘静：《马赛克式聚落景观下的广州市基本公共服务均等化研究》，《经济地理》2014 年第 3 期。

乔路明、赵林、吴迪、胡灿、吴殿廷：《中国省际基本公共服务供给效率时空演变分析》，《西北师范大学学报》（自然科学版）2018 年第 1 期。

冉光和、张明玖、张金鑫：《公共服务供给与经济增长关系区域差异的实证研究》，《财经问题研究》2009 年第 11 期。

任强、杨顺昊：《公共服务投入、产出和效果在区域之间的差异：基于中美两国的比较》，《财政研究》2010 年第 4 期。

容志：《公共服务支出的测算与比较》，《上海行政学院学报》2017 年第 5 期。

尚杰、任跃旺：《西藏地区农村公共服务资源配置效率分析——基于 DEA 模型的实证检验》，《西藏大学学报》（社会科学版）2017 年第 1 期。

师玉鹏、马海涛：《县域公共服务供需结构匹配度评价——基于云南省的个案分析》，《财经研究》2015 年第 11 期。

石绍宾：《基本公共服务均等化的内涵及路径选择》，《税务与经济》2009 年第 4 期。

宋美喆、刘寒波：《地方政府策略互动行为下的区域基本公共服务收敛性研究》，《中南大学学报》（社会科学版）2018 年第 1 期。

宋潇君、马晓冬、朱传耿、李浩：《江苏省农村公共服务水平的区域差异分析》，《经济地理》2012 年第 12 期。

宋迎法：《论构建全民均等享有的基本公共服务体系》，《中共南京市委党校南京市行政学院学报》2007 年第 2 期。

孙建军：《我国基本公共服务均等化供给政策研究》，博士学位论文，浙江大学，2010 年。

孙久文：《雄安新区的意义、价值与规划思路》，《经济学动态》2017 年第 7 期。

孙久文、和瑞芳、李珊珊：《中国区域经济发展报告——新常态下的中国区域经济与经济带发展的理论与实践》，中国人民大学出版社 2015 年版。

孙久文、李恒森：《我国区域经济演进轨迹及其总体趋势》，《改革》2017 年第 7 期。

孙久文、李华：《我国区域经济发展的新特征与新趋势》，《贵州社会科学》2017 年第 3 期。

孙久文、叶裕民：《区域经济学教程》，中国人民大学出版社 2003 年版。

孙琳：《我国基本公共服务均等化区域差异研究——基于医疗和教育省级面板数据的 DEA 分析》，《山西农业大学学报》（社会科学版）2017 年第 3 期。

孙钰、王坤岩、姚晓东：《基于 DEA 交叉效率模型的城市公共基础设施经济效益评价》，《中国软科学》2015 年第 1 期。

谭彦红：《基本公共服务均等化与缩小城乡差距》，《湖北社会科学》2009 年第 9 期。

唐娟莉、朱玉春：《区域板块的省域竞争力与公共服务设施》，《北京理工大学学报》（社会科学版）2012 年第 2 期。

唐晓阳、代凯：《共享发展视域下推进基本公共服务均等化研究》，《岭南学刊》2017 年第 3 期。

陶然、刘明兴：《中国城乡收入差距、地方政府开支及财政自主》，《世界经济文汇》2007 年第 2 期。

滕堂伟、林利剑：《基本公共服务水平与区域经济发展水平的相关性分析——基于江苏省 13 个市的实证研究》，《当代经济管理》2012 年第 3 期。

王波：《城乡基本公共服务均等化的空间经济分析》，博士学位论文，首都经济贸易大学，2016 年。

王春枝、吴新娣：《中国公共卫生服务水平区域差异分析》，《未来与发展》2010 年第 8 期。

王国华、温来成:《基本公共服务标准化:政府统筹城乡发展的一种可行性选择》,《财贸经济》2008 年第 3 期。

王加林、高志立、段国旭:《基本公共服务均等化与财政制度创新》,中国财政经济出版社 2010 年版。

王军平:《人口计生基本公共服务均等化研究》,《人口学刊》2012 年第 1 期。

王丽萍、郭凤林:《中国社会治理的两副面孔——基本公共服务的视角》,《南开学报》(哲学社会科学版) 2016 年第 3 期。

王洛忠、李帆:《我国基本公共文化服务:指标体系构建与地区差距测量》,《经济社会体制比较》2013 年第 1 期。

王谦:《城乡公共服务均等化的理论思考》,《中央财经大学学报》2008 年第 8 期。

王谦:《城乡公共服务均等化问题研究》,博士学位论文,山东大学,2008 年。

王晓玲:《我国省区基本公共服务水平及其区域差异分析》,《中南财经政法大学学报》2013 年第 3 期。

王肖惠、杨海娟、王龙升:《陕西省农村基本公共服务设施均等化空间差异分析》,《地域研究与开发》2013 年第 1 期。

王亚飞、廖顺宝:《河南省基本公共服务水平的区域差异与影响因素》,《地域研究与开发》2018 年第 1 期。

王一鸣:《实施区域协调发展战略》,《经济日报》2017 年 11 月 16 日第 10 版。

王雍君:《中国的财政均等化与转移支付体制改革》,《中央财经大学学报》2006 年第 9 期。

王有兴、杨晓妹:《公共服务与劳动力流动——基于个体及家庭异质性视角的分析》,《广东财经大学学报》2018 年第 4 期。

魏福成、胡洪曙:《我国基本公共服务均等化:评价指标与实证研究》,《中南财经政法大学学报》2015 年第 5 期。

吴昊、陈娟:《基本公共服务均等化的实现路径新探》,《云南社会科学》2017 年第 2 期。

吴俊培、郭柃沂：《关于建构我国一般性转移支付基金制度的可行性研究》，《财贸经济》2016 年第 12 期。

吴强、陈志楣：《公共支出管理》，机械工业出版社 2007 年版。

吴岩、许光建：《我国地方政府间支出竞争的理论缘由与发展策略》，《地方财政研究》2018 年第 8 期。

武义青、赵建强：《区域基本公共服务一体化水平测度——以京津冀和长三角地区为例》，《经济与管理》2017 年第 4 期。

项继权、袁方成：《我国基本公共服务均等化的财政投入与需求分析》，《公共行政评论》2008 年第 3 期。

谢芬、肖育才：《财政分权、地方政府行为与基本公共服务均等化》，《财政研究》2013 年第 11 期。

谢星全：《基本公共服务质量：一个系统的概念与分析框架》，《中国行政管理》2017 年第 3 期。

熊小林、李拓：《基本公共服务、财政分权与县域经济发展》，《统计研究》2018 年第 2 期。

熊兴、余兴厚、王宇昕：《我国区域基本公共服务均等化水平测度与影响因素》，《西南民族大学学报》（人文社会科学版）2018 年第 3 期。

徐俊兵、韩信、罗昌财：《福建省基本公共服务的财政支出效率——基于县级数据的 DEA-Malmquist 模型研究》，《集美大学学报》（哲社版）2017 年第 3 期。

徐康宁：《区域协调发展的新内涵与新思路》，《江海学刊》2014 年第 2 期。

徐莉莉：《我国基本公共服务支出省际差异的测定与评价》，《统计与决策》2012 年第 4 期。

徐琴：《我国城乡基本公共服务差异及其效应研究》，博士学位论文，武汉大学，2012 年。

续竞秦、杨永恒：《地方政府基本公共服务供给效率及其影响因素实证分析——基于修正的 DEA 两步法》，《财贸研究》2011 年第 6 期。

亚当·斯密：《国民财富的性质和原因的研究》，郭大力、王亚南译，商务印书馆 1972 年版。

杨春学：《当代西方经济学新词典》，吉林人民出版社 2001 年版。

杨东亮、任浩锋：《中国人口集聚对区域经济发展的影响研究》，《人口学刊》2018 年第 3 期。

杨东亮、杨可：《财政分权对县级教育公共服务均等化的影响研究》，《吉林大学社会科学学报》2018 年第 2 期。

杨帆、杨德刚：《基本公共服务水平的测度及差异分析——以新疆为例》，《干旱区资源与环境》2014 年第 5 期。

杨刚强、李梦琴、孟霞：《人口流动规模、财政分权与基本公共服务资源配置研究——基于 286 个城市面板数据空间计量检验》，《中国软科学》2017 年第 6 期。

杨刚强、李梦琴、孟霞、李嘉宁：《官员晋升激励、标尺竞争与公共品供给——基于 286 个城市的空间杜宾模型实证》，《宏观经济研究》2017 年第 8 期。

杨光：《省际间基本公共服务供给均等化绩效评价》，《财经问题研究》2015 年第 1 期。

杨宏山：《雄安新区建设宜实行优质公共服务先行》，《北京行政学院学报》2017 年第 4 期。

杨开忠：《集聚人才关键在于投资地方品质》，《中国城市报》2018 年 2 月 5 日第 2 版。

杨宜勇、曾志敏、辛向阳、刘志昌、魏娜：《助推国家治理体系现代化　促进均等化提升获得感——〈"十三五"推进基本公共服务均等化规划〉专家解读（下）》，《宏观经济管理》2017 年第 10 期。

姚林香、欧阳建勇：《我国农村公共文化服务财政政策绩效的实证分析——基于 DEA-Tobit 理论模型》，《财政研究》2018 年第 4 期。

叶振宇、张倩：《2050 年雄安新区主要经济社会发展指标预测》，《发展研究》2018 年第 1 期。

易培强：《共享发展与马克思主义理论创新》，《当代经济研究》2017 年第 3 期。

易莹莹：《中国基本公共服务支出效率及其溢出效应测度》，《城市问题》2016 年第 1 期。

尹境悦、马晓冬：《江苏省城乡公共服务区域差异的调查分析》，《人文地理》2015 年第 6 期。

岳军：《基本公共服务均等化与公共财政制度创新》，中国财政经济出版社 2011 年版。

曾红颖：《我国基本公共服务均等化标准体系及转移支付效果评价》，《经济研究》2012 年第 6 期。

张敦富、傅晓东：《区域经济合作与区域分工问题研究》，《长江论坛》2000 年第 12 期。

张华：《中国城镇化进程中城乡基本公共服务均等化研究》，博士学位论文，辽宁大学，2018 年。

张可云：《区域经济政策》，中国轻工业出版社 2001 年版。

张莉、皮嘉勇、宋光祥：《地方政府竞争与生产性支出偏向——撤县设区的政治经济学分析》，《财贸经济》2018 年第 3 期。

张启春：《区域基本公共服务均等化的财政平衡机制——以加拿大的经验为视角》，《华中师范大学学报》（人文社会科学版）2011 年第 6 期。

张启春、胡继亮：《浅析城乡基本公共服务均等化》，《学习与实践》2008 年第 8 期。

张晓杰：《城市化、区域差距与基本公共服务均等化》，《经济体制改革》2010 年第 2 期。

赵惠敏：《绩效评价在财政投融资中运用研究》，《中国商论》2015 年第 20 期。

赵林、张宇硕、焦新颖、吴迪、吴殿廷：《河南省基本公共服务质量空间格局与空间效应研究》，《地理科学》2016 年第 10 期。

赵林、张宇硕、张明、吴迪、吴殿廷：《河南省基本公共服务失配度时空格局与驱动机制》，《河南大学学报》（自然科学版）2016 年第 1 期。

赵林、张宇硕、张明、吴殿廷：《东北地区基本公共服务失配度时空格局演化与形成机理》，《经济地理》2015 年第 3 期。

赵儒煜：《基于不完全市场前提的市场原理新探讨》，《海派经济学》2018 年第 2 期。

赵儒煜：《论传统市场理论价格机制的局限性》，《河南大学学报》（社会科学版）2018 年第 5 期。

赵怡虹、李峰：《中国基本公共服务地区差距影响因素分析——基于财政能力差异的视角》，《山西财经大学学报》2009 年第 8 期。

赵云旗、申学锋、史卫、李成威：《促进城乡基本公共服务均等化的财政政策研究》，《经济研究参考》2010 年第 16 期。

周玉龙、孙久文：《论区域发展政策的空间属性》，《中国软科学》2016 年第 2 期。

朱金鹤、崔登峰：《新疆基本公共服务空间差异格局研究》，《新疆农垦经济》2015 年第 1 期。

朱文蔚：《中国地方政府性债务与区域经济增长的关系研究》，中国社会科学出版社 2015 年版。

朱之鑫：《贯彻五中全会精神建立健全基本公共服务体系》，《宏观经济管理》2010 年第 12 期。

Afonso A., Fernandes S., "Assessing and Explaining the Relative Efficiency of Local Government: Evidence for Portuguese Municipali-ties", *Journal of Socio-Economics*, 2008, 37 (5): 1946 – 1979.

Afonso A., Fernandes S., "Measuring Local Government Spending Efficiency: Evidence for the Lisbon Region", *Regional Studies*, 2006, 40 (40): 39 – 53.

Andreas Kappeler, Timo Välilä., "Fiscal Federalism and the Composition of Public Investment in Europe", *European Journal of Political Economy*, 2008 (3): 562 – 570.

Andrews R., Martin S., "Regional Variations in Public Service Outcomes: the Impact of Policy Divergence in England, Scotland and Wales", *Regional Studies*, 2010, 44 (8): 919 – 934.

Anselmo Stelzera, Frank Englertb, ect., "Improving Service Quality in Public Transportation Systems Using Automated Customer Feedback", *Transportation Research Part E*, 2016 (89): 259 – 271.

Antreas Athanassopoulos, Konstantinos Triantis, "Asses-sing Aggregate Cost Efficiency and the Related Policy Implications for Greek Local Municipali-ties", *INFOR*, 1998 (36): 66 – 83.

Arnott, R. J., M. Gersovitz., "Social Welfare Underpinnings of Urban Bi-asand Unemployment", *Economic Journal*, 1986 (96): 413 – 424.

Arrow, K. J., "The Economic Implication of Learning by Doing", *Review of Economic Study*, 1962, 29 (3): 155 – 173.

Aschauer, D. A. , "Is Public Expenditure Productive?", *Journal of Monetary Economics*, 1989, 23 (1): 177 – 200.

Barro, R. , "Economic Growth in a cross Section of Countries", *Journal of Political Economy*, 1991 (2): 407 – 443.

Baumol W. J. , "Macroeconomics of Unbalanced Growth: the Anatomy of the Urban Crisis", *American Economic Review*, 1967, 57 (3): 415 – 426.

Benet, M. E. , "Testing for Fiscal Competition among French Municipalities: Granger Causality Evidence in a Dynamic Panel Date Model", *Regional Science*, 2003 (82): 277 – 289.

Blanchard O. , Shleifer A. , "Federalism With and Without Political Centralization: China versus Russia", *Imf Staff Papers*, 2001, 48 (1): 171 – 179.

Blochliger, H. , Charbit, C. , "Fiscal Equalisation", *OECD Journal: Economic Studies*, 2008 (1): 1 – 22.

Brennan G. , Brooks M. , "Esteem Based Contributions and Optimality in Public goods Supply", *Public Choice*, 2007, 130 (3): 457 – 470.

Buchanan M. , "The Theory of Public Finance", *Southern Economic Journal*, 1959, 26 (3): 234 – 238.

Buchanan M. James, "Federalism and Fiscal Equity", *American Economic Review*, 1950, 40 (4): 583 – 599.

Buettner T. , Hauptmeier S. , Schwager R. , "Efficient RevenueSharing and Upper Level Governments: Theory and Application to Germany", *SSRN Electronic Journal*, 2006, 167 (4): 647 – 667.

Charles M. Tiebout, "A Pure Theory of Local Expenditures", *Journal of Political Economy*, *University of Chicago Press*, 1956, 64 (5): 416 – 424.

Cohen B. , "Urbanization in Developing Countries: Current Trends, Future Projections, and Key Challenges for Sustainability", *Technology in Society*, 2006, 28 (1): 63 – 80.

Cooper L. , "Location-Allocation Problems", *Operations Research*, 1963, 11 (3): 331 – 343.

Costa Font J. , Rico A. , "Devolution and the Interregional Inequalities in Health and Healthcare in Spain", *Regional Studies*, 2006, 40 (8): 875 – 887.

Dahlberg M. , Eklöf Matias, Fredriksson Peter, Jofre-Monseny Jordi, "Estimating Preferences for Local Public Services Using Migration Data", *Urban Studies*, 2012, 49 (2): 319.

Dalton, H. , "Principles of Public Finance", London: George Routledge & Sons, Ltd. , 1922.

Daykm, "Interprovincial Migration and Local Public Goods", *The Canadian Journal of Economics Revue Canadienne Déconomique*, 1992, 25 (1): 123.

De Borger B, Kersrens K. , "Cost efficiency of Belgian Local Govemments: a Comparative Analysis of FDH, DEA and Econometric Approaches", *Regional Science and Urban Economics*, 1996, 26 (2): 145 – 170.

De Borger B. , Kerstens K. , "Cost efficiency of Belgian Localgovernments: a Comparative Analysis of FDH, DEA and Economet-ric Approaches", *Regional Science and Urban Economics*, 1996 (26): 145 – 170.

Devarajan V. , Swaroop, H. Zou, "The Composition of Public Expenditure and Economic Growth", *Journal of Monetary Economics*, 1996 (37): 313 – 344.

Dewitte K. , Geys B. , "Citizen Coproduction and Efficient Public Libraries", *European Journal of Operational Research*, 2013, 224 (3): 592 – 602.

Dollery B. , Worthington A. , "Federal Expenditure and Fiscal Illusion: A Test of the Flypaper Hypothesis in Australia", *Publius: The Journal of Federalism*, 1995, 25 (1): 23 – 34.

E. S. Savas, "Privatization: the Key to Better Government", Chatham, NJ: Chatham House, 1987.

Eitan Berglas, "Distribution of Tastes and Skills and the Provision of Local Public Goods", *Journal of Public Economics*, 1976 (6): 108 – 119.

Erniel B. Barrios, "Infrastructure and Rural Development: Household Perceptions on Rural Development", *Progress in Planning*, 2008 (4): 1 – 44.

Fried, et al. , "Accounting for Environmental Effects and Statistical Noise in Data Envelopment Analysis", *Journal of Productivity Analysis*, 2002 (17): 121 – 136.

Furceri, D. , "Stabilization Effects of Social Spending: Empirical Evidence from a Panel of OECD Countries", *North American Journal of Economics and*

Finance, 2010, 21 (1): 34 - 48.

Gamkhar S. , Sim S. C. , "The Impact of Federal Alcohol and Drug Ahuse Block Grants on State and Local Government Substance Abuse Program Expenditures: the Role of Federal Oversight", *Journal of Health Politics Policy & Law*, 2001, 26 (6): 1261.

Garfinkel I. , Rainwater L, Smeeding T. M. , "A Re-examinationof Welfare States and Inequality in Rich Nations: How in-kindtransfers and Indirect Taxes Change the Story", *Journal of Policy Analysis & Management*, 2006, 25 (4): 897 - 919.

Gerdtham U. G. , Sogaard J. , Andersson F. , Jonsson B. , "An Econometric Analysis of Health Care Expenditure: A Cross-section Study of the OECD Countries", *Journal of Health Economics*, 1992, 11 (1): 63 - 84.

Geys B. , Moesenn W. , "Exploring Sources of Local Government Technical Inefficiency: Evidence from Flemish Municipalites", *Public Finance and Management*, 2009 (9): 1 - 29.

Gordon N. , "Do Federal Grants Boost School Spending? Evidence from Title", *Journal of Public Economics*, 2004, 88 (9 - 10): 1771 - 1792.

Grier G. , Gordo, Tullock, "An Empirical Analysis of Gross-National Economic Growth", *Journal of Monetary Economics*, 1989, (24): 259 - 276.

Groves T. , Ledyard J. , "Optimal Allocation of Public Goods: A Solution to the Free-rider Problem", *Econometrica*, 1977 (45): 783 - 809.

Hamnett C. , "Spatial Divisions of Welfare: the Geography of Welfare Benefit Expenditure and of Housing Benefit in Britain", *Regional Studies*, 2009, 43 (8): 1015 - 1033.

Hayek, Friedrich A. , "The Use of Knowledge in Society", *American Economic Review*, 1945 (35): 519 - 530.

Hines J. R. , Thaler R. H. , "Anomalies: The Flypaper Effect", *The Journal of Economic Perspectives*, 1995, 9 (4): 217 - 226.

Hiroko Uchimura, Johannes P. Jütting, "Fiscal Decentralization, Chinese Style: Good for Health Outcomes?", *World Development*, 2009 (12): 1926 - 1934.

Inshakov O. , Kalinina A. , Vasiliy V. , "To the 250th Anniversary of the Free Economic Society of Russia. Contribution of Scientists-Economists of Volgograd State University to the Development of the Vol-gograd Region", *Journal of Tropical Meteorology*, 2015, 8 (1): 98 – 104.

Janos Kornai, "What the Change of System from Socialism to Capitalism Does and Does not Mean", *Journal of Economic Perspectives*, 2000, 14 (1): 27 –42.

Jean-Paul Faguet, "Does Decentralization Increase Responsiveness to Local Needs? Evidence from Bolivia", *Journal of Public Economics*, 2004, 88 (s3 –4): 867 – 893.

Junxue Jia, Qingwang Guo, Jing Zhang, "Fiscal Decentralization and Local Expenditure Policy in China", *China Economic Review*, 2014 (3): 107 – 122.

Kalinina, A. , Petrova, E. , Buyanova, M. , "Efficiency of Public Administration and Economic Growth in Russia: Empiri-cal analysis", *European Research Studies*, 2015, 18 (3): 77 – 90.

Keen M. , M. Marchard, "Fiscal Competition and the Pattern of Public Spending", *Journal of Public Economics*, 1997, 66 (1): 33 – 53.

Keynes, J. M. , "The General Theory of Employment, In-terest and Money", London: Macmillan Publishing Co, 1936.

Khemani S. , "The Political Economy of Equalization Transfers", Berlin: Springer, 2007.

Kim S. , Vandenabeele W. , Wright B. E. , et al. , "Investigating the Structure and Meaning of Public Service Motivation across Pop-ulations: Developing an International Instrument and Addressing Issues of Measurement Invariance", *Journal of Public Admin-istration Research and Theory*, 2013, 23 (1): 79 – 102.

Kiminami L. , Button K. J. , Nijkamp P. , "Public Facilities Planning", London: Edward Elgar Publishing, 2006.

Knight B. , "Endogenous Federal Grants and Crowd-out of State Government Spending: Theory and Evidence from the Federal Highway Aid Program", *American Economic Review*, 2002, 92 (1): 71 – 92.

Kotsogiannisa, Schwager, "Fiscal Equalization and Accountability", *Journal Of Public Economics*, 2008, 92 (12): 2336 – 2349.

Louis C. Gawthrop, "Public Service and Democracy: Ethical Imperatives for the 21st Century", New York: Chatham House Publish-ers, 1998.

Maria Jennifer Grisorio, Francesco Prota, "The short and the Long Run Relationship Between Fiscal Decentralization and Public Expenditure Composition in Italy", *Economics Letters*, 2015 (3): 113 – 116.

Marlow M. L., "Fiscal Decentralization and Government Size", *Public Choice*, 1988, 56 (3): 259 – 269.

Martin Raiser, "Subsidising Inequality: Economic Reforms, Fiscal Transfers and Convergence Across Chinese Provinces", *Journal of Development Studies*, 1998 (3): 1 – 26.

Maryam A. Oskouei, Kwame Awuah-Offei, K., "A Method for Data-driven E-valuation of Operator Impact on Energy Efficiency of Digging Machines", *Energy Efficiency*, 2016, 9 (1): 129 – 140.

Migue J. L., G. Belanger, "Toward a General Theory of Managerial Discretion", *Public Choice*, 1974 (17): 27 – 43.

Moretti, E., "Local Labor Markets", *Handbook of Labor Economics*, 2011, 4 (3): 1237 – 1313.

Musgrave R. A., "The Theory of Public Finance", New York: McGraw-Hill, 1959.

M. Keen, M. Marchand, "Fiscal Competition and the Pattern of Public Spending", *Journal of Public Economics*, 1997, 66 (2): 33 – 53.

Oates W. E., "An Essay on Fiscal Federalism", *Journal of Economic Literature*, 1999, 37 (3): 1120 – 1149.

Oates W. E., "Fiscal Federalism", New York: Harcourt Brace Jovanovich, 1972.

Oates W. E., "Searching for Leviathan: An Empirical Study", *American Economic Review*, 1985, 75 (4): 48 – 57.

Oates W. E., "The Effects of Property Taxes and Local Public Spending on Property Values: an Empirical Study of Tax Capitalization and the Tiebout Hypothesis", *Journal of Political Economy*, 1969, 77 (6): 957 – 971.

Okorafor O. A., Thomas S., "Protecting Resources for Primary Health Care Under Fiscal Federalism: Options for Resource Allocation", *Health Policy and Planning*, 2007, 22 (6): 415 – 426.

Peyvand Khaleghian. , "Decentralization and Public Services: the Case of Immunization", *Social Science & Medicine*, 2004 (1): 163 – 183.

Philip Grossman, Panayiotis Mavros, Robert Wassmer, "Public Sector Technical Inefficiency in Large U. S. Cities", *Journal of Urban Economics*, 1999, 46 (2): 278 – 299.

Philippe Vanden Eeckaut, Henry Tulkens, Marie-Astrid Jamar. , "Cost Efficiency in Belgian Municipalities", //H O Fried, C AK Lovell, S S Schmidt (eds.). The Measurement of Productive Efficiency, 1993: 300 – 334.

Pigou, A. C. , "The Economics of Welfare", London: Macmillan, 1920.

Pär Hansson, Magnus Henrekson. , "A New Framework for Testing the Effect of Government Spending on Growth and Productivity", *Public Choice*, 1994, 81 (3 – 4): 381 – 401.

Rapp L. , "Public Service or Universal Service", *Telecommunications Policy*, 1996, 20 (6): 391 – 397.

Rhys Andrews, Tom Entwistle. , "Does Cross-Sectoral Partnership Deliver? An Empirical Exploration of Public Service Effectiveness, Efficiency, and Equity", *Journal of Public Administration Research and Theory*, 2010, 20 (3): 679 – 701.

Romer, P. , "Increase Returns and Long-Run Growth", *Journal of Political Economy*, 1986, 94 (5): 1002 – 1037.

Rosenfeld, Kauffmann. , "The Development of Cities and Municipalities in Central and Eastern Europe: Introduction for a Special Issue of 'Urban Research and Practice'", *Urban Research & Practice*, 2014 (10): 255 – 257.

R. A. W. Rhodes. , "The New Governance: Governing without Government", *Political Studies*, 1996 (4): 652 – 667.

Samuelson P. A. , "The Pure Theory of Public Expenditure", *The Review of Economic and Statistics*, 1954 (36): 387 – 389.

Sen, A. , *On Economic Inequality*, Oxford: Clarendon Press, 1997.

Sepulveda C. F. , Jorge M. V. , "The Consequence of Fiscal Decentralization on Poverty and Income Inequality", *Environment & Planning C: Government*

& *Policy*, 2011, 29 (2): 321 – 343.

Sharma, A., Tupputi, S. A., Beri, S., "A Data – driven Performance E-valuation Method for CMS RPC Trigger Through CMS muon Trigger", *Nuclear Inst. and Methods in Physics Research*, A, 2010, 661 (8): 30 – 33.

Teitz M. B., "Toward a Theory of Urban Public Facility Location", *Papers in Regional Science*, 1968, 21 (1): 35 – 51.

Tiebout, Chaeles M., "A pure Theory of Local Expenditures", *Journal of Political Economy*, 1956, 64 (10): 422.

Tobin J., "On Limiting the Domain of Inequality", *Journal of Law and Economics*, 1970 (13): 263 – 277.

Toshiki Tamai, "Variety of Products, Public Capital, and Endogenous Growth", *Economic Modelling*, *Elsevier*, 2009, 26 (1): 251 – 255.

Turnbull G. K., Djoundourian S. S., "The Median Voter Hypothesis: Evidence from General Purpose Local Governments", *Public Choice*, 1994, 81 (3): 223 – 240.

T. Prosser., The Limits of Competition Law. Markets and Public Services, Oxford: Oxford University Press, 2005.

Uzawa, H., "Optimal Technical Change in an Aggregative Model of Economic Growth", *International Economic Review*, 1965, (6): 18 – 31.

Vatanavongs Ratanavaraha., "The Complex Relationship Between School Policy, Service Quality, Satisfaction, and Loyalty for Educational Tour Bus Services: A Multilevel Modeling Approach", *Procedia Environmental Sciences*, 2016 (32): 300 – 310.

Xavier X., Sala-i-Martin, "The Classical Approach to Convergence Analysis", *The Economic Journal*, 1996, 106 (437): 1019 – 1036.

Yoichi Gokan, "Dynamic Effects of Government Expenditure in a Finance Constrained Economy", *Journal of Economic Theory*, 2004 (6): 323 – 333.

Zvi Griliches, "Productivity, R&D, and the Data Constraint", Amsterdam: Elsevier, 1998.

后　记

本书是在笔者博士学位论文基础上修改完成的。

在博士阶段的学习、生活中，我的导师赵儒煜教授给予我非常多的帮助和指导，尤其是在本书撰写期间，导师倾注心力帮助我进行框架的构思，针对本书研究结论一起进行探讨，最后在语言、文字的表述方面也进行了严谨的推敲。整个过程中导师一丝不苟的治学态度，思考多变的创新思维，都令我望尘莫及。不由得忆起《史记·孔子世家》中的一例："《诗》有之：'高山仰止，景行行止。'虽不能至，然心向往之。"相比导师的专业学识和治学态度，自己差距非常之大，但我会一直不断努力，希望有朝一日能够距离那个目标更近一些，学习、工作中都将鞭策自己。不仅如此，老师宽厚慈悲的心胸和处世哲学，也是我学习的榜样。

在学校学习期间，还要感谢朱显平、衣保中、吴昊、廉晓梅、李天籽、杨东亮等教授给予我工作、学习上的帮助，让我在读博期间获取了宝贵的知识，增长了见识。

最后要感谢的是在读博期间浓浓的师门之谊，带给我的关怀。感谢单位的同事在工作中帮我分担压力。感谢家人、朋友在我繁忙的时候能理解我，并给予我暖暖的关怀和包容。

经历的事我会用情去记录，遇到的人我会用心去铭记。在此，祝愿每一位出现在我生活中的良师益友、亲朋好友都能够身体健康，万事顺遂，所求皆所愿，所盼皆所期！

孔　薇

2019 年 6 月